伊藤塾 予備試験論文・口述対策 シリーズ

刑事実務基礎の定石

定石

第2版

伊藤塾 ▶監修　伊藤塾講師 山本悠揮 ▶著
Yuki Yamamoto

弘文堂

第2版はしがき

　本書の初版を 2016 年 12 月に刊行してから 7 年余りが経過した。この間、平成29 年刑法改正、令和 4 年刑法改正、令和 5 年刑法および刑事訴訟法改正などの法改正がなされている。また、予備試験が毎年 1 回実施されていくなかで、試験の出題傾向もおおむね固まってきたものと思われる。さらに、本書は、幸いにも多くの読者に恵まれて 4 刷まで経ることができ、その間、読者のみなさんから貴重なご意見やご感想をいただけた。

　そこで、法改正の反映、近年の予備試験の出題傾向への対応、更には読者のみなさんからいただいた貴重なご意見やご感想を反映させるかたちで、修正・加筆を要する箇所が生じたため、本書の内容をアップデートさせるべく第 2 版への改訂を行うこととした。

　さて、第 2 版の主な改訂としては、予備試験過去問の出題傾向により対応すべく、公判前整理手続、証人尋問に関する記述の補充を中心に、その他の分野についても試験対策上おさえておくべき必要があると思われる箇所については記述の補充を行うとともに、読者のみなさんからいただいた有益なご意見を反映させている。また、法改正の反映や新しい重要判例の反映を行うとともに、判例百選の版の変更に伴い、判例引用の際に最新の百選の事件番号を記載して参照の便宜を図った。

　本書は、予備試験論文対策としてご活用いただくのみならず、口述対策としても口述試験会場に持ち込んでご利用いただいていることも多いように聞き及んでいる。試験直前まで本書に目をとおしていただいていることには著者冥利に尽きる。また、本書の活用価値は司法修習生にまで及んでいるようである。今回の改訂は読者のみなさんからのご支援により行うことができたものと深く感謝申し上げたい。

　また、本書の改訂にあたり、新池谷圭輝君、橋口亮君、宮本浩河君（いずれも 2022年予備試験最終合格、2023 年司法試験合格）から、多くの貴重なご意見をいただいた。この場を借りてお礼を申し上げたい。

　2024 年 4 月

山本　悠揮

はしがき

本書は、刑事実務に関しておさえておくべき事項について解説を加えたものであり、主として予備試験における法律実務基礎科目（刑事）の論文試験を念頭においている。それと同時に、座学と実務との架橋を意図するものでもある。

刑事弁護の世界は、民事弁護にも増してその弁護人としての活動や結果が当事者に及ぼす影響が深刻である。被疑者というレッテルを貼られた瞬間からその人の人生は心身ともに暗転し、社会のなかでの居場所を失う。もちろん罪を償うべきことは当然であるが、万が一にも無実の者を処罰することがあってはならない。

このような場面において、被疑者・被告人の正当な利益を擁護するのがまさに弁護人の使命である。そして、刑事弁護人はその身1つで、国家権力と対峙しなければならない。勾留阻止を試みても勾留決定がされる、準抗告が通らない、起訴を阻止しようとしても起訴されてしまう、公判においても検察官の主張、申立てが認められる一方、なぜか弁護人の主張、申立てばかりが認められない。このようなことは、刑事弁護に携わる者は日常茶飯事に経験していることである。刑事弁護は基本的に負け戦であり、刑事弁護人はそのことは十分にわかったうえで、それでも被疑者・被告人の利益を守るために日々戦いを続けているのである。そのため、刑事弁護人には強靱な精神力も必要である。刑事事件は、民事事件と比べて時間も遙かにスピーディーに動いていくから、場面に応じて迅速に判断・決定を行うことも迫られる。

このようにいうと、刑事事件は大変なことばかりにみえるかもしれない。しかし、同時に刑事弁護においては、民事事件では味わえないスリリングな面白みがある。負け戦のなかでカウンターパンチがあたることがある。パンチを繰り出していなければこれもありえない。めげずにパンチを繰り出すことではじめてヒットする可能性がでてくる。だから、刑事弁護はやめられない。刑事弁護の先人たちのこのようなたゆまぬ努力のおかげで、刑事弁護は少しずつではあるがよい方向に向かってきているように思われる。これを更によき方向に改善していくことは、筆者を含めた現役の実務家の責務であり、これから実務の世界に飛び込んでいく読者らの責務でもある。

司法試験に合格すれば、司法修習に臨むことになるが、法律実務基礎科目をきちんと学習しておくことは、司法修習をより実りあるものにしてくれる。更には実務の世界に羽ばたいた際にもそのまま生きてくるであろう。

本書を有効活用することにより、刑事実務における基本的知識や素養を身につけてもらいたいと願っている。本書の活用方法については、「本書の特長・使い方」

に記載しているので、そちらを読んでいただければと思う。

　なお、本書を完成させるにあたり、小野寺俊樹君（立命館大学卒業、2014 年予備試験最終合格、2015 年司法試験合格）から、多くの貴重な意見をいただいた。この場を借りてお礼を申し上げたい。

　2016 年 11 月

山本　悠揮

本書の特長・使い方

　本書は、主として、2011 年から導入された司法試験予備試験における論文式試験科目の法律実務基礎科目（刑事）を念頭においたインプット教材である。

1　刑事実務基礎科目の特徴

　刑事実務基礎科目という科目は、実体法である刑法と手続法である刑事訴訟法とが融合する科目である。それゆえ、刑法と刑事訴訟法とを学んでいれば、それ以上に刑事実務基礎科目自体を学ぶ必要はないようにも思える。

　しかし、実際のところは必ずしもそういうわけではない。すなわち、刑事実務の世界において、刑事事件はまさに"生き物"であり、手続のあらゆる段階で、事件の様相が一瞬にして変わってくるものである。解釈学としての刑法、刑事訴訟法が静的・平面的な存在であるのに対して、刑事実務の世界は動的・立体的なものであるといえる。たとえば、刑法の試験問題では、甲や乙といった登場人物がなんらかの犯罪を犯した事実が所与のものとされているのに対し、刑事実務における犯人性の検討の局面では、甲や乙がそもそも犯罪を犯したのかどうかということ自体の検討が求められる。

　このように、刑事実務基礎科目においては、たとえば、犯人性の検討、証人尋問における異議、公判前整理手続、保釈の要件など、刑法や刑事訴訟法の分野ではあまりふみこんで学習することのない特有のテーマが存在し、これらに力点をおいた学習が求められる。

　他方で、受験生は、基本科目（憲法、行政法、民法、商法、民事訴訟法、刑法、刑事訴訟法）や選択科目の学習に追われ、法律実務基礎科目の学習にまで手が回らない人が多いと聞く。それもあってか、法律実務基礎科目においては、受験生の出来の振れ幅が他の 7 科目と比べても大きい傾向にある。だからこそ、法律実務基礎科目でよい成績をとることができれば、論文式試験の合格をぐっと引き寄せることができるといえよう。

　そして、法律実務基礎科目は、そのポイントをきちんとつかめば、比較的短期間でマスターできる科目である。

　以上のような点を意識して、本書では、刑事実務に特有のテーマについては丁寧な記述を心掛けることとし、刑法や刑事訴訟法における解釈論に関しては、原則として判例・実務の立場を指摘するにとどめる。

　そのうえで効率よく学習できるように、本書は以下のように工夫をした。

2 本書の特長

(1) 構成上の特長

本書は、「I 理論編—事実認定—」、「II 手続編—実務上の手続の概要とポイント—」、「III 実践編」、「IV 法曹倫理」の4部構成になっている。

まず、「I 理論編」では、刑事事実認定を行うにあたって理解しておかねばならない基本的事項を総論的に説明したうえで、犯人性と犯罪の成否という2大テーマに関し、その基本的な知識、思考の手順、おさえておくべきポイントなどを説明している。

次に、「II 手続編」では、手続の流れに沿って、刑事手続における重要事項の説明を行っている。また、その際には、弁護人や検察官が実際に行う活動を具体的にイメージできるよう、捜査段階において弁護人が行う活動内容や公判廷での裁判官、弁護人および検察官等のやりとりなどをあげるとともに、実務において利用される書類や書式のサンプルを適宜挿入している。

さらに、「III 実践編」では、実際の問題（予備試験のサンプル問題および平成25年の過去問）を用いて、その思考の筋道を示すとともに、答案例を載せている。もっとも、紙幅の都合上、受験生に苦手意識が強い分野を含む2問の検討に絞った。演習素材としては、『伊藤塾試験対策問題集 予備試験論文1 刑事実務基礎』（弘文堂）が有益であるから、こちらを併用することが望ましい。

そして、「IV 法曹倫理」では、刑事事件に関連する弁護士倫理の概要などについて、ケースを交えつつ説明している。

最後に、付録として、「口述試験 再現」と「要点 CHECK」を加えた。

「口述試験 再現」のほうは、実際の受験生の再現答案を素材として、受験生の回答とそれに対する検討を行っている。論文式試験合格発表から口述試験までは2週間ほどしかない。どのような形式の試験なのか事前に知っておくほうがよいだろう。

「要点 CHECK」は、「I 理論編」、「II 手続編」のなかから、答案を書くうえで落としてはいけない重要ポイントを、まとめシート化している。論文式試験の直前に見直すなど、復習時に役立ててほしい。

(2) 内容上の特長

ア) 重要度がわかるランクづけ

予備試験にかぎらないが、法律学習においてメリハリづけはきわめて重要である。論点の重要性、予備試験における出題可能性等を総合的に勘案してランクを付した。Aは最重要の項目である。

イ) 重要部分を明確化

刑事実務に特有のテーマについては丁寧な記述を心掛け、飾り罫で囲んで重要な箇所をわかるようにするなど、視覚的にもメリハリをつけている。

また、前述のとおり、刑法や刑事訴訟法における重要基本論点については、原則として判例・実務の立場を指摘するにとどめ、それらの論点の学習は刑法・刑事訴訟法の勉強に譲っている。その意味では刑事訴訟法のまとめノートのような構成にもなっており、口述試験対策はもちろん刑事訴訟法の短答式試験対策、論文式試験対策としても本書を利用できるのではないかと考えている。

　そして、重要な部分は形式を変え、繰り返し記述した。

ウ）　フローチャートや図表を多用

　文章のみの説明だとなかなか頭に入ってこないことも多い。視覚的に捉えることにより理解や暗記が進むことを考え、フローチャートや図表を多く取り入れている。

エ）　例示の多出

　文章や用語だけではイメージしづらいことも多い。そのような箇所には、脚注や e.g. として具体例をできるだけ加えた。

オ）　判例

　実務科目である関係上、判例の立場を軸に据えた内容にしている。本来であれば判例の内在的な理解が重要となる場面も多いが、上記のとおり、学説の指摘は最低限にとどめ、実務科目として重要な判例を厳選して取り上げている。

カ）　実務で利用する書類・書式のサンプル

　刑事裁判の手続に沿って、法廷でどのようなやりとりがなされているかがイメージできるように、勾留状、保釈請求書、証明予定事実記載書など実務において利用される書類・書式のサンプルを適宜掲載している。

キ）　コラム（column）

　カ）と同様、実務をイメージできるように筆者の体験などを記したものを適宜挿入している。

　なお、刑事手続を知るためには、刑事裁判を傍聴するのが一番であることはいうまでもない。いつでもだれでも傍聴することができるので（憲82条）、ぜひ裁判所に足を運んでほしい。

3　おわりに

　本書は、主として、司法試験予備試験における論文式試験科目の法律実務基礎科目（刑事）を念頭においたインプット教材であるが、副次的には、予備試験における口述式試験の刑事科目にも役立つものを意識して作成している。

　本書を有効に活用することにより、ひとりでも多くの受験生が予備試験に合格することを切に望んでいる。

contents

I 理論編 ―事実認定― 　1

第3章▶　**犯罪の成否**…………**37**

Ⅱ　手続編 ―実務上の手続の概要とポイント―　53

第1章▶　捜査段階………………55

Ⅲ 実践編

Ⅳ　法曹倫理 221

参考文献一覧

宇藤崇＝松田岳士＝堀江慎司・〈LEGAL QUEST〉刑事訴訟法［第2版］（有斐閣・2018）

田口守一・刑事訴訟法［第7版］（弘文堂・2017）

松尾浩也・刑事訴訟法　上［新版］　下［新版補正第2版］（弘文堂・1999・1999）

吉開多一＝緑大輔＝設楽あづさ＝國井恒志・基本刑事訴訟法Ⅰ手続理解編（日本評論社・2020）

吉開多一＝緑大輔＝設楽あづさ＝國井恒志・基本刑事訴訟法Ⅱ論点理解編（日本評論社・2021）

大塚裕史＝十河太朗＝塩谷毅＝豊田兼彦・基本刑法Ⅰ総論［第3版］（日本評論社・2019）

大塚裕史＝十河太朗＝塩谷毅＝豊田兼彦・基本刑法Ⅱ各論［第3版］（日本評論社・2023）

石井一正・刑事事実認定入門［第3版］（判例タイムズ社・2015）

植村立郎編・刑事事実認定重要判決50選［第3版］上下（立花書房・2020）

木谷明編著・刑事事実認定の基本問題［第3版］（成文堂・2015）

平野龍一＝松尾浩也編・新実例刑事訴訟法Ⅰ～Ⅲ（青林書院・1998）

松尾浩也＝岩瀬徹編・実例刑事訴訟法Ⅰ～Ⅲ（青林書院・2012）

山崎学・公判前整理手続の実務［第2版］（弘文堂・2020）

渡辺弘＝谷口安史＝中村心＝髙原知明＝下津健司＝江口和伸・民事裁判実務の基礎/刑事裁判実務の基礎（有斐閣・2014）

司法研修所刑事裁判教官室・プラクティス刑事裁判（平成30年9月版）

司法研修所刑事裁判教官室・プロシーディングス刑事裁判（平成30年9月版）

司法研修所刑事裁判教官室・刑事事実認定ガイド（令和2年12月版）

司法研修所検察教官室・令和3年版　検察講義案（法曹会・2023）

司法研修所検察教官室・検察終局処分起案の考え方（令和6年版）

司法研修所刑事弁護教官室・刑事弁護の手引き（令和4年4月）

塚原英治＝宮川光治＝宮澤節生編著・プロブレムブック　法曹の倫理と責任［第2版］（現代人文社・2007）

日本弁護士連合会弁護士倫理委員会編著・解説　弁護士職務基本規程［第3版］（日本弁護士連合会・2017）

大澤裕＝川出敏裕編・刑事訴訟法判例百選［第11版］（有斐閣・2024）

佐伯仁志＝橋爪隆編・刑法判例百選Ⅰ総論［第8版］（有斐閣・2020）

佐伯仁志＝橋爪隆編・刑法判例百選Ⅱ各論［第8版］（有斐閣・2020）

松尾浩也監修・条解刑事訴訟法［第5版］（弘文堂・2022）

季刊　刑事弁護（現代人文社）

《 伊藤塾合格エッセンス 》

　試験対策問題集シリーズに掲載されている問題やここで記載したような学習方法は、伊藤真塾長や伊藤塾で研究・開発した数多いテキストや講義のうちの一部を紹介したにすぎません。「伊藤塾の講義を体験してみたい」、「直近合格者の勉強方法をもっと知りたい」、「伊藤塾テキストを見たい」、「伊藤真塾長や山本悠揮講師ってどんな人かな」……。そう思ったら、伊藤塾ホームページにアクセスしてください。無料でお得な情報が溢れています。

　　　　パソコン・スマホより　→　https://www.itojuku.co.jp/

┌─────────────────────────────────┐
│　　　伊藤塾ホームページにある情報の一例　　　│
└─────────────────────────────────┘

　　　塾長雑感（塾長エッセイ）
　　　無料体験講座
　　　合格者の声―合格体験記・合格者メッセージ―
　　　合格後の活躍―実務家レポート
　　　講師メッセージ
　　　伊藤塾の書籍紹介

　講座は、受験生のライフスタイルに合わせ、在宅（通信）受講と通学（校舎）受講、インターネット受講を用意しています。どの受講形態でも学習フォローシステムが充実しています。

I

理論編

―事実認定―

第1章

事実認定の基本構造 A

I ── 学ぶべきテーマ

従来の旧司法試験の刑法・予備試験の刑法の問題

　主要事実（構成要件該当事実）レベルの事実が所与の前提として問題文にでている。試験で求められているのは、実体法の解釈であり、理論面が中心である。

予備試験の実務基礎刑事（司法試験でも少しは問われる）

　問題文にでているのは、間接事実であり、主要事実（構成要件該当事実）の存在が所与の前提とされていない。

　試験で求められているのは、間接事実から主要事実（犯人性、構成要件該当事実）を認定することである。

司法研修所（司法修習）

　主要事実のみならず、間接事実すら所与の前提とされていない。①証拠に基づいた間接事実の認定、および②間接事実から主要事実の認定の双方が求められる。

●事件の発生から起訴・不起訴の判断（終局処分）まで●

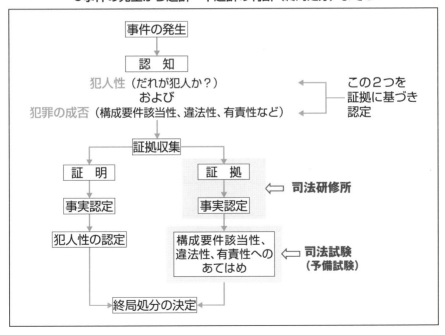

◆ 予備試験の実務基礎刑事（事実認定）において求められている能力 ◆

① **間接事実の抽出**

② **経験則の適用（間接事実の評価）**

　　間接事実から主要事実の認定は、**経験則**を用いてなされる

③ **主要事実（構成要件該当事実）の認定 ➡ ゴール**

　　合理的な疑いを超える証明ができるか否か（利益原則）

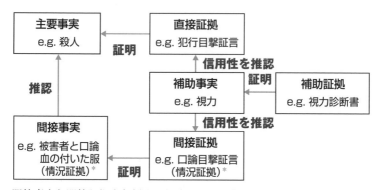

＊間接事実と間接証拠を包括する概念として、「情況証拠」とよばれることも多い。

直接証拠：主要事実（要証事実）を直接的に証明する証拠

　　e.g. 殺人を証明する犯行目撃証言、自白、犯行現場を写した防犯カメラなど

間接証拠：主要事実の間接事実（主要事実の存在を推認させる事実）を証明する証拠

　　e.g. 殺人を推認させる被害者との口論を証明する口論目撃証言、犯行現場に残さ
　　　　れていた指紋・足跡、アリバイなど

補助証拠：補助事実（実質証拠の信用性を推認させる事実）を証明する証拠

　　e.g. 犯行目撃証言（直接証拠）の信用性を推認させる目撃者の視力（補助事実）を証
　　　　明する視力診断書

弾劾証拠：実質証拠の信用性を弱める証拠

増強証拠：実質証拠の信用性を強める証拠（弾劾を前提としない）

回復証拠：いったん弱められた信用性を再び強める証拠（弾劾を前提とする）

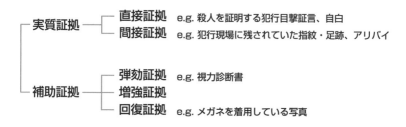

★【**重要判例**】 最決平成 19 年 10 月 16 日〔刑訴百選 58 事件〕

「原判決は、情況証拠による間接事実に基づき事実認定をする際、反対事実の存在の可能性を許さないほどの確実性がないにもかかわらず、被告人の犯人性を認定したなどという。

刑事裁判における有罪の認定に当たっては、合理的な疑いを差し挟む余地のない程度の立証が必要である。ここに合理的な疑いを差し挟む余地がないというのは、反対事実が存在する疑いを全く残さない場合をいうものではなく、抽象的な可能性としては反対事実が存在するとの疑いをいれる余地があっても、健全な社会常識に照らして、その疑いに合理性がないと一般的に判断される場合には、有罪認定を可能とする趣旨である。そして、このことは、直接証拠によって事実認定をすべき場合と、情況証拠によって事実認定をすべき場合とで、何ら異なるところはないというべきである。」

Ⅱ── 犯人性と犯罪の成否 Check 1

1 意 義

『犯罪事実』は、分析すると以下の 2 つに分けられる。

> ① 犯人性（犯人はだれか。犯人と被告人・被疑者が同一か）
> ② 犯罪の成否（構成要件該当性、違法性、有責性等）

通常、犯人性と犯罪の成否のいずれか一方が問題になり、1 つの刑事裁判において、その両方が争点となる（問題になる）ことはまずありえない。なお、両者の検討の順番としては、犯罪の成否の検討に先立ち、犯人性が検討されるべき事柄である。

犯人性と犯罪の成否は、いずれも、罪となるべき事実（刑訴 256 条 3 項、335 条 1 項）であり、厳格な証明（317 条参照）が必要であることは当然の前提である。なお、犯人性の認定においては、刑法の知識はいらない。

2 犯人性が問題となる具体例

犯人性の問題には、直接証拠型と間接事実型の 2 つがあるところ、次の例は間接事実型である。

たとえば、放火罪で起訴されている被告人がアリバイを主張して、犯人性を否認している場合がある。次の 4 つの間接事実が存在するとして、この 4 つの間接事実を総合した結果、被告人を放火の犯人と認定できるかどうかについて検討することになる。

間接事実

> ① 犯行現場に残されていた指紋と被告人の指紋が一致すること
> ② 犯行直後に目撃された犯人らしき人物の特徴と被告人の特徴が一致していること

③ 被告人に犯行の動機があること[1]
④ 犯行後に被告人が消防車に興味を示したこと

●犯人性の検討イメージ●

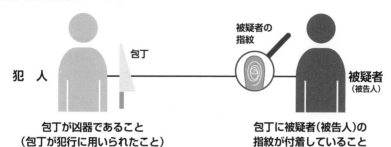

犯人

包丁

包丁が凶器であること
（包丁が犯行に用いられたこと）

被疑者の
指紋

被疑者
（被告人）

包丁に被疑者（被告人）の
指紋が付着していること

　このように、犯人側の事情（左側）と被疑者（被告人）側の事情（右側）をつなぐイメージで考えるとわかりやすいかもしれない。

3　犯罪の成否が問題となる具体例

　犯罪の成否の検討は、刑法において学ぶ犯罪体系を基礎とする。そして、問題となるのは、犯罪体系のなかのいずれか１つまたは複数（構成要件該当性、違法性阻却事由の不存在、責任阻却事由の不存在、処罰条件等）である。

　たとえば、殺人罪で起訴されている被告人が被害者に対する殺意を否定し、傷害致死罪が成立するにとどまる旨主張している場合がある。次の４つの間接事実が存在するとして、この４つの間接事実を総合した結果、被告人に殺意があったと認定できるかどうかといったことを検討することになる。

間接事実

① 被害者の腹部にナイフが刺さっていたこと
② 凶器に用いられたナイフは、刃渡り 20 センチメートルのナイフであったこと
③ 被害者の腹部の創傷の深さは 15 センチメートルであること
④ 犯行の１週間前、被告人は被害者に対し、「殺してやる」と言っていたこと

Point

　間接事実から主要事実を認定する過程においては、その個々の間接事実がもつ推認力の程度を吟味する必要がある。この吟味においては、経験則がものをいう。

---

[1]　ただ、窃盗罪のような場合には、「被告人がお金に困っていた」というだけでは犯人性は推認されない。なぜなら、お金に困っている人は世の中に多々いても、それらの者がみな窃盗に走るわけではないからである。動機が犯人性を基礎づけるのは、殺人や放火などのいわゆる動機犯とよばれる犯罪の場合にかぎられる。

経験則とは、日常生活上の常識など個別の経験から得られる事物の性状や因果の関係に関する法則をいう。
　　その間接事実が主要事実の認定において、どの程度の意味をもつかという意味づけ（推認力、経験則）をしっかり吟味する必要がある。もちろん頭のなかでの吟味のみならず、答案上に表現する必要がある。書面審査である以上、いくら頭で考えていても、答案上に表現しなければ伝わらない。

Ⅲ── 犯人性の問題における証拠構造　

1　直接証拠型と間接事実型の意義

　犯人性が問題になる事案の場合、犯人性を肯定するための証拠構造としては、直接証拠型と間接事実型の2つがある。

　直接証拠型と間接事実型は、直接証拠が存在するか否かによって区別される。

　直接証拠（e.g. 犯人識別供述、自白）があるかどうかを吟味し、これがあれば直接証拠型であり、犯人識別供述や自白といった直接証拠がない場合には間接事実型となる。

2　直接証拠の意義

　直接証拠の典型は、①犯人識別供述と、②自白である。②自白は、被告人自身が自己の犯人性を認める供述であり、その該当性の判断に困ることはない。

　他方、犯人識別供述は、たとえば、犯人を見た被害者による供述、犯人を見た目撃者による供述などがある。この①犯人識別供述については、やや注意が必要である。

　たとえば、(a)住居侵入、強盗事件において、ナイフを突きつけられてお金を強取された被害者自身が、捜査段階において、「被疑者（被告人）は間違いなく犯人である」と供述していれば、これは犯人識別供述にあたる。

　他方で、(b)同じく住居侵入、強盗事件において、犯行現場付近を通りがかった第三者が「被告人（被疑者）が犯行時刻ころ、現場付近を走り去るのを見た」と供述していたとしても、これは犯人識別供述にあたらない。

　また、(c)同じく住居侵入、強盗事件において、ナイフを突きつけられてお金を強取された被害者自身が、捜査段階において、「被疑者（被告人）が犯人と非常によく似ている」と供述していた場合、これも犯人識別供述にあたらない。

　(a)は犯行を直接目撃しているが、(b)の第三者は、犯行現場を目撃していない。つまり、(b)の第三者は犯人らしき人物を目撃したにとどまり、犯人を目撃したわけではないから、犯人識別供述にあたらないことになる。

　また、(c)は、犯行を直接目撃しているものの、犯人であることを断定できてい

ない点で、犯人識別供述にあたらない[2]。

　このように、(b)における第三者の供述、(c)における被害者の供述は、直接証拠にあたらない。これらの供述は、間接事実という位置づけとなる。

> **Point　犯人識別供述（直接証拠）といえるためには**
>
> ① 犯人を目撃したといえるか。
> ② 犯人を被疑者（被告人）であると識別したといえるか。
> この2つに分析して考えることができ、両方をみたしてはじめて犯人識別供述となる。

3　直接証拠型と間接事実型の検討対象

(1)　直接証拠型

　直接証拠型においては、直接証拠 (e.g. 犯人識別供述、自白) に信用性が認められれば、ただちに犯人性が認定できる。したがって、直接証拠型における検討対象は、直接証拠の信用性である。

　もっとも、例にあげたように、直接証拠は供述証拠であるのが通常であるため、直接証拠（供述内容）が信用できるか否かの判断のなかで、間接事実の積み上げが問題になってくる（自白、犯人識別供述等の直接証拠の信用性を支えるものとして、客観的な間接事実が重要な意味をもってくる）。

(2)　間接事実型

　間接事実型においては、犯人性を認定できる直接証拠が存在しない。そこで、犯人性を推認しうる複数の間接事実を総合した結果、犯人性を認定することができるかが問題となる。したがって、間接事実型における検討対象は、複数の間接事実の抽出であり、それらを総合した結果としての犯人性の認定の可否である。

　そこでは、推認という過程を経る関係上、主要事実の認定において、反対仮説（反対事実の存在の可能性）をどこまで排除できるかが重要となる。直接証拠が存

---

2)　このように、犯人識別供述かどうかは、犯人だと断定しているかによって区別される。そうすると、次のような疑問が湧くかもしれない。つまり、慎重な性格の被害者甲が、ほぼ間違いなく犯人であると思っていたとしても、「犯人に非常に似ている」と供述する一方、同じ被害者でもおおざっぱな性格の被害者乙が、あまり自信がなかったとしても、「犯人に間違いない」と供述したという2つの事例を想定した場合、前者の供述が間接事実にとどまるのに対して、後者の供述が犯人識別供述として直接証拠にあたるという結論に違和感があるという疑問である。

　この疑問は、直接証拠であれば、間接事実より強いという前提に基づくものといえるが、この前提自体が必ずしも正しいものではない。すなわち、たとえ直接証拠（犯人識別供述）にあたったとしても、それによって犯人性を認定できるかどうかは、その供述が信用できるかどうかにかかっているため、この乙のようないい加減な供述は、信用性が低いとして、犯人性を認定できない可能性が十分にありうる。公判において証人尋問を行った場合、乙が弁護人から「どういう点から被告人が犯人に間違いないといえるのですか」という反対尋問にあった場合、乙は「なんとなくそう思った」とか「直感的に間違いない」といった曖昧な答えをすることが予想される。これに対し、甲が証人尋問において同じ反対尋問にあった場合、「顔のほくろが同じ位置にありましたし、手の甲にキズがある点でも一緒でしたので」といった具体的な答えが返ってくることが予想される。

　乙の供述が甲の供述と比べて信用できなさそう、というのはこれで理解できるであろう。

在しない以上、慎重な判断が要求され、間接事実のなかに、被告人が犯人でないとしたならば合理的に説明することができない（あるいは、少なくとも説明がきわめて困難である）事実関係が含まれていることが必要である。

★【重要判例】　最判平成 22 年 4 月 27 日〔刑訴百選 59 事件〕

「刑事裁判における有罪の認定に当たっては、合理的な疑いを差し挟む余地のない程度の立証が必要であるところ、情況証拠によって事実認定をすべき場合であっても、直接証拠によって事実認定をする場合と比べて立証の程度に差があるわけではないが（最決平成 19 年 10 月 16 日参照）、**直接証拠がないのであるから、情況証拠によって認められる間接事実中に、被告人が犯人でないとしたならば合理的に説明することができない（あるいは、少なくとも説明が極めて困難である）事実関係が含まれていることを要するものというべきである。**」

Point　直接証拠型と間接事実型

直接証拠型 ―― 直接証拠の信用性がポイントになる（推認の過程が不要）。
間接事実型 ―― 間接事実の積み上げ（主要事実の推認・認定）がポイントになる。
　このように、直接証拠型と間接事実型とでは、その検討対象に違いがある。しかし、直接証拠型においても、直接証拠の信用性判断に際して、間接事実が重要な意味をもつ。その意味では、直接証拠型であれ、間接事実型であれ、いずれにしても、間接事実の積み上げが重要になってくる点で大きな違いはない。

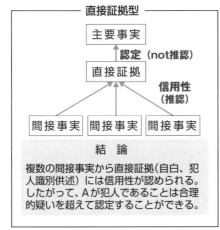

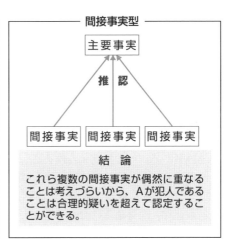

4　推認と認定

　刑事実務においては、**推認**という言葉と**認定**という言葉を意識的に使い分ける必要がある。**推認**と**認定**をアバウトに使うのは避けなければならない。

　推認は、推認の対象となる事実との関係で反対仮説（反対事実の可能性）を残す場合に用い、**認定**は認定の対象となる事実との関係で反対仮説（反対事実の可能性）

を残さない場合に用いる[3]。わかりやすくいえば、たとえば、30％とか70％の確率で犯人といえるような場合には、**推認**という言葉を用い、100％とか99.9％（合理的疑いを超える証明）の確率で犯人といえる場合には、**認定**という言葉を用いる。

したがって、間接事実型の事案では、複数の間接事実があるとして、**個々の間接事実**と**犯人性**の関係では、「個々の間接事実から、犯人性を**推認**できる」という言葉を用いる。もっとも、複数の間接事実を総合して、犯人性を肯定する最終局面では、**認定**という用語を用いる。個々の間接事実単体では反対仮説を残すとしても、複数の間接事実が存在することにより、推認を超えて犯人性を認定できる場合がある。

他方、直接証拠型の事案では、「直接証拠から、犯人性を認定できる」というように用いる。

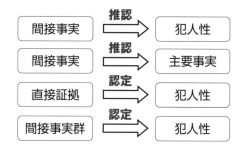

Ⅳ── 間接事実の推認力とその弾劾方法　Ⓐ

1　間接事実の推認力

間接事実の推認力とは、主要事実（e.g. 犯人性、殺意など）を認定するうえで、どの程度役に立つかということである。ここで用いられるのが経験則であり、常識的な経験則に基づいて推認する作業を行う。

前述のとおり、間接事実型の場合には、個々の間接事実を総合して（間接事実を積み上げて）、主要事実を認定していくことになる。

もっとも、間接事実にはさまざまなものが考えられ、個別の事件によってその間接事実が異なってくることは当然である。そして、それぞれの間接事実には、その**重み**（＝推認力、意味づけ）に違いがあり、その見極め・判断が重要である。

刑法の知識がなくても、問題文の事実関係のなかから感覚的に間接事実を**いく**

---

[3]　正確には、**推認**は抽象的な反対事実の存在可能性があるのみならず、具体的な反対事実の存在可能性をも残す場合に用い、**認定**は抽象的な可能性としては反対事実の存在の疑いがあるとしても、健全な社会常識に照らして、その疑いに合理性がないといえる場合に用いる（前掲最決平成19年10月16日〔刑訴百選58事件〕）。

つか抽出することそれ自体はさほど難しい作業ではない。

　もっとも、これを前提に、重要な間接事実を落としていないか、抽出した間接事実のうち、どの間接事実に重みがあるか（推認力の強い間接事実はどれか）の見極め・判断ができるようになることが肝要である。

　推認力の弱いささいな間接事実をいくつ積み上げても、それによって主要事実を認定することはできないから、間接事実の質が重要である。たとえば、窃盗の犯人性が問題になっている場合で、「被疑者（被告人）がお金に困っていた事実」は推認力をほとんどもたない。ただし、数をたくさんあげることそれ自体を否定するものではない。1つひとつの間接事実単体では犯人性の決め手にならなくても、それが積み重なることで意味をもってくるため、間接事実の数も重要である。間接事実の数も重要であるが、その優先順位（質）の把握も必要であるということである。

　したがって、強い間接事実を優先して抽出する必要がある。答案でも、複数の間接事実を抽出した場合に、それをどの順番で列挙するかには気を配りたい。間接事実の記載の順番を見るだけでも受験生の実力を見定めることができる。

●間接事実の "数" と "質" がもつ意味

　間接事実型において、次のような推認力をもつ①②③の3つの間接事実があったとする。

　① 間接事実A　　80%
　② 間接事実B　　60%
　③ 間接事実C　　50%

　この場合において、被告人が犯人である確率は、反対事実の可能性を掛け合わせて計算される。したがって、0.2（1−0.8）×0.4（1−0.6）×0.5（1−0.5）＝0.04となり、被告人が犯人である確率は、96%となる。単純計算であるものの、96%であれば、合理的な疑いを超える証明があるといえる。このように、個々の間接事実単体では反対仮説を残すとしても、これらが同時に複数あることによって、犯人性は格段に高まってくる。このように、間接事実の数は重要な意味をもつ。

　次に、間接事実型において、次のような推認力をもつ④⑤⑥の3つの間接事実があったとする。

　④ 間接事実A　　50%
　⑤ 間接事実B　　20%
　⑥ 間接事実C　　10%

　この場合において、被告人が犯人でない確率は、0.5（1−0.5）×0.8（1−0.2）×0.9（1−0.1）＝0.36となり、被告人が犯人である確率は、64%となる。合理的な疑いを超えないことは明らかである。

　このように、間接事実の質は重要な意味をもつ。推認力の弱い間接事実をいくつ

集めたところで、犯人性の認定には役立たない。

> **Point　推認力の程度の吟味における有益な視点**
>
> ① その間接事実に該当する者は、被告人以外に何人くらい存在するか。
> ② その間接事実に該当する者は、被告人だけだったとして、被告人が犯人でない可能性はどれくらい存在するか。
> e.g.　①「現場の遺留血痕の DNA 型が被告人の DNA 型と一致し、その確率が100 万人に 1 人である」という間接事実があった場合、日本の人口が 1 億3000 万人であるとすると、これに該当する者は、被疑者（被告人）を含めて 130 人程度存在する。
> 　　　②「被告人は銀行強盗事件（被害額 1000 万円）が起こってから 5 時間後、犯行現場から 1 キロメートル離れた場所において 500 万円の札束を所持していた」という間接事実があった場合、(a)被告人が強盗犯人から受け取っただけの可能性もあるし、そもそも(b)500 万円の札束が被害に遭った金銭の一部ではない可能性もある。この場合でも、500 万円の札束に被害銀行の支店名の記載された帯封が付いている場合には、同一である可能性が高まる。

2　間接事実による事実認定に対する弾劾方法

　間接事実による事実認定に対する弾劾方法としては、①間接事実の認定自体を争う方法と②間接事実から要証事実への推認を争う方法とがある。たとえば、間接事実が供述のみに基づくような場合には、供述の信用性を弾劾することにより、①間接事実の認定自体を争うことができる。次に、②間接事実から要証事実への推認を争う方法としては、(1)経験則について争う方法や(2)推認を妨げる事実を主張する方法がある。たとえば、合理的な反対仮説を主張することで経験則について争うとか、アリバイを主張・立証するという方法がある。

●答案上の注意・工夫

■「推認過程」の言語化の意識

　言葉にするのはなかなか難しいが、間接事実による推認の過程を検討する場合、①間接事実のメリハリづけ、つまり、個々の間接事実のもつ推認力の違いを意識した論述と②間接事実についてある程度具体的な評価をすることが重要である。
　間接事実を並列的に並べて、「以上を総合すると……A が犯人であると認められる」と記述するだけでは、間接事実による推認過程を検討したことにはならない。
○○の事実（間接事実）から△△の事実（主要事実）がどういう意味で、どの程度

推認されるのかを間接事実ごとに個別にまたは2つ以上の間接事実を組み合わせるなどして、記述することがベターである（次の「■間接事実の組合せ」を参照）。

それゆえ、答案構成において間接事実を書きだす段階では、前もって、間接事実の順序づけ（優先順位）を意識すべきであり、答案上でも、重要なものは先に、そうでもないものは後へというように、メリハリづけをすべきであろう。

Point　意味づけ
●どういう意味で（経験則の言語化）
●どの程度（経験則に照らした常識的な推認力）

■間接事実の組合せ

たとえば、「被害者宅に侵入し、ナイフを用いて被害者を脅迫して腕時計を強取した」という住居侵入、強盗事件において、次の間接事実AとBがあったとする。

A　被告人が事件発生から3時間後、犯行現場から1キロメートル離れた場所において盗品である腕時計を所持していた。

B　被害者宅内から、被告人と同一の指紋が検出された。

この場合、「間接事実AとBを総合すれば、被告人が犯人であると認められる」という書き方だと、推認過程が不明瞭である。どのようにAとBを総合すれば被告人の犯人性を認定できるのかを答案に表現することが重要である。

この事案において、間接事実を組み合わせて書くと「間接事実Aからは、その時間的、場所的近接性を考慮すれば、被告人の犯人性を強く推認させるとはいえ、被告人が犯人から盗品を譲り受けるなどした可能性を否定できない。しかし、間接事実Bからすれば、被告人は犯行現場にいたといえ、被告人とは別に犯人がいる可能性は否定され、被告人が犯人であると認められる」というふうになる。

間接事実Aの反対仮説（反対事実の可能性）を、間接事実Bによってつぶす構造となっている。

これはほんの一例であるが、個々の間接事実を個別に見るのではなく、組み合わせることによって生じる威力をイメージしておいてほしい。

V── 供述の信用性　

1　信用性判断の考慮要素（メルクマール）

Check 2

供述証拠は、物的証拠（非供述証拠）と異なり、人の知覚、記憶、叙述の過程を経るため、誤りが入り込む可能性がある。そこで、供述証拠については、その信用性の吟味・検討が重要となる。

供述証拠は、それが犯人識別供述であれば直接証拠にあたり、犯人識別供述で

ない場合には間接事実を構成する。直接証拠が供述証拠である場合はもちろんであるが、間接事実が供述証拠に基づく場合にも、その供述に信用性が認められる場合にはじめてその間接事実を認定できることになる。そのため、間接事実が供述証拠に基づく場合には、供述の信用性吟味が必要となる。

供述証拠の信用性判断の主なメルクマールは、下記の①から⑥までである。供述証拠は、第三者供述、共犯者供述、被告人供述（自白）の３つに分類可能であり、基本的には６つのメルクマールに沿って検討すれば足りる。もっとも、共犯者供述については、類型的に責任転嫁や引っ張り込みの危険がある点で、利害関係の検討が重要となり、被告人供述（自白）については秘密の暴露の有無が問題となりうるなど、特有の問題もある。

◆ **供述の信用性判断の考慮要素（メルクマール）── 一般論** ◆
① 供述者の利害関係
② 知覚や記憶の条件等
③ 他の証拠の裏づけ、動かしがたい事実との符合
④ 供述内容（合理性、具体性、迫真性）
⑤ 供述経過（変遷の有無、一貫性）
⑥ 供述態度

2 ① 供述者の利害関係

利害関係としては、虚偽供述の動機の有無が問題となる。たとえば、被疑者（被告人）の親族の供述であれば、一般的に、被疑者（被告人）をかばうあまり、被疑者（被告人）に有利な内容の虚偽供述をする動機がありうる。逆に、供述者が被疑者（被告人）の知り合いであり（実務上、既知性とよばれる）、被疑者（被告人）との関係性が悪いような場合には、被疑者（被告人）に不利な内容の虚偽供述をする動機がありうる。

一方で、被疑者（被告人）と面識のない第三者の場合には、被疑者（被告人）を陥れるメリット等がないため、一般に信用性が認められやすい。

また、共犯者による供述の場合、みずからの刑事責任を軽くするため、責任転嫁するため、報復のためなど、類型的に虚偽供述の動機が認められやすいという特有の危険性があるので、その信用性判断は慎重になされなければならない[4]。

---

4) 共犯者は、自身の関与の度合いが低く、被告人が首謀者であるなどと供述することで、自身の刑事責任を軽くしようとしたり、被告人に責任転嫁を図ったりする動機があるといえる。これは特に、共犯者自身の刑事裁判の結果がでる前であれば妥当しやすいといえる。逆に、有罪判決確定後であれば、共犯者自身の刑事責任は揺るがないため、虚偽供述の動機は低くなるといえる。さらに、共犯者の供述は、自身の犯行体験をもとに、9の真実に1の虚偽を織り交ぜて巧妙な嘘をつくことが比較的容易である点でも、その供述の信用性は慎重に判断されなければならない。客観的な証拠に乏しく、共犯者供述にのみ依拠せざるをえない場合、たとえば被告人が犯行に関与した可能性としては共謀のみであるような場合には、より慎重な判断が要求される。

3 ② 知覚や記憶の条件等

　供述証拠が犯人識別供述のような直接証拠である場合には、とりわけ知覚・記憶の条件について慎重な吟味・検討が必要となる。以下のメルクマールが重要である。

1．客観的観察条件

　被疑者（被告人）との位置・距離関係、明るさ、観察時間など。

2．主観的観察条件

　供述者の視力、意識的に観察していたかなど。

3．既知性の有無

　被疑者（被告人）と面識がない場合には、特徴が記憶に残りにくいのに対し、面識がある場合には、間違いにくい。

4．顕著な特徴をあげているか

　中肉中背や小太りといった一般的な特徴をあげているにとどまる場合には、識別供述の信用性は低くなる。他方、刺青などの顕著な特徴をあげていれば、識別供述の信用性は高くなる。

5．再認同定（犯人選別手続）までの期間の長短（犯人識別供述の場合）

　捜査機関が被害者など犯行を目撃した者に対して、被疑者本人をマジックミラー越しに見せたり（面通し）、または被疑者が写っている写真を示したり（写真面割り）して、犯人が誰であるかの確認を行うことがある。犯行の目撃から、面通しや写真面割りまでの間に長期間が経過している場合には、記憶の減退の可能性が高まるため、信用性は低くなる。

　また、再認同定の方法として、被疑者1人だけを見せて確認を求めるいわゆる単独面通しは、捜査官による暗示や誘導が生じる危険が高いため、信用性を慎重に判断する必要がある。他方で、写真面割りの場合で、写真の枚数も多く、捜査官による暗示や誘導がない場合には、信用性は高くなる。

4 ③ 他の証拠の裏づけ、動かしがたい事実との符合

　メルクマールのなかでもっとも重要な要素である。物的証拠・客観的証拠や動かしがたい事実と整合する場合、その供述の信用性は高い。また、供述のなかでも要証事実に関わる部分に証拠の裏づけがある場合には、そうでない場合に比べて信用性が高いといえるので、供述のどの部分に証拠の裏づけがあるかも検討対象になりうる。被疑者（被告人）供述の場合には、いわゆる秘密の暴露があると、その信用性は決定的となる[5]。

---

[5]　ただし、秘密の暴露が偽装される可能性もあるので注意を要する。たとえば、捜査機関があらかじめ発見していた証拠であるにもかかわらず、被疑者からの自白を得て、その自白に基づいてはじめて発見した証拠であるかのように偽装するという場合もありうる。

5 ④ 供述内容（合理性、具体性、迫真性）

　供述内容が合理性、具体性、迫真性に富んでいると、その信用性は高いといいえる。ただし、人は、同じ状況下で同じような行動をとるともかぎらないし、想像を膨らませれば、合理的、具体的、迫真的な供述をすることも十分可能である。そのため、合理性、具体性、迫真性の視点を過大評価すると信用性判断を誤る危険があり、メルクマールとしてあまり重視すべきではない。

6 ⑤ 供述経過（変遷の有無、一貫性）

　供述が終始一貫しており、反対尋問を受けても供述が揺らいでいない場合には、その信用性は高い。

　他方、供述が変遷していると、その信用性は低い。もっとも、供述の枝葉の部分については、記憶違いなどが原因で多少変遷することはむしろ通常といえる。そこで、供述の核心部分や重要な点について変遷している場合に、信用性が低いといわれる。

　また、変遷があっても、それが合理的理由による変遷であれば、変遷後の供述に信用性が認められうる。そのため、変遷があった場合には、その変遷に合理的理由があるかどうかも検討対象となる。

7 ⑥ 供述態度

　忘れるはずがない事項について曖昧な供述に終始するような場合には、信用性は低いといえる。一方、記憶していない部分については素直に「記憶していない」と述べるなど真摯な供述態度であれば、信用性は高いといえる。

Ⅵ── 予備試験で問われていること　

1 本試験の出題テーマ、出題の趣旨
(1) サンプル問題
　　設問1：勾留要件（60条1項各号の充足）　　設問2：犯罪の成否
　　設問3：手続問題　　設問4：弁護士倫理

●出題の趣旨

　本問は、具体的な事例を前提として、捜査から判決にいたる刑事手続及び事実認定についての基本的理解並びに法曹倫理（刑事）に関する基礎的素養が身についているかどうかを試すとともに、それらを適切に表現する能力をも問う問題である。

　設問1は、捜査段階における勾留について、その実体的要件（ただし、勾留の理由と必要性を除く）の理解およびその検討に当たって考慮すべき具体的事実を問題文から指摘で

きるかどうかを試す問題である。

設問2は、本件事例の争点である「共謀」の事実認定について、問題文のなかから、共謀を認定する積極的事実と消極的事実とを抽出するとともに、各事実の評価の理由をも問う問題である。

答案としては、共謀共同正犯の実体法上の解釈に関する論述が求められているのではなく、共謀共同正犯の成否が問題となった最高裁判例の判決文において摘示されている事情等を参考に、間接事実による事実認定の基本的枠組みを理解したうえで、事案に即して重要な具体的事実を分析・評価することが求められる。

設問3は、公判中の証拠調べ手続における弁護人の対応について、条文上の根拠に基づいた理解ができているかどうかを問う問題である。証拠調べ手続については、刑事訴訟法上の規定のみならず、刑事訴訟規則において詳細なルールが定められていることから、このような規則についての理解も必要とされるところである。

設問4は、刑事弁護の受任に関する弁護士倫理を問う問題である。刑事弁護倫理については、刑事訴訟法、刑事訴訟規則はもとより、弁護士法、弁護士職務基本規程上の関連する規定の理解も求められる。

設問2については、抽出した事実の評価が重要である、といっている。また、共謀共同正犯の一般論についての論述をダラダラとするような空中戦はしないように、といっている。

(2) 平成23年

設問1：犯人性　　設問2：犯罪の成否

●出題の趣旨（平成23年）

本問は、駅のホームで起こったキャリーバッグの置き引き事案について、具体的な事実に即して、窃盗罪の構成要件該当性と混同することなく甲の犯人性を検討できるか、被害者乙のキャリーバッグに関する占有の事実および占有の意思の有無を検討できるか、甲の弁解に沿う事実に留意しつつ、甲の窃盗の故意の有無を検討して妥当な結論を導くことができるか、という基本的な実務能力を問うものである。

犯人性と犯罪の成否は別物であり、混同してはいけない、といっている。弁解つぶし、すなわち反対仮説に配慮するように、といっている。

(3) 平成24年

設問1：犯人性　　設問2：手続問題

●出題の趣旨（平成24年）

本問は、【事例】に示された複数の具体的事実のなかから、甲が犯人であるか否かを判断するために必要な事実を抽出したうえで、各事実が上記判断に有する意味づけ

を的確に評価して妥当な結論を導くことができるか（設問1）、Aの証言に現れた甲の供述が伝聞証拠に該当するか否かなどを検討することにより、本件異議申立ての根拠および理由の有無を的確に判断して妥当な結論を導くことができるか（設問2）、という法律実務に関する基礎的な知識および能力を問うものである。

　　間接事実の抽出が大事である、といっている。「意味づけ」とは**推認力**のことをさしている。推認力の評価（経験則の摘示）が大事、といっている。伝聞性は刑事訴訟法の理解があれば足りる。

(4) 平成25年

　　メイン：犯人性　　　サブ：勾留要件（60条1項各号の充足＆勾留の必要性）

●出題の趣旨（平成25年）

　　本問は、被疑者勾留の各要件についての正確な理解を前提に、具体的な事実関係を踏まえてその要件を充足するか否かについて妥当な結論を導くことができるか、という基本的な実務能力を問うものである。すなわち、勾留要件のうち罪を犯したことを疑うに足りる相当な理由の有無については、【事例】に現れた事実関係のうち甲の犯人性に関する具体的事実を摘示し、さらに、上記理由の判断に際してそれらの事実がどのような意味を持つかなどを、また、その他の勾留要件（60条1項各号および勾留の必要性）については、【事例】に現れた事実関係を踏まえつつ各要件を充足するか否かを、それぞれ具体的に検討し、妥当な結論を導くことができるかを問うものである。

　　勾留要件（刑訴60条＋87条）がわかっていますか、といっている。間接事実の抽出が大事であるといっている。「どのような意味をもつか」とは**意味づけ（推認力）**のことをさしている。推認力の評価（経験則の摘示）が大事、といっている。

(5) 平成26年

　　設問1：求釈明　　　設問2：類型証拠開示　　　設問3：刑法の基礎的知識
　　設問4：共犯者供述の利用

●出題の趣旨（平成26年）

　　本問は、強盗致傷罪の成否やその共謀が争点となりうる具体的事例を題材に、弁護人として、公判前整理手続において、検察官作成の証明予定事実記載書の内容につき求釈明を要求すべき事項（設問1）、被害者の検察官調書の証明力を判断するために類型証拠開示請求すべき証拠（設問2）、被告人の弁解等を踏まえ明示すべき予定主張の内容（設問3）などを問うとともに、検察官として、公判前整理手続終了後に共犯者の公判でなされた共犯者供述を被告人の公訴事実の立証に用いるために行うべき訴訟活動の在り方（設問4）を問うものである。昨今の刑事裁判実務において重要な役割を果たしている公

判前整理手続やその他の刑事手続、更には実体法（刑法）についての基礎的知識を試すとともに、具体的事例において、これらの知識を活用し、訴訟当事者として行うべき訴訟活動や法的主張を検討するなどの法律実務の基礎的素養を試すことを目的としている。

かなり予想外の出題であった。きわめて実務的な内容を問うているため、苦戦を強いられた出題である。ただ、個々の聞かれている内容自体は刑事訴訟法、刑法の知識・理解があれば対応できる。

(6) 平成27年

設問1：公判前整理手続、証拠の関連性、直接証拠の意義
設問2：保釈の要件　　設問3：伝聞法則　　設問4：弁護士倫理

●出題の趣旨（平成27年）

本問は、犯人性が争点となる傷害被告事件を題材に、弁護人として、検察官請求証拠に対する証拠意見を述べる法令上の義務の有無（設問1(1)）、保釈請求に当たり検討すべき事項（設問2）、被告人から自己が犯人である旨打ち明けられた場合に無罪弁論をすることの弁護士倫理上の問題点（設問4）、検察官として、証拠物の関連性について釈明すべき内容（設問1(2)）、公判証言に被告人等の発言内容が含まれている場合の伝聞法則の適用に関する意見（設問3）等を問うものである。保釈請求手続、公判前整理手続と証拠法、弁護士倫理等に関する基本的知識と理解を試すとともに、具体的事例において、これらの知識を活用し、当事者として考慮すべき事項や主張すべき意見を検討するなどの法律実務の基礎的素養を試すことを目的としている。

平成26年に続き、またしてもかなり実務的な出題であった。刑事訴訟法の知識、理解があれば対応可能な問題と思われるが、刑事手続についてまんべんなくおさえていることが必要な出題であった。設問数も増加傾向にある。

(7) 平成28年

設問1：殺意の争い方　　設問2：現場指示と現場供述の区別、321条3項の伝聞例外　　設問3：公判前整理手続における予定主張の変更　　設問4：間接事実型と直接証拠型　　設問5：誘導尋問の可否、書面を示す尋問の可否

●出題の趣旨（平成28年）

本問は、犯人性及び殺意の有無が争点となる殺人未遂被告事件を題材に、殺人罪の構成要件、証拠法、公判前整理手続、刑事事実認定の基本構造、証人尋問を含む公判手続についての基本的知識を活用して、殺意の有無に関する当事者の主張（設問1）、実況見分調書の立会人の指示説明部分の証拠能力及びその立証方法（設問2）、公判前整理手続において当事者が主張を変更する場合に採るべき具体的手続（設問3）、証拠から

犯人性を推認する場合の証拠構造（設問4）、証人尋問の方法及び異議に対する裁判所の対応（設問5）について、問題に指定してある法曹三者それぞれの立場から主張すべき事実や採るべき対応を検討して回答することを求めており、【事例】に現れた証拠や事実、手続の経過に応じた法曹三者の適切な対応を具体的に検討させることにより、基本的知識の正確な理解及び基礎的実務能力を試すものである。

平成28年も平成26年以降と同じ出題傾向である。多設問型であり、刑事手続についての知識・理解も問うている。

(8) 平成29年

設問1：勾留要件　　設問2：直接証拠と間接証拠の意義

設問3：類型証拠開示　　設問4：証拠意見

設問5：書面を示す尋問、調書に添付された写真の証拠能力

設問6：321条1項2号後段の要件、証拠の取調べの必要性

●出題の趣旨（平成29年）

本問は、暴行の有無が争点となる傷害事件を題材に、勾留における罪証隠滅のおそれの判断要素（設問1）、証拠から暴行事実を認定する証拠構造（設問2）、類型証拠開示請求の要件（設問3）、いわゆる被害再現写真と現場写真の証拠能力の差異（設問4）、証人尋問における被害再現写真の利用方策（設問5）、刑事訴訟法第321条第1項第2号後段書面の要件及び証拠の取調べの必要性（設問6）について、【事例】に現れた証拠や事実、手続の経過を適切に把握した上で、法曹三者それぞれの立場から、主張・立証すべき事実やその対応についての思考過程を解答することを求めており、刑事事実認定の基本構造、証拠法及び証人尋問を含む公判手続等についての基本的知識の理解並びに基礎的実務能力を試すものである。

以後、令和5年にいたるまで同じ出題傾向（多設問型で刑事手続全般を問う出題傾向）が続いている。

(9) 平成30年

設問1：権利保釈の除外事由としての罪証隠滅のおそれ

設問2：類型証拠開示　　設問3：訴因変更等

設問4：直接証拠と間接証拠の意義　証拠の厳選（ベストエビデンス・刑訴規189条の2）

設問5：公判前整理手続終了後の証拠調べの制限、弁護士倫理（誠実義務）

●出題の趣旨（平成30年）

本問は、犯人性が争点となる器物損壊、窃盗事件（共犯事件）を題材に、保釈における罪証隠滅のおそれの判断要素（設問1）、類型証拠開示請求の要件（設問2）、訴因の変更の請求及び証明予定事実の追加・変更の手続（設問3）、器物損壊事実及び窃取事実を

認定する証拠構造、証拠の厳選、共犯者供述と第三者供述の信用性の相違に着目した証人尋問の必要性（設問4）、公判前整理手続終了後の証拠調べ請求の制限、犯人性を否認している被告人の弁護において共犯者が行った弁償事実に関する証拠を取調べ請求する際の弁護士倫理上の問題点（設問5）について、【事例】に現れた証拠や事実、手続の経過を適切に把握した上で、法曹三者それぞれの立場から、主張・立証すべき事実やその対応についての思考過程を解答することを求めており、刑事事実認定の基本構造、証拠法及び公判手続等についての基本的知識の理解並びに基礎的実務能力を試すものである。

(10) 平成 31 年

設問1：接見等禁止における罪証隠滅のおそれ　　設問2：証拠構造
設問3：事実認定上および法律上の主張　　設問4：弁護士倫理（真実義務）
設問5：321条1項1号書面の証拠能力

●出題の趣旨（平成 31 年）

　本問は、犯人性が争点となる傷害事件（共犯事件）を題材に、接見等禁止における罪証隠滅のおそれの判断要素（設問1）、犯人性を認定する証拠構造（設問2）、被疑者の弁解等を踏まえた事実認定上及び法律上の主張（設問3）、弁護士倫理上の問題点（設問4）、刑事訴訟法第321条1項1号書面の証拠能力（設問5）について、【事実】に現れた証拠や事実、手続の経過を適切に把握した上で、法曹三者それぞれの立場から、主張・立証すべき事実、その対応についての思考過程や問題点を解答することを求めており、刑事事実認定の基本構造、刑事手続についての基本的知識の理解及び基礎的実務能力を試すものである。

(11) 令和 2 年

設問1：間接事実の推認力　　設問2：類型証拠開示
設問3：伝聞と非伝聞　　設問4：身体解放の手段（勾留の執行停止等）

●出題の趣旨（令和 2 年）

　本問は、犯人性あるいは実行行為・殺意が争点となる殺人事件を題材に、犯人性の認定における間接事実の推認力（設問1）、類型証拠開示請求の要件及び類型証拠該当性（設問2）、被告人の供述を内容とする証言の証拠能力（設問3）、被告人を身柄拘束から解放する手段（設問4）について、【事例】に現れた証拠や事実、手続の経過を適切に把握した上で、法曹三者それぞれの立場から、その思考過程及び採るべき具体的対応について解答することを求めており、刑事事実認定の基本構造及び刑事手続についての基本的知識の理解並びに基礎的実務能力を試すものである。

(12) 令和 3 年

設問 1：勾留の要件　　設問 2：供述証拠の信用性

設問 3：遮へい・ビデオリンク方式による尋問　　設問 4：書面を示す尋問

─── ●出題の趣旨（令和 3 年） ───

　本問は、犯人性が争点となる建造物等以外放火事件を題材に、刑事手続の基本的知識、刑事事実認定の基本構造及び基礎的刑事実務能力を試すものである。

　設問 1 は、弁護人が準抗告申立書に誓約書等の疎明資料を添付すべきと考えた思考過程と、裁判所が弁護人の準抗告を棄却すべきと判断した思考過程を、それぞれ具体的な事実関係を踏まえて検討することを通じて、**捜査段階における弁護人の活動と勾留要件の正確な理解を示す**ことが求められる。

　設問 2 は、犯人識別供述について具体的な事実関係を踏まえて検討することを通じて、事案を分析する能力と供述の信用性判断に関する基本的理解を示すことが求められる。

　設問 3 は、証人尋問に難色を示す証人からの申出を受けて検察官が採った措置に係る思考過程を、刑事訴訟法の条文に規定された要件に沿って具体的に検討することを通じて、現行法における証人保護制度、取り分け、証人尋問における遮へい措置及びビデオリンク方式に対する基本的理解を示すことが求められる。

　設問 4 は、実務において証人尋問の主尋問の際に記号等を消した図面が用いられるのが、主尋問で誘導尋問が原則禁止されることに由来していること、及びその趣旨を正確に示すことが求められる。

(13) 令和 4 年

設問 1：供述証拠の信用性、共謀共同正犯の要件充足性

設問 2：公判前整理手続(証明予定事実の追加)　　設問 3：証人尋問実施後の接見等禁止

設問 4：「やむを得ない事由」(316 条の 32)、証拠意見

─── ●出題の趣旨（令和 4 年） ───

　本問は、共謀共同正犯の成否が争点となる住居侵入、強盗致傷事件を題材に、刑事手続の基本的知識、刑事事実認定の基本構造及び基礎的刑事実務能力を試すものである。

　設問 1 は、共犯者供述のうち被疑者が犯人であるとする供述部分の信用性が認められると判断した検察官の思考過程と、共謀共同正犯が成立すると判断した検察官の思考過程を、それぞれ具体的な事実関係を踏まえて検討することを通じて、**供述の信用性判断及び共謀共同正犯についての基本的理解を示す**ことが求められる。

　設問 2 は、事例に現れた、公判前整理手続における裁判所及び当事者のやり取りを踏まえ、裁判所が検察官に追加証明予定事実記載書の提出を求めた理由を検討す

ることを通じて、公判前整理手続の意義や機能に対する基本的理解を示すことが求められる。

　設問3は、公判前整理手続に付された事件の起訴後の接見等禁止請求を巡る検察官の対応に、手続の進展に伴い差が生じている理由を検討することを通じて、接見等禁止における罪証隠滅のおそれについての理解を正確に示すことが求められる。

　設問4は、弁護人が共犯者の証人尋問後に、その捜査段階における供述録取書の取調べを請求した思考過程と、同請求に対する検察官の証拠意見の理由を検討することを通じて、刑事訴訟法第316条の32第1項の「やむを得ない事由」についての基本的理解を示すとともに、弾劾証拠についての理解を正確に示すことが求められる。

(14)　令和5年

　　設問1：間接事実の推認力　　設問2：被疑者の身体解放手段
　　設問3：強盗罪の成否(暴行の程度、因果関係)　　設問4：証拠調べ請求と異議(関連性)

●出題の趣旨（令和5年）

　本問は、犯人性及び実行行為性が問題となる強盗致傷事件を題材に、犯人性の認定における被害品の近接所持の推認力（設問1）、被疑者を身体拘束から解放する手段（設問2）、事後強盗罪における暴行の実行行為性の判断要素等（設問3）、検察官請求証拠に対する弁護人の意見を踏まえたその後の公判手続の進行の在り方（設問4）について、【事例】に現れた証拠や事実、手続の経過を適切に把握した上で、法曹三者それぞれの立場から、その思考過程及び採るべき具体的対応について解答することを求めており、刑事事実認定の基本構造、刑事実体法及び刑事手続法についての基本的理解並びに基礎的実務能力を確認するものである。

2　本試験の傾向

(1)　形式面

　形式面では、事実関係が長い事例問題のかたちで出題されるという傾向が続いており、この傾向は変わらないであろう。

(2)　内容面

　内容面では、平成23年から25年までは、犯人性、犯罪の成否という事実認定の問題が正面から聞かれていたが、平成26年以降は、事実認定というよりは、刑事手続を複数の小問形式で横断的に問う出題傾向が続いている。ただ、比重が下がっているとはいえ、小問のなかで事実認定に関する出題がされる年も多いため、事実認定の勉強をしておく必要がある。また、公判前整理手続（類型証拠開示請求に関する出題が中心）についての知識・理解も問われることが多い。その他、証拠構造についての理解や証人尋問に関する規律などが問われている。

刑事手続を全体的におさえるという対策が必要といえる。例年ではないが弁護士倫理が出題されることもあるため、弁護士倫理もケアしておきたい。

(3) 難易度

1年目（平成23年）は分量的にヘビーな出題であったが、平成24年以降は、難易度的に、年による特段の変化はない。もっとも、問題文の分量は例年4頁前後と長いため、時間に追われることは必至である。

(4) 答案の分量

丁寧に書こうとすると4頁に収まらないおそれがある。民事実務も同様であるが、実務基礎科目においては、答案上のメリハリづけが特に大事になってくる。

3 配点のポイント

(1) 全体を通しての配点

小問ごとにバランスよく配点がされているが、おそらく事実認定問にやや多くの配点が振ってあると思われる。記述の分量に比例して配点も多くなると考えられるところ、事実認定問については想定されている記述の分量も多くなる傾向があるからである。

一方で、手続問は、ポイントを突いて書けていれば、答案の分量は多くなくても点数はしっかり入ってくると思われる。手続問でミスをすると差をつけられてしまうので、取りこぼさず、きっちり点数を稼いでおきたい。

(2) 事実認定問（特に犯人性の問題）

① 力の差が如実にでるのが、間接事実として何を抽出するかである。ナンバリングに書くタイトルを見ただけで実力はわかる。推認力の強いものから書かれているかも大事である。

② どこまでの間接事実を抽出しているかがポイントである。絞り込みが可能であれば、できるかぎり絞り込んで記載すべきであり、それを時間内にどこまでできるかという処理能力、分析能力を問われている。

③ 推認力（意味づけ）の記述にも点数が振ってある。要するに、常識的な経験則（相場感覚）からずれずに、妥当なことを書けているかが重要である。

④ 上記①から③までの精度を上げれば上げるだけ得点は望める。法律基礎科目よりも、他の受験生と差をつけることができる科目といえる。

(3) 犯罪の成否の問題

犯罪の成否の問題では、反対方向（消極）の間接事実への配慮が大事である。自分の導く犯罪の成立にとって積極方向にはたらく事実を抽出するのは当然であるが、消極方向にはたらく事実も抽出したうえで総合評価をすることが必要である。しっかりと悩みを見せることが重要である。

(4) 手続問

　勾留要件や保釈要件、証拠構造、証拠調べ請求などの手続、証人尋問における規律、公判前整理手続など、刑事手続全般に関する知識・理解が横断的に問われる。刑事訴訟法や刑事訴訟規則の条文を引用しつつ、問いに対して端的に正面から答えるかたちで書いていく必要がある。

4　問題分析方法・答案表現上の注意点

①問題文がかなり長いため、他の科目にも増して事案や証拠関係の把握に注意する必要がある。

②先に設問から読む方法も有益かもしれない。アンダーラインなどは各自でうまくやっていく必要がある。

③犯人性や犯罪の成否の問題では、**間接事実として何を抽出するか**がきわめて重要である。間接事実の抽出が終わっていない段階で見切り発車をするのはまずい。間接事実としては、3〜5つ程度が相場であろう。7つも8つもたくさんあがる場合には、不適切なものを抽出している可能性が高い。

④間接事実のもつ**推認力（意味づけ）を書く**ことが大事である。時間に追われるが、この部分に点数が振ってあるので、しっかり書きたい。

⑤反対仮説への配慮を欠かさない。犯人性であれ、犯罪の成否であれ、ゴーイングマイウェイやいいとこ取りが一番よくない。犯罪の成否の問題については、通常の刑法の問題に近い。反対方向の事実（反対仮説）への配慮が重要なので、「たしかに……、しかし……」の枠組みをつくるなどして、反対方向の事実への配慮も忘れないようにしたい。

⑥事実の抽出と事実に対する評価を意識的に区別したい。

5　勉強のポイント

①犯人性の答案の型をマスターする

　間接事実型だとか証拠構造、推認力、反対仮説の検討など、一般論を学ぶだけでは書けるようにならないし、総論的な学習だけではいまひとつピンとこないものである。

　刑事実務については、特に**実践訓練（アウトプット）ありき**である。まず、問題にあたってみて、その後にもう一度本書でインプットするという方法が効率的であり、アウトプット後に本書の記載の意味をより実感できるだろう。

②犯罪の成否の答案の型をマスターする

　犯罪構成要件の意味（定義）の理解を前提に、問題文に散らばっている間接事実を総合して、犯罪の成否を検討することになる。犯罪の成否の問題は、犯人性の問題とは異なり、刑法の論文答案と大きな違いはない。刑法の論文答案のあては

めを充実させるイメージである。

　構成要件（大前提）の理解が曖昧であれば、あてはめもままならないので、まず
もって刑法の勉強が重要になる。構成要件要素（主要事実）の意味を正確に理解し
ていれば、これを支える間接事実の抽出もさほど困難ではないだろう。殺意の認
定における創傷の部位、程度など間接事実として重要なメルクマールを記憶し理
解することや、実際の裁判例のあてはめ、評価の方法を分析するということが有
益である。

③事実のもつ意味をしっかりと考える

　経験則を言語化するクセをつける（特に、犯人性や犯罪の成否の問題において）。

④犯罪の成否問との関係で、構成要件の定義はきっちりおさえておく

　刑法の論文対策として当然やっているはずであり、それで十分である。

⑤手続問対策としては、刑事訴訟の手続をきっちり勉強するほかない

　ただし、勾留要件や保釈要件、証拠調べ請求などの手続、証人尋問における規
律、公判前整理手続など、刑事訴訟法の学習では正面から学ぶことの少ない、実
務基礎科目特有の重要テーマがある。これらのテーマについては意識的に勉強し
て知識を入れておく必要がある。

第 2 章

犯人性

A

Ⅰ ── 犯人性起案（犯人性答案）の構成

第1　結論

犯人と被告人の同一性は、認められる。

第2　証拠構造

証拠構造（直接証拠型 or 間接事実型）につき 2、3 行。

第3　間接事実

1　間接事実 1（簡略タイトル）

> 推認力の強い間接事実を優先して書く。

(1) 犯人側の事情

(2) 被告人側の事情

> 時間と紙幅の制約があるため、答案では (1) から (3) まではナンバリングを変えずに一緒に書けばよい。

(3) 間接事実 1 のまとめと推認力

2　間接事実 2

(1) 犯人側の事情

(2) 被告人側の事情

(3) 間接事実 2 のまとめと推認力

> ①強い
> ②相当程度
> ③弱い
> の 3 種類で評価すれば OK。

3　間接事実 3

(1) 犯人側の事情

(2) 被告人側の事情

(3) 間接事実 3 のまとめと推認力

第4　供述証拠の信用性判断

> 時間・紙幅との関係では第 3 の各間接事実のなかで検討してもよい。

第5　間接事実の総合

これら複数の間接事実が偶然に重なることは考えづらいから、A が犯人であることは合理的な疑いを超えて認定することができる。

第6　被告人の弁解

（被告人弁解があれば書く。なければ書かなくてよい）

第7　結論

被告人が犯人であることは揺らがない。

犯人性起案のポイント

メリハリ──重要な間接事実については、じっくり丁寧な思考過程、推認過程を経て認定していく必要がある。

推認力（経験則）を書く

証拠を超えた認定をしない。証拠から認定できる事実を厳格に判断する。

Ⅱ ── 基本的な考え方　

1　犯人性とは

犯人性とは、犯人と被告人が同一であるかどうかという問題である。

2　証拠構造の種類と出題可能性

証拠構造には、直接証拠型と間接事実型がある。どちらかといえば、間接事実型のほうが出題されやすい。

3　間接事実のつくり方のコツ

間接事実は、それ単独で、犯人と被告人をつなぐもの、つまり犯人側の事情と被告人側の事情の双方を含むものでなければならない。そうでなければ、犯人性を推認させる事実とはいえないからである。

たとえば、「犯行現場に犯人の血痕が残っていた事実」は、犯人側の事情しか含まれていないため何ら意味をもたないし、「犯行現場でも何でもない場所から被告人の血痕が残っていた事実」も、被告人側の事情しか含まれていないため何ら意味をもたない。「犯行現場に残されていた血痕の DNA 型が被告人の DNA 型と一致している事実」というふうに、犯人側の事情と被告人側の事情の双方を含んでいてはじめて、被告人と犯人を結びつける事実となる。

また、犯人と被告人の特徴の一致という間接事実において、「被告人は身長 170 センチメートル程度、体格は小太りで、赤色のパーカーと黒色のジーパンを着ていた」という事実は、被告人側の事情しか含まれていないため、これも無意味である。「犯人は身長 170 センチメートル程度、体格は小太りで、赤色のパーカーと黒色のジーパンを着ていたところ、被告人は身長 170 センチメートル程度、体格は小太りで、犯行当日に赤色のパーカーと黒色のジーパンを着ていた」という事実であってはじめて、間接事実として意味をもつ。

このように、1 つの間接事実は、それ自身のなかに、犯人との結びつきを示す事実と被告人との結びつきを示す事実の両方を含んでいなければいけない。

フォーマットとしては、「犯人は……であるところ、被告人が……である事実」というイメージで作ればよい。

---

[1]　司法修習においては、①証拠に基づく間接事実の認定、②間接事実から犯人性（主要事実）の認定の双方が求められる。もっとも、予備試験においては、①は問われず、②のみであろう。

4 間接事実の抽出 —— 評価

まずは、間接事実を抽出する。ただ、ここで満足するのではなく、間接事実を評価し、推認過程（推認程度）を書くことが重要である。

5 小さな認定の繰り返し

予備試験ではまず出題されないと思われるが（司法修習ではよくある）、1つの間接事実を認定するために、たくさんの小さな認定を繰り返さなければいけない場合がある。つまり、問題文に間接事実があがっていないため、**再間接事実**から**間接事実**を認定する必要がある場合がありうる。

6 供述証拠の信用性の扱い

供述証拠から間接事実を認定する際は、その信用性を検討する必要がある。

もっとも、予備試験のレベルでは、時間の制約と紙幅の制約があるので、信用性について丁寧な検討までは求められていないと思われる。供述証拠の信用性のメルクマールのうち、①供述者の利害関係、②知覚や記憶の条件等、③他の証拠の裏づけ、動かしがたい事実との符合、④供述内容（合理性、具体性、迫真性）、⑤供述経過（変遷の有無、一貫性）、⑥供述態度など、ポイントをついて検討すれば十分であろう。

ただ、これは間接事実型の場合の話である。直接証拠型においては、答案中でなすべきことは、当該直接証拠（自白、犯人識別供述）の信用性判断に尽きるので、それを丁寧に行う必要がある。

Ⅲ —— 検討事項

1 出題の仕方と答案のフレーム

犯人性に関する出題は、正面から「被告人○○を本件の犯人と認定することができるか。」といった問われ方がされるのがオーソドックスであるが、このような出題にかぎらず、勾留要件のなかで犯人性の検討を求められることもある（平成25年）。そのほか、供述証拠の信用性判断を問う形式の出題や（令和3年設問2、令和4年設問1）、間接事実の推認力に絞って検討を求める出題もある（令和2年設問1、令和5年設問1）。

設問に応じた構成（答案のフレーム）をつくってやればよいのであり、中身として書くべき内容が変わるわけではない。

2　構成例に即した説明

(1)　第1　結論について

端的に結論を記載する。

(2)　第2　本件の証拠構造について

はじめに、簡単に証拠構造を説明する。直接証拠型か間接事実型かにつき、2、3行程度、述べるだけでよい。すなわち、直接証拠がないこと、直接証拠と勘違いしそうな証拠があるなら、それが直接証拠にあたらないことをさらりと説明すれば足りる。

(3)　第3　間接事実の検討

間接事実を1つずつ検討する。間接事実のつくり方については、Ⅳで説明する。

ア）**1　間接事実①**

まず、タイトルを記載する。

「凶器の近接所持」「事件直後、現場付近にいたこと」「服装の類似」程度の抽象的なタイトルで足りる。

イ）**(1) 犯人側の事情、(2) 被告人側の事情**

犯人と被告人の同一性を認定するには、犯人から被告人までが、間接事実を介してつながっていることが必要なので、間接事実の必須の構成要素として、犯人・事件との結びつきの要素（犯人側の事情）と、被告人との結びつき（被告人側の事情）の要素の両方が必要である。

項目を分けて論じると、犯人側の事情と被告人側の事情の双方を含めることを忘れないし、読んでいてわかりやすいが、予備試験においては、時間と紙幅の制約があるので、双方を分けずに論じるのが実際的であろう。

もっとも、頭のなかではきちんと犯人側の事情と被告人側の事情の双方を区別して考える必要がある。

ウ）**(3) 間接事実①のまとめ**

間接事実の完成形を書くことになる。もっとも、上記のとおり(1)と(2)を合体させて書いていれば、ここで改めて完成形を記載する必要はない。

エ）**(4) 推認力**

基本は、**強い、相当程度強い、弱い**の3段階である。

私見であるが、感覚としては、**強い** = 70％以上、**相当程度強い** = 40％から70％、**弱い** = 20％から50％あたりのイメージになる。

オ）**間接事実②、間接事実③**

間接事実①と同じプロセスを繰り返す。

(4)　第4　供述証拠の信用性判断

信用性判断を記載する場所としては、①「第2」のそれぞれの間接事実のなかで検討する方法、②「第3」としてまとめて検討する方法がある。

予備試験においては、時間、紙幅の制約もあるので、①の方法でよいだろう。

(5)　第5　間接事実の総合

第2で認定した間接事実を総合する。有罪認定できる場合には、「以上の検討によれば犯人と被告人の同一性が認定できる」という結論を書く。

無罪にしてももちろんよいが、試験の出題においては、有罪認定できるだけの間接事実が揃っている問題がでることが一般的である。

(6)　第6　被告人の弁解の検討

ここではじめて被告人の弁解を検討する。これ以前は、完全に無視してよい。

被告人の弁解は、消極方向（無罪方向）にしかはたらかない。たとえば、99％の心証が90％の心証に下がるかどうかを検討することになる。被告人の弁解が信用できない場合、たとえば、90％の心証が99％に上がるというような思考をとってはならない。

また、被告人の弁解を抜きにして、間接事実群の総合によって、合理的な疑いを超える程度の証明ができていなければ、その時点で無罪とならなければならず、被告人の弁解の出番はない。

このように、被告人の弁解は、間接事実群の総合によって、合理的な疑いを超える程度の証明ができている場合に、弁解を考慮して心証が下がるかどうかを検討するためのものであるから、この位置で検討することになる。

なお、被告人の弁解が問題文にあがっていなければ、検討する必要はない。

(7)　第7　結論

被告人の弁解によっても、被告人が犯人であるという認定が揺るがないことを述べて、再度結論（**犯人と被告人の同一性は認定できる**）を繰り返す。

Ⅳ ── 間接事実のつくり方　

1　犯人性の考え方（間接事実型の場合）

犯人性を検討するためには、基本的に刑法の知識はまったく不要である。しかし、ある意味で特殊な思考パターンが要求される。この思考パターンは、コツをつかめば難しくない。

間接事実として核となるものして、多くの場合、犯行についてなんらかの痕跡が残されている。たとえば、遺留品、指紋、血痕、盗品などの痕跡を通して、犯人から被告人まで、線でつなげばよい。

2　間接事実の条件

間接事実をつくるときは、以下の条件に留意するのがよい。

まず、①それぞれの間接事実は、単独で、要証事実（＝犯人性）を推認するのに

役立つ力をもっていなければならない。他の事実と組み合わせることではじめて意味をもつものは、その事実と組み合わせることによって、ようやく1つの間接事実となる。

次に、また、②それぞれの間接事実は、犯人側の事情と被告人側の事情の双方を含んでいなければならない（①の延長である）。これについては、前述した。

さらに、③それぞれの間接事実は、多少の推認力をもっていなければならない。たとえば、金銭の窃盗事件で、「本件は金銭目的の犯行であるところ、被告人が金に困っていた事実」という間接事実をあげるのは、好ましくない。お金に困っている人はたくさんいるので、この事実は推認力をほとんどもたず、犯人の絞り込みになっていない。したがって、このような事実は、間接事実としてあげないほうがよい事実ということになる。

そして、④それぞれの間接事実は、互いに独立した事実でなければならない。**独立した**というのは、1つの間接事実がつぶれても、別の間接事実がつぶれることはないということ、または1つの間接事実が、別の間接事実に依存していないことである。

それぞれの間接事実を検討（認定→推認力の評価）した後で、間接事実の総合という思考をたどるため、互いに独立していない間接事実が混ざっていると、その間接事実を二重に評価してしまうことになるからである。

最後に、⑤それぞれの間接事実は、具体的な事実でなければならない。具体的な事実とは、要するに、5W1Hでもって特定すべきということである。だれが（主体）、いつ（時）、どこで（場所）、何を or だれに対して（対象）、どのように（方法）、どうした（結果）、を記載すれば具体的な事実になる。

もっとも、予備試験においては、時間、紙幅の関係で省略せざるをえない。

◆ **間接事実の条件**[2] ◆
　① その間接事実単独で、推認に役立つものでなければならない
　② 犯人側の事情と被告人側の事情の双方を含む事実でなければならない
　③ 多少は推認力をもっていなければいけない
　④ 間接事実は互いに独立した事実でなければならない（依存してはならない）
　⑤ 具体的な事実（5W1H）でなければならない
➡**評価をいれてはいけない**[3]。

---

[2]　これらの条件をみたしているかのチェック方法としては、抽出した間接事実の個数がある。抽出すべき間接事実は、通常3から5個程度である。7つとか8つとか多くの間接事実を抽出できたというような場合には、上記の条件をみたしていない可能性が高い。

[3]　間接事実である以上、あくまで事実を記載しなければならない。ここは意識しておかないと、知らない間に評価を記載してしまっていることがあるので注意したい。評価は、間接事実を記載した次の段階（推認力を記載する場面）において記載することになる。

3 犯人性の問題における間接事実の例

以下の類型を頭にいれておけば、間接事実を見つけやすいであろう。

1 **事件に関係するもの（犯行供用物件、被害金品等）、現場等における遺留物その他犯人に関係するもの（指掌紋、足跡、血痕、体液等）と被告人との結びつきを示す事実**

2 **犯人の特徴（容姿、体格、年齢、服装、所持品その他の特徴）が犯行当日の被告人の特徴に合致ないし酷似する事実**

　どこが合致するのか、どのように酷似するのか、それはどれくらい珍しい合致・酷似なのか等を論じること

3 **被告人に事件の動機・目的となりうる事情があった事実**

　犯人側の事情として、本件がなんらかの動機・目的をもつ者の犯行であることも認定する必要がある

4 **被告人が事件を実現することが可能であった事実**

　犯行遂行能力、技能、土地鑑、金品等の管理の立場、被害者と被告人との結びつき等

5 **被告人に事件を実現する機会があった事実**

　被疑者が犯行時に犯行現場にいた事実、犯行前・後に犯行現場またはその付近にいた事実。いわゆる「前足・後足」

6 **犯行前の被告人の事件に関する言動**

　犯行準備、犯行計画、犯行隠蔽のための布石、逃亡準備、犯行の事前打ち明け等

7 **犯行後の被告人の事件に関する行動**

　犯行による利益の享受（犯行以外の原資が不明な現金所持、借金返済等を含む）、犯行隠蔽、アリバイ工作、逃亡、犯行打ち明け等

4 近接所持の法理

　窃盗罪の犯人性が争点となる場面において、近接所持の法理とよばれるものがある。近接所持の法理とは、窃盗事件が起きた時点と時間的・場所的に近接した時点で盗品そのものを所持していた場合には、その盗品の入手経路について合理的な説明をしないかぎり犯人と推定できるという考え方である。

　近接所持の事実は、犯人性を一定程度推認させる有力な間接事実のひとつになる。もちろん、時間的・場所的近接性が弱まれば弱まるほど、推認力は弱くなり、逆に時間的・場所的近接性が強ければ強いほど、推認力は強くなる。ただし、近接所持の事実は、被疑者（被告人）とは別の犯人がおり、その犯人から盗品を譲り受けるという反対仮説を内包するといえるので、被疑者（被告人）の弁解などにも照らして、この反対仮説に対する考慮も必要になってくる。

Ⅴ ── 間接事実の推認力

1 推認力

間接事実の推認力とは、その間接事実が、要証事実を推認するうえで、どの程度役に立つかという問題である。

間接事実は、あくまでも、要証事実の推認に役立つ事実にすぎず、間接事実が認定できても、要証事実が認定できるとはかぎらない。この点で、直接証拠と異なる。

それゆえ、間接事実型の事実認定では、間接事実の推認力を検討することが必要となる。

2 推認力を判断する際の視点

間接事実の推認力を判断するためには、その間接事実が認められながら、要証事実（＝犯人性）が認められない可能性（合理的な疑いが存在する可能性）がどの程度かを考える。

> **Point　推認力の程度の吟味における有益な視点**
>
> ①その間接事実に該当する者は、被告人以外に何人くらい存在するか
> ②その間接事実に該当する者は、被告人だけだったとして、被告人が犯人でない可能性はどれくらい存在するか

3 経験則に基づいた推認力

推認力の程度については、前述のとおり、強く推認させる（強い）、相当程度推認させる（相当程度）、弱いながらも推認させる（弱い）の３つを使えれば十分である。

そして、**強い**とか**弱い**といった推認力の程度は頭で考えるというよりは、いわば直感的に判断していることが多いであろう。直感的に判断すること自体は何ら問題ない。ただ、その直感（頭のなかで自然と行った作業）を答案に言語化することが重要である。

推認過程が文章として記載されていないと、読み手を説得できない。実際の事件の場面であれば、裁判官の思考過程が明らかでないまま、有罪判決を言い渡されることを意味する。市民にもわかりやすい刑事裁判であるべき要請は裁判員裁判が始まったことにより、以前にも増して強調される。

そして、推認力の判断は、経験則に基づいて行っている場合がほとんどであろ

うから、具体的には、経験則を答案に記載することになる。

Ⅵ ─── 間接事実の総合

1 間接事実の総合の思考パターン

　各間接事実を検討した後、それらの間接事実を総合すると、犯人と被告人の同一性を認定できるかどうか、を検討する。

　たとえば、間接事実①の推認力が80％、間接事実②の推認力が60％、間接事実③の推認力が50％とする。この場合、前述したとおり3つの間接事実を総合すれば、被告人が犯人である可能性は96％となる。この程度であれば、合理的な疑いを超えた証明といえる。

2 決まり文句

　この思考プロセスを表現するには、次のような決まり文句がある。

> 　争点については、強い推認力をもつ間接事実①があるうえ、相当程度強い推認力をもつ間接事実②、弱いながら積極方向の推認力をもつ間接事実③、が存在する。これらの間接事実が偶然に重なることは考えがたいので、被告人が犯人であることは、合理的な疑いを超えて認めることができる。

　ただ、この間接事実を総合する部分は、より丁寧に書けるに越したことはない。間接事実①の反対仮説が、間接事実②によって排除される関係になる場合などには、その推認過程を表現できるとより高得点を狙えるだろう。

Ⅶ ─── 供述証拠の信用性

1 信用性判断の考慮要素

　供述証拠は、大きく、(a)被告人による自白、(b)共犯者供述、(c)第三者供述の3つに分けることができる。もっとも、この(a)(b)(c)ごとにメルクマールをおさえる必要はなく、基本的には次の①から⑥までのメルクマールをおさえておけばよい。

> ◆ **供述の信用性判断の考慮要素（メルクマール）── 一般論** ◆
> 　① 供述者の利害関係
> 　② 知覚や記憶の条件等
> 　③ 他の証拠の裏づけ、動かしがたい事実との符合　←最重要
> 　④ 供述内容（合理性、具体性、迫真性）
> 　⑤ 供述経過（変遷の有無、一貫性）
> 　⑥ 供述態度

ただ、(a)被告人による自白の信用性判断におけるメルクマールとして、**秘密の暴露**という視点があること[4]、(b)共犯者供述に関しては、①供述者の利害関係の内容として、**虚偽供述の動機**が重要な意味をもってくることをおさえておく必要がある[5]。

2 検討方法

すべての供述につき、上記のメルクマールのすべてを検討する必要はない。ポイントとなるメルクマールを中心に検討することで足りる。供述の内容からして、ポイントとなるメルクマールがあるはずなので、それを中心に検討する。

特に予備試験では、時間と紙幅の制約があるので、ポイントだけ検討すれば足りる。

直接証拠型の問題における直接証拠が犯人識別供述である場合には、②知覚や記憶の条件等については丁寧に論じる場合がある。

VIII ─── 被告人の弁解

1 被告人の弁解を検討すべき場所

被告人の弁解は、間接事実を総合した後で検討する。それ以前には検討しない。

2 被告人の弁解のはたらき方

被告人の弁解は、消極方向にのみはたらく。間接事実によって、合理的な疑いを超えた認定が可能であることを前提にして、被告人の弁解によって、それが覆るかどうか、を判断する。

3 被告人の弁解の検討の留意点

①間接事実の重要部分に関係するところについてのみ、判断すればよい。

②メルクマールとの関係では、「③他の証拠の裏づけ、動かしがたい事実との符合」を活用するとよい。動かしがたい事実に矛盾する内容の弁解は、当然信用性がなくなる。

---

4) **秘密の暴露**があると被告人の犯人性は決定的なものとなってくる。もっとも、それがあると有罪になるという性質のものであって、それがないからといって無罪となるわけではない。
5) 共犯者供述には、責任転嫁、引っ張り込みという特有の危険があるためである。

第3章

犯罪の成否

A

I ── 総 論 　Ⓐ

1 　総合考慮の重要性

犯人性が被告人が犯人かどうかが争点となる場面であるのに対し、**犯罪の成否**は、被告人が犯人（行為者）であることを前提に、被告人の行為が犯罪構成要件に該当するかどうかが争点となる場面である。

犯罪の成否が争点となる場合には、それを肯定する事情（積極的情況証拠）と否定する事情（消極的情況証拠）の双方が存在する場合が通常であるところ、**犯罪の成否**を検討するにあたっては、これらの積極的情況証拠と消極的情況証拠を総合考慮した結果、犯罪の成立を肯定できるか否かを検討する必要がある。

そして、事実認定において重要なのはその説得力であり、結論にいたる推認過程は第三者による事後的な検証に耐えうるものでなければならない。そのため、消極的情況証拠に目をつぶる（見て見ぬ振りをする）のは論外であって、犯罪の成立を肯定する場合であれば、消極的情況証拠を十分に吟味したうえでなお、犯罪の成立が肯定されることを論証しなければならない。

2 　犯人性との違い

(1) 　実体法（刑法）解釈の重要性

犯人性が争点となる場面では、実体法の解釈は問題にならず、ただちに証拠構造をふまえた認定作業を行うことになる。

他方で、**犯罪の成否**が争点となる場面では、まずは、①当該法律概念にあてはまる事実とはどのような事実かを分析・検討し、そのうえで、②証拠構造をふまえて認定作業に入ることになる。たとえば、**共同正犯の成否**が問われる場合、まず、(a)共同実行の意思、(b)共同実行の事実の2つが認められる必要があることを指摘したうえで、間接事実の抽出を行うことになる。また、窃盗罪における占有の有無が問われる場合であれば、まず、(i)占有の意思、(ii)占有の事実の2つが認められる必要があることを指摘したうえで、間接事実の抽出を行うことになる。

(2) 　総合考慮

犯人性が争点となる場面では、犯人性を肯定できる間接事実群を総合して、被告人が犯人であることを認定しうるかを吟味し、被告人の弁解（アリバイなど）はその後に検討する手順をふむが、**犯罪の成否**は、最初から積極、消極の両事実を総合考慮していくことになる。

3 経験則の重要性

犯罪の成否においては、構成要件該当事実（主要事実）を推認させるメルクマール（考慮要素）が重要である。犯罪の成否の検討を上達させるためには実際の判例にあたり、そのなかで行われているあてはめを読むことが有益であるが、その際には、どのメルクマール（考慮要素）との関係であてはめをしているのかを意識することが肝要である。

考慮要素それ自体を抽出するのみでは説得力をもたない。ここでも重要なのは経験則（評価）であり、この点では**犯人性**の場合と同様である。たとえば、殺意が問題となる事例において、「ナイフによる創傷の深さが10センチメートルに達している事実からは、殺意を推認できる」というのでは不十分である。「ナイフによる創傷の深さが10センチメートルにも達しているということは、被告人が相当強い力を入れてナイフを被害者に突き刺したことを意味するから、殺意を推認できる」というように論証すべきである。経験則（評価）を言語化することによって、はじめて第三者の検証に耐えうる説得力を備えた論証となる。

以下では、犯罪の成否が問題となる典型的な場面について検討する。

Ⅱ── 殺 意 Ⓐ　　　　　Check 3

殺人罪（刑199条）の故意のことを**殺意**という。死の結果発生を積極的に意欲している場合（確定的故意）のみならず、死の結果が発生してもかまわないと考えている場合（未必の故意）も含む。確定的故意であるか未必の故意であるかによって、量刑上の差異は生じるものの（そのため、そのいずれであるかが実務的に問題とされることがある）、殺人罪の成否という意味での差異は存しない。

実務的には、殺人罪の訴因に対し、弁護人（被告人）が「殺意はなく、傷害致死にとどまる」旨主張し、殺意の有無が争点となることがある。

被告人に殺意があったか否かは内心の事情であるが、被告人が自白していれば被告人の自白が殺意の直接証拠となり、殺意の認定にさほどの困難は生じない。

他方、被告人が殺意を否定している場合には、客観的事実から被告人に殺意があったかどうかを判断していくほかない。直接証拠がない以上、間接事実に基づいて殺意を認定できるかどうかが問題となる。

殺意を推認させる間接事実 ── 総論

① 創傷の部位
② 創傷の程度
③ 凶器の種類とその認識
④ 凶器の用法
⑤ 動機の有無

＊メルクマールとして重要なのは、①から④まで

---

⑥ 犯行前後の言動

殺意を推認させる間接事実 —— 各論

① **創傷の部位**

　身体枢要部とは、頭部、顔面、胸部、腹部など四肢を除く身体の全部分をさすという
のが一般的な理解である。

　身体枢要部に対する攻撃であれば殺意を推認する積極方向[1]、身体枢要部以外に対
する攻撃であれば消極方向にはたらく。

　ただ、創傷の部位から殺意を推認できるのは、行為者において、創傷の部位を認識
しながらあえて攻撃にでた場合にかぎられる。

　　e.g. つまずいた結果、被害者の腹部にナイフが刺さった場合には、殺意を推認でき
　　　ない。

② **創傷の程度**

　傷が深ければ積極方向、傷が浅ければ消極方向にはたらく。

　創傷箇所が多ければ（e.g. 複数の刺創）、積極方向にはたらく。

③ **凶器の種類とその認識**

　殺傷能力が高ければ積極方向、低ければ消極方向にはたらく。

　凶器が包丁などの刃物の場合、実務的には 10 センチメートルくらいが殺傷能力を
肯定するひとつの目安である。

　ここでも、凶器の種類から殺意を推認できるためには、行為者において凶器の形状
を認識している必要がある。

　　e.g. 被害者からの暴行に対して、慌ててそばにあった物を手に持って攻撃を加えた
　　　ところ、それがナイフであるとの認識がなかった場合には、殺意を推認できな
　　　い。

④ **凶器の用法**

　ナイフの場合であれば、1 回刺したのか複数回刺したのか、片手で持って刺したの
か、両手で持って刺したのかといった視点である。1 回よりも複数回、片手よりも両手
のほうが積極方向にはたらく。

⑤ **動機の有無**

　殺人罪は動機犯罪といわれる（動機なく殺意をもつことはないことが多い）。動機があれ
ば積極方向、動機が薄弱であれば消極方向にはたらく。

　計画的殺人においては動機が重要な意味をもつが、激情犯の場合には、①創傷の部
位、程度等が重要な意味をもつ。

⑥ **犯行前後の言動**

　犯行前に「V を殺してやる」といった言動があれば積極方向にはたらきうるが、往々
にして単なる脅し文句や強がりの可能性もあるので注意する。

---

1)　なぜ積極にはたらくのかという理由については各自で考えることが有益であるため、ここでは積極と
　いう結論のみを指摘するにとどめている。創傷の部位以外のメルクマールや、殺意以外の犯罪の成否が
　問題となる類型においても、逐一なぜその事実が積極にはたらくのか、なぜ消極にはたらくのかを考え、
　それを自分の言葉で言語化できるかどうかを確認する癖をつけるとよい。

犯行後に「殺してやった」などの言動があれば積極方向にはたらく。

犯行後に追撃が可能であるのに追撃に及ばなかった場合、犯行後に救急車を呼ぶなど被害者の救助に向けた行動があった場合には、消極方向にはたらく。犯行後に被害者を放置した場合、積極方向にはたらく。

＊犯行前、犯行時、犯行後の時間的に異なる情況証拠があるのが望ましいとされるが、これは十分条件であって必要条件ではない。

Ⅲ── 共 謀 Ⓐ

Check 4

共同正犯（刑60条）には、実行共同正犯のみならず、共謀共同正犯も含まれるとするのが判例・実務である。そのため、実行行為を行っていない場合であっても、他の者による実行行為が共謀に基づくものであれば、共同正犯たりうることになる。

ここでの**共謀**の意義については争いがあるものの、実務的には実行行為時における犯罪の共同遂行の合意と捉える理解が有力である。つまり、実行共同正犯における共同実行の意思と同質のものと理解する。そして、**実行行為時における犯罪の共同遂行の合意**は、実行行為時点にいたるまでの意思連絡によって形成されていくものと捉えることができる。

実行行為時における犯罪の共同遂行の合意が認められるためには、単なる**意思の連絡**のみで認められるわけではなく、**正犯意思**が必要である。判例の多くは、共同正犯と幇助犯とを、正犯意思の有無（自己の犯罪を行う意思か他人の犯罪に加功する意思か）によって区別していると理解されることが多いため（主観説）、正犯意思の有無は共同正犯の認定において重要な位置づけをもっている。

共謀共同正犯の事案において、実務的には、(a)意思の連絡がないなどとして無罪を主張する場合と、(b)意思の連絡や犯行への関与はあるものの、共同正犯ではなく幇助犯にとどまると主張する場合がある。

共謀共同正犯には、①支配型と②対等型とがあるとされるところ、①支配型においては(a)意思の連絡の有無が主要な争点となりやすい。意思の連絡があれば、共同正犯の成立が認められやすい[2]。

他方、②対等型においては、(b)正犯意思の有無の判断において犯行への関与の程度などが主要な争点となる。意思の連絡があるだけでは、共同正犯の成立は認められにくい。犯行への関与の程度が低い場合には、共同正犯ではなく幇助犯にとどまることがある。

---

[2] ただ、単に意思の連絡のみから正犯性が肯定されるわけではない。支配型においては、共謀者がその地位を利用して実行担当者に影響力を及ぼし、実行行為を行わせたとされる場合が多いため、このような事実をあわせて考慮することによって正犯性が肯定される場合が多いということである。

いずれにしても、共謀の直接証拠が存在する場合は多くなく、共謀の有無について間接事実を総合して認定していくことになる。

① 犯意の相互認識（被疑者らの関係、謀議など）

意思連絡が必要である。もっとも、最決平成 15 年 5 月 1 日〔刑法百選 I 76 事件〕は、スワットによる拳銃所持に関し、明示的・具体的な意思連絡がないものの、実行行為時までの黙示的・概括的な意思連絡を認定している。

② 正犯意思

自己の犯罪として主体的に実現しようとする意思をいう。(a)被告人の地位、(b)犯行への関与、(c)役割の重要性、(d)犯罪の利益の帰属、(e)犯行の動機、(f)実行担当者との意思疎通行為の経過、態様などの事情を総合考慮する。

たとえば、(a)組織内の地位が高ければ正犯意思を肯定する方向に、(b)犯行への関与、(c)役割の重要性が大きければ正犯意思を肯定する方向に、(d)犯罪の利益の帰属があれば正犯意思を肯定する方向にはたらく。

③ 共同実行の意思の合致

順次共謀も含む。また、未必の故意による共謀共同正犯も認めうる（最決平成 19 年11 月 14 日）。

Ⅳ── 薬物使用の故意

1 意 義

覚醒剤など薬物の使用罪の立証は、多くの場合、被告人の尿中から検出される薬物成分の鑑定結果（鑑定書）によってなされる。そして、鑑定書等の客観的証拠がなければ検察官は薬物の使用罪での起訴をしないのが通常である。

そのため、たとえば覚醒剤自己使用罪において、被告人が公判廷において犯罪の成立を争う場合には、すでに鑑定書等によって自己の身体内から薬物の成分が検出された事実は明らかとなる以上、「覚醒剤を飲み物や食べ物に混ぜられた」、「無理矢理注射された」「（陰部に）塗られた」「尿をすり替えられた」などの主張によって争っていくことになる。

覚醒剤自己使用罪における「使用」（覚醒剤 19 条）とは、注射、経口投与、塗布、吸入など覚醒剤をその用法に従って用いるいっさいの行為をいう。この場合における主要事実は、**被告人が自己の意思により覚醒剤を使用したこと**であるところ、覚醒剤事犯は密行性が高いことから、直接証拠がないことが通常である。

そして、被告人の自白（＝直接証拠）がない以上は、間接事実に基づいて薬物使用の故意（場合により自己使用の事実）を認定できるかどうかが問題となる。

2 証拠構造

前述のとおり、被告人の身体内から覚醒剤成分が検出されている場面であることが前提である。そして、覚醒剤が厳しく取り締まられている法禁物であることから、通常の日常生活の過程において偶然の事情により、人の体内に覚醒剤が摂取されてしまうことは通常ありえない。

そのため、身体内から覚醒剤成分が検出されたという事実を前提とすれば、「特段の事情のない限り、被告人自らの意思により何らかの方法により覚醒剤を身体内に摂取したものと認めるのが相当である」と理解するのが実務の立場である（高松高判平成8年10月8日、東京高判平成11年12月24日）。

したがって、争点はここにいう「特段の事情」の有無であり、被告人の弁解が合理的と認められる事情がないかぎり、上記推認は崩れないとされる。

◆ **薬物使用の故意** ◆

Check 5

● **被告人の身体内から覚醒剤成分が検出されていることを前提**

「特段の事情」のないかぎり、被告人みずからの意思によりなんらかの方法により覚醒剤を身体内に摂取したものと認められる。

このような事実上の推定がはたらく。

「特段の事情」（被告人の弁解の合理性）が認められるかどうかが争点となる。

なお、あくまで事実上の推定であるから、被告人が「特段の事情」を立証することまでは不要であり、いちおうの合理性をもった「特段の事情」が肯定されればよい。

● **被告人の弁解の信用性判断**

供述証拠の信用性判断のメルクマールに沿って判断する。

具体的には、(a)客観的な事実や証拠との整合性、(b)供述内容の合理性、具体性、迫真性、(c)供述経過などから判断される。

V ── 正当防衛 A

正当防衛（刑36条1項）は違法性阻却事由であり、急迫不正の侵害という緊急状況のもとで公的機関による法的保護を求めることが期待できないときに、侵害を排除するための私人による対抗行為を例外的に許容したものである（最決平成29年4月26日〔刑法百選I23事件〕）。

「急迫不正の侵害に対して、自己又は他人の権利を防衛するため、やむを得ずにした」という要件をみたす場合には犯罪は成立しない。

実務上、正当防衛の成否が問題になる場面は少なくないが、その争点は、①侵害の急迫性、②防衛の意思、③防衛行為の相当性の3点であることがほとんどで

ある。

　正当防衛の成立に防衛の意思を必要とするかについては争いがあるが、判例は防衛の意思を要求する立場をとっている。

◆ **正当防衛の要件** ◆

①「急迫不正の侵害」

急迫とは、法益侵害が現在し、またはその危険が切迫していること。

不正とは、違法であること。

②「自己又は他人の権利」

③「防衛するため」（防衛の意思）

急迫不正の侵害を意識しつつ、これを避けようとする単純な心理状態

④「やむを得ずにした行為」

防衛行為の必要性および防衛行為の相当性。

必要性とは、防衛行為が防衛のためになんらかの意味で役立つこと。

相当性とは、防衛手段として必要最小限度であれば足りる。

1　急迫性

Check 6

　急迫とは、法益侵害が現在し、またはその危険が切迫していることをいう。したがって、反撃行為の時点において客観的にみて法益侵害が現在または切迫していれば急迫性の要件をみたすのが原則である。

　もっとも、急迫性は、客観的状況のみでなく、行為者の主観をも考慮して判断されるべきとされる。

　具体的には、積極的加害意思をもって反撃をした場合につき、判例は「当然又はほとんど確実に侵害が予期されたとしても、そのことからただちに侵害の急迫性が失われるわけではない」としつつも、「単に予期された侵害を避けなかったというにとどまらず、その機会を利用し積極的に相手に対して加害行為をする意思で侵害に臨んだときは、もはや侵害の急迫性の要件を充たさない」としている（最決昭和52年7月21日〔判例シリーズ刑法7事件〕）。

　さらに、積極的加害意思が認定できない場合でも、対抗行為に先行する事情を含めた行為全般の状況をふまえ、刑法36条の趣旨に照らし許容されるものとはいえない場合には、侵害の急迫性の要件をみたさないとしている（前出最決平成29年4月26日）。

　判例は、急迫性の判断において、反撃行為に及ぶよりも前の時点での意思を問題にしており、反撃行為以前の時点において、その機会を利用して積極的に加害する意思を有していた場合には、防衛の意思以前に急迫性を否定していると理解される。

　他方で、まさに反撃行為に及ぶ時点での意思として積極的加害意思をもって反

撃した場合には、防衛の意思の要件のなかで検討される（最判昭和50年11月28日〔刑法百選 I 24事件〕参照）。

正当防衛の要件との関係	積極的加害意思の時点
急迫性	反撃行為に及ぶ以前の時点での本人の意思内容
防衛の意思	現に反撃行為に及ぶ時点での本人の意思内容

◆ 急迫性のまとめ ◆

急迫性：法益侵害が現在し、またはその危険が切迫していること。

●侵害の始期

法益侵害の危険が間近に迫った時点である。法益侵害の高度の蓋然性があるかどうかにより判断される。実行の着手（＝未遂罪の成立時期）にいたらなくても、実行の着手に接着した直前の状態に達していればよい。

> e.g. 相手方が単に言葉で脅迫しているだけでは、急迫性を否定。攻撃の姿勢を見せて向かってきたり、凶器を取り出そうとしたりすれば、急迫性を肯定。

●侵害の終期

相手方が侵害行為を止めたかどうかにより判断。相手方の攻撃が中断したとしても、再び攻撃してくる蓋然性がある場合には侵害の継続が肯定され、相手方が攻撃意思を放棄するか客観的に攻撃できない状態になった時点で侵害が終了。

再度の攻撃の蓋然性は、①中断するまでの攻撃の状況、②中断の理由、③中断の際の凶器所持の有無、④相手方の日頃の行状などから判断される。

> e.g. 相手方から凶器を奪ったとしても、それを奪い返そうとしてきたり、なおも攻撃を加えようとしてきたりしている場合には、侵害は継続している。

侵害終了後の行為には、正当防衛の成立の余地はない。もっとも、侵害が終了したと評価できる場合であっても、終了前の反撃と終了後の反撃が一連の行為であると認められる場合には、全体を1個の行為と評価して過剰防衛が成立する余地がある。

1個の行為とみるか別個の行為とみるかは、(a)終了前の反撃と終了後の反撃の時間的・場所的接着性、(b)手段の同一性、(c)犯意の連続性などを考慮したうえで判断される。

●侵害の予期と急迫性

侵害が当然またはほとんど確実に予期されたとしても、侵害の急迫性が失われない。もっとも、単に予期された侵害を避けなかったというにとどまらず、その機会を利用して積極的加害意思で侵害にのぞんだときなど、刑法

36 条の趣旨に照らし許容されるものとはいえない場合には急迫性は否定される（前出最決平成 29 年 4 月 26 日）。

●侵害の予期

侵害の**確実**な予期が必要。単なる可能性では足りない。

①行為者と相手方との従前の関係、②相手方の行状、③行為者の反撃の準備の状況、④相手方が攻撃にいたるまでの事情、⑤反撃の態様、⑥行為中や行為前後における行為者、相手方の言動などの客観的事情から判断される。

●積極的加害意思

①行為者と相手方との従前の関係、②予期された侵害の内容、侵害の予期の程度、③侵害回避の容易性、④侵害場所に出向く必要性、侵害場所にとどまる相当性、⑤対抗行為の準備の状況（特に、凶器の準備の有無や準備した凶器の性状等）、⑥実際の侵害行為の内容と予期された侵害との異同、⑦行為者が侵害にのぞんだ状況およびその際の意思内容などから判断（「侵害の予期」の考慮要素とほぼ重なる）。

> e.g. 侵害場所にあえて出向いた場合（いわゆる出向き型）、凶器を準備するなど十分な準備をしている場合、反撃行為が侵害行為に比べて過剰である場合、先制攻撃をした場合などには、積極的加害意思を肯定する方向にはたらく。

もっとも、たとえ凶器を準備していてもそれが防衛目的、護身目的である場合には、積極的加害意思が否定される。

●自招侵害

自招侵害の場合、侵害の予期および積極的加害意思が認められる場合が多いため、急迫性の要件で検討可能なことも多い。

もっとも、①違法行為による侵害の招致があり、②侵害が違法な侵害の招致を大きく超えない場合で、③侵害と違法な招致行為との時間的・場所的接着性が認められる場合には、急迫性の問題以前に、正当防衛状況（反撃行為にでることが正当とされる状況）を欠くとされる（最決平成 20 年 5 月 20 日〔刑法百選 I 26 事件〕）。

2 防衛の意思

防衛の意思の内容としては、防衛の意図、動機までなくとも、急迫不正の侵害を意識しつつ、これを避けようとする単純な心理状態があれば足りるとされる。

判例は、憤激または逆上して反撃を加えた場合でもただちに防衛の意思を欠くものではないとする（最判昭和 46 年 11 月 16 日）。また、攻撃の意思と防衛の意思が併存する場合であっても防衛の意思は認められるが、もっぱら攻撃の意思（積極的加害意思）で反撃行為を行った場合には、防衛の意思は認められないとされる（最判昭和 50 年 11 月 28 日〔刑法百選 I 24 事件〕）。

このように、防衛の意思と攻撃の意思が併存する場合でも、防衛の意思を肯定でき、もっぱら攻撃の意図を有していた場合でないかぎり、原則として防衛の意思が肯定されると考えられる。

　裁判例において防衛の意思が否定されているのは、軽微な侵害に対して意図的に危険性の高い防衛行為にでたような場合や、防衛行為の相当性を著しく欠いている場合、意図的な過剰防衛の場合などにかぎられている。

◆ 防衛の意思のまとめ ◆

　　防衛の意思：急迫不正の侵害を意識しつつ、これを避けようとする単純な
　　　　　　　心理状態があれば足りる。

　　実際問題として、防衛の意思が否定されるのは、侵害を排除しようとする意思がまったくなく、もっぱら加害・報復等の目的で対抗している場合にかぎられるとされる。

　　主観的要件であるが、行為者の供述に安易に頼るべきではなく、客観的事実から防衛の意思を推認できるかどうかを判断すべきである。

3　防衛行為の必要性、相当性

Check 7

　正当防衛における「**やむを得ずにした行為**」とは、防衛行為の必要性、相当性をさす。防衛行為の必要性とは、防衛行為が防衛のためになんらかの意味で役立つことをいい、防衛行為の相当性とは、防衛手段として必要最小限度であることを意味する。

　防衛行為の必要性は、権利の防衛のために必要であったと認められれば足りるので、正当防衛の場面において、防衛行為の必要性が否定される場合はほとんど考えづらい。

　そのため、実質的に重要な要件は防衛行為の相当性である。

◆ 防衛行為の必要性、相当性のまとめ ◆

●**防衛行為の必要性**

防衛行為が防衛のためになんらかの意味で役立つこと。

●**防衛行為の相当性**

防衛手段として必要最小限度であること。

●**武器対等の原則**

武器対等の原則がひとつのメルクマールとなる。素手 vs 素手、凶器 vs 凶器、凶器（相手方）vs 素手（行為者）の場合には、相当性が肯定される。

凶器（行為者）vs 素手（相手方）であっても、(a)他の行為にでる期待可能性がない場合、(b)凶器を攻撃のために用いるのではなく防御手段として用いた場合には相当性を肯定しうる。

武器対等の原則は、行為者と相手方の体力的な差がさほどない場合を前

提とする。そのため、形式的に武器対等かどうかのみならず、行為者と相手方の年齢、性別、体力の差異、力量の相違などをも考慮したうえで、実質的に武器対等といえるかどうかを判断する。

●補充性（代替手段）

ほかにとりうる方法があったどうかという視点である。

∵　緊急避難（刑37条）と異なり補充性がないと相当性が認められないわけではないが、補充性が肯定される場合には、武器対等でなくとも相当性を肯定できる。

●法益の権衡

防衛しようとする権利・利益と侵害される権利・利益を比較し、著しく[3]法益の権衡を失していないかを検討する。

Ⅵ ── 盗品性の知情（盗品等罪） B⁺ Check 8

　盗品等有償譲受け罪（刑256条2項）などの盗品等罪において、その対象物の盗品性は故意の対象であるため、盗品性の知情（認識）がない場合には犯罪は成立しない。

　もっとも、故意犯一般における議論と同様、盗品等罪の故意には未必の故意を含むから、盗品であってもかまわないと思って譲り受けた場合には、故意が肯定される。

　また、客体となる物が財産犯によって得た物であることを抽象的に認識していれば十分であって、具体的にいかなる犯罪によって領得された物であるかを知っている必要はないし、本犯がだれであるか、犯行の日時などを認識している必要もない。

　実務上、被告人が「盗品であることを知らなかった」旨の弁解をし、盗品性の知情が争点になる場面は少なくない。被告人が盗品性の認識を否定している場合には、直接証拠（自白）が欠けることになるから、間接事実に基づいて被告人に盗品性の認識があったかどうかを判断することになる。

盗品等罪の間接事実

①　物品の性質、種類、数量、形状など──不可欠な考慮要素

　(a)通常市場には出回らない物であったり、個人が所有するにはまれな物であったり、物の外見が不自然である場合など、物品自体に盗品ではないかと疑ってしかるべき事情が存在する場合には、盗品性を認める積極方向に

---

3)　正当防衛は、緊急避難（刑37条）と異なり、結果としての法益の権衡は要求されていない。結果ではなく、あくまで行為（手段）として最小限度であれば足りるから、著しく法益の権衡を失する場合のみ相当性が否定される。

はたらく。

(b)物品の性質、種類、数量、形状などの事実は、後述⑥の取引の相手方や被告人の身分、職業や取引の態様などと合わせて考慮する必要がある（相手方が当該物品を所持しうる身分相応な者であるかなど）。

　e.g.(a)　車検証がない一方、偽造ナンバープレートが付いた自動車

　e.g.(b)　単なる友人から、防犯タグの付いたDVDを大量に取得した場合

② 取引の時刻、場所および態様

　通常の取引とは異なる異常性がある場合には、積極方向にはたらく。

　e.g. 時刻が深夜や未明である場合、場所が人目を避ける場所である場合、態様として密かに取引した場合など

③ 取引の価格 ——不可欠な考慮要素

　取引の価格が安価かどうか。不当に安価だと積極方向にはたらく。

∵　盗品等罪は利欲犯である場合が多いため、行為者はなるべく安価で取得しようとするのが通常。

　盗品保管罪、運搬罪、有償処分あっせん罪について、保管やあっせんの対価として報酬が支払われる場合、報酬が不当に高額であれば積極方向。

∵　盗品を処分する等する場合にはリスクを伴うため、報酬は高くなる傾向。

④ 取引の際の当事者の言動

　(a)取引の際に相手方が盗品性をほのめかす言動がある、(b)相手方が処分を急いでいる、(c)相手方が入手経路や処分理由について曖昧で不合理な説明をしていた、(d)相手方が身元を明らかにしなかったなどの場合は、積極方向にはたらく。

　(e)被告人が取引の際に盗品であることを疑うような言動をしていた、(f)相手方の言動に不審な点があったのに被告人が追及をしていないなどの場合、積極方向にはたらく。

　逆に、被告人が盗品性に関する疑念を解消するための行動をとっていた場合、消極方向にはたらく。

⑤ 取引の前後の事情

　被告人と相手方が事前に交渉のうえ取引に入った場合には、盗品性を知りうる機会があったといえ、積極方向にはたらく。

　被告人に同種の取引経験や同種前科がある場合は、積極方向にはたらく[4]。

⑥ 相手方や被告人の身分、職業、関係性など

　(a)相手方の身分や職業に照らし、物品の所有者として身分相応といえるかどうか、(b)被告人の職業が中古品買取業者、古物商、当該物品に関わる職

---

4)　同種前科による事実認定は裁判官に不当な予断、偏見を与えるため、法律的関連性が否定されるのが原則である。もっとも、詐欺罪の客観面が立証されている場合に同種前科によって故意を認定する場合や本件のように盗品等罪においてその客観面が立証されている場合に同種前科によって故意を認定する場合には、例外的に前科による事実認定が認められる。

業かどうか（盗品を見抜く能力があるかどうか）、(c)親しい友人かどうかなど。
⑦ 被告人の弁解内容など
　被告人の弁解が不自然、不合理であったり、その供述に変遷がある場合には、積極方向にはたらく。

Ⅶ ── 被害者の占有（窃盗罪）　　Check 9

　奪取罪における占有は、財物に対する事実上の支配をいう。

　占有（事実上の支配）の有無は、客観的要件としての①**占有の事実**（財物を事実上支配している状態）および主観的要件としての②**占有の意思**（財物を事実上支配しようとする意思）を総合して判断される。

　もっとも、占有概念の基本的要素は、あくまでも客観的な①**占有の事実**であり、②**占有の意思**は占有の事実を補完する二次的な意味しかもたないとされる。すなわち、強力な支配の事実（占有の事実）が存在する場合には占有の意思は希薄でもよいが、逆に支配の事実（占有の事実）が弱い場合には積極的な占有の意思の存在が必要とされる。

　そして、**占有の事実**の有無は、財物がどのようなものであるか（(a)**財物自体の特性**）、どのような場所に置かれていたか（(b)**財物の置かれた場所的状況**）、当該財物と被害者がどの程度離れていたか、どのような方法・態様で財物を支配しようとしているか（(c)**財物と被害者の時間的・場所的接着性や支配の態様**）などを総合考慮して判断される。

　その結果、被害者に占有が認められる場合には窃盗罪（刑 235 条）が成立し、被害者に占有が認められない場合には、遺失物横領罪・占有離脱物横領罪（刑 254 条）が成立するにとどまる。

> ◆ **被害者の占有の有無** ◆
> ①占有の事実および②占有の意思から判断される。
> ● ① **占有の事実 ── 財物を事実上支配している状態**
> 　(a)財物自体の特性、(b)財物の置かれた場所的状況、(c)財物と被害者の時間的・場所的接着性や支配の態様を総合考慮して判断。
> ● (a)財物自体の特性
> 　財物の大小、形状、移動の容易性など。支配の難易度を左右する。
> 　e.g. 財物が小さい場合（財布、携帯電話など）、占有の事実を否定する方向にはたらく。逆に財物が大きい場合（自転車、自動車など）、肯定する方向にはたらく。

- **(b)財物の置かれた場所的状況**

　財物に対する排他的支配が認められる場所であるか、見通しのよい場所であるか否かなど。

　e.g.1　自宅であれば積極方向に、公園やデパートなどの公共の場所でだれでも出入り可能な場所であれば消極方向にはたらく。

　e.g.2　見通しがよければ、被害者が置き忘れに気づいた場合に財物に対する監視の回復が可能であるため、積極方向にはたらく。他方、置き忘れた場所がデパートで、被害者がデパートの外に出ているような場合には、財物に対する監視の回復に相当の時間を要するため、消極方向にはたらく。

- **(c)財物と被害者の時間的・場所的接着性や支配の態様**

　財物に対して支配を回復することの容易性という視点である。時間的・場所的接着性が強ければ、支配回復が容易であり、積極方向にはたらく。

　何分、何メートルであれば肯定されるという性質のものではなく、(b)財物の置かれた場所的状況との相関関係によって判断される。

　行為者による領得行為が行われた時点を基準として判断する点に注意する（被害者が置き忘れに気づいた時点ではなく、領得行為の時点）。

- **② 占有の意思 ── 財物を事実上支配しようとする意思**

　「占有の事実」を補完する二次的な意味合いをもつにとどまる。「占有の事実」が強くない場合であっても、財物をその場所に意識的に置いている場合であれば占有を肯定しうる。

Ⅷ ── 暴行、脅迫（強盗罪と恐喝罪）　Ⓐ　 Check 10

　強盗罪（刑236条）における暴行、脅迫は、最狭義の暴行、脅迫であり、相手方の反抗を抑圧するに足りる程度のものでなければならない。相手方の反抗を抑圧するに足りる程度かどうかは社会通念によって決せられ、具体的事案における被害者の主観を基準に判断されるわけではない。つまり、実際に被害者が反抗を抑圧される必要はなく、**被害者の立場におかれた一般人**を基準に客観的に判断される。

　他方、恐喝罪（刑249条）における暴行、脅迫は、広義の暴行、脅迫であり、相手方の反抗を抑圧しない程度に畏怖させる程度のものをいう。

　このように、両罪は、行われた暴行、脅迫が相手方の反抗を抑圧するに足りる程度にいたっていれば強盗罪となり、そこまでいたっていなければ恐喝罪という関係に立つが、実務的には両者の区別が微妙な事例も多い。

　暴行、脅迫の程度を客観的に判断する際には、①暴行、脅迫の方法・態様、強

度、②犯行場所、犯行時刻、周囲の状況、③被害者の対応、負傷の程度、④相手方の性別、年齢、体格、体力などの被害者側の事情、⑤行為者の性別、年齢、体格、体力、容貌・服装、人数などの行為者側の事情などを総合的に考慮する。

◆ 強盗罪と恐喝罪の区別 ◆

手段としての暴行、脅迫が、相手方の反抗を抑圧するに足りる程度のものであるかどうかによって区別される。

●① 暴行、脅迫の方法・態様、強度 —— **不可欠な考慮要素**

●凶器を用いた場合

拳銃や刃物など殺傷能力の高い凶器を用いた場合、積極方向にはたらく。もっとも、凶器を突きつけた場合であれば常に強盗罪になるわけではない。

凶器の用法としては、(a)刃物を突きつけたか、ちらつかせたにとどまるか（なお、身体に直接的な有形力を行使した場合には、積極方向に強くはたらく）、(b)身体枢要部に向けたかどうか、(c)行為者と被害者の距離がどの程度離れていたかなどを考慮する。

偽物の凶器を用いた場合には、それがただちに凶器でないと見破ることができるような場合でないかぎり、本物の凶器を用いた場合と同様に評価される。

●素手の場合

凶器を用いずに、殴打・足蹴などの暴行を加える場合、(a)身体枢要部に対する暴行かどうか、(b)力の程度、(c)暴行の回数、暴行時間などを考慮する。

●単に脅迫した場合（凶器なし、暴行なし）

反抗抑圧程度にいたらない場合が多いが、場合によっては強盗たりうる。

●② 犯行場所、犯行時刻、周囲の状況

被害者が逃げたり、他者に救助を求めたりすることが容易な場所かどうかを考慮する。

屋外の場合、夜間や早朝であれば積極方向、日中であれば消極方向にはたらく。

●③ 被害者の対応、負傷の程度

被害者が実際に反抗を抑圧された場合には積極方向にはたらく。前述のとおり、一般人基準で判断するため、実際に反抗を抑圧されたという事情は直接証拠ではなく、間接事実にとどまる。

逆に、(a)犯人に対して反撃または終始抵抗している場合、(b)犯人に虚偽を告げる、(c)強取された金品の返還請求をする、(d)犯人と落ち着いて会話するなどの事情は、消極方向にはたらく。

もっとも、被害者が内心では恐怖、不安に駆られていたとしても、それ以上の危害が及ばないようにするなどの目的で、精一杯の抵抗をしたり、犯人と会話したりすることもありうるため、慎重に検討する必要がある。

被害者の負傷の程度が重い場合には、積極方向に強くはたらく。

●④ 相手方の性別、年齢、体格、体力などの被害者側の事情

　女性であれば積極、男性であれば消極にはたらく。年少者や高齢者であれば積極、青年であれば消極にはたらく。

●⑤ 行為者の性別、年齢、体格、体力、容貌・服装、人数など

　男性であれば積極、女性であれば消極にはたらく。青年であれば積極、年少者や高齢者であれば消極にはたらく。被害者との体格・体力差が大きいほど積極にはたらく。

Ⅱ

手続編

―実務上の手続の概要とポイント―

第1章

捜査段階 A

I──逮 捕 A

1 逮捕の意義・種類

　逮捕とは、被疑者に対して最初に行われる強制的な身体拘束処分であり、法に決められた短時間の留置という効果を伴うものをいう。通常逮捕、現行犯逮捕、緊急逮捕がある。

　官公署(警察署等)に引致した時点で**逮捕そのものを**完了する。それ以降は、勾留の裁判を受けさせるための逮捕の付随的効果でしかない[1]。

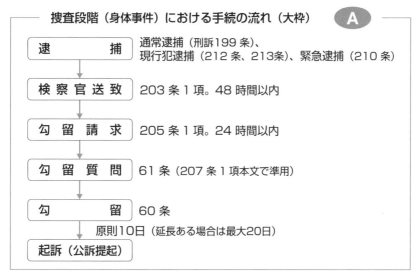

捜査段階(身体事件)における手続の流れ(大枠) A

逮 捕	通常逮捕(刑訴199条)、現行犯逮捕(212条、213条)、緊急逮捕(210条)
検 察 官 送 致	203条1項。48時間以内
勾 留 請 求	205条1項。24時間以内
勾 留 質 問	61条(207条1項本文で準用)
勾 留	60条
	原則10日(延長ある場合は最大20日)
起訴(公訴提起)	

◆ 各段階において要求される嫌疑の程度 ◆

嫌疑の程度 小→大

捜索・差押え	：罪を犯したと思料される (刑訴規156条)
通常逮捕	：罪を犯したことを疑うに足りる相当な理由 (刑訴199条)
勾留	：罪を犯したことを疑うに足りる相当な理由 (60条)
緊急逮捕	：罪を犯したことを疑うに足りる十分な理由 (210条)
現行犯逮捕	：現に罪を行い、または行い終った者 (212条、213条)
有罪認定	：犯罪の証明(合理的な疑いを超える証明) (335条、336条)

---

[1] したがって、官公署への引致前に被疑者が逃亡した場合には、当該逮捕状によって逮捕できる。他方、官公署に引致した後に被疑者が逃亡した場合には、新たな逮捕状を請求する必要がある (199条3項、刑訴規142条1項8号)。

2 通常逮捕・令状による逮捕（憲33条、刑訴199条）

逮捕が身体の自由を制約する強制処分であることは明らかであるから、令状主義（憲33条、刑訴199条以下）に服する。

事前の司法的抑制により、捜査機関による公権力の濫用（捜査機関の第1次的な判断・裁量に基づく恣意的な権利・利益の侵害）を防止するというのがその趣旨であり、強制処分法定主義（197条1項ただし書）を手続上保障する意義を有する。

(1) 実体的要件

通常逮捕の要件は、①逮捕の理由と②逮捕の必要性である。

> **◆ 通常逮捕の実体的要件 ◆**
>
> ① 逮捕の理由
>
> 罪を犯したと疑うに足りる相当な理由（嫌疑の相当性）[2]（199条1項本文、2項本文）
>
> → 勾留請求の段階より低い嫌疑で足りるが、捜査機関の単なる主観的な嫌疑では不十分であり、具体的な証拠に基づいて客観的・合理的に判断した結果、犯罪の嫌疑が認められる必要がある。
>
> ② 逮捕の必要性
>
> 逃亡または罪証隠滅のおそれがない等明らかに逮捕の必要がないとはいえないこと（199条2項ただし書、刑訴規143条の3）
>
> → このような規定の仕方からして、明らかに逮捕の必要性がない場合以外は逮捕されることになる（明らかに逮捕の必要性がない場合が逮捕の消極要件であるという意味である）。
>
> 「等」とは、逃亡または罪証隠滅のおそれがないとはいえないが、犯罪が軽微である等諸般の状況から身体を拘束することが健全な社会の常識に照らし明らかに不穏当と認められる場合をいう。
>
> 被疑者の不出頭それ自体は、逮捕の必要性を充足しない。もっとも、不出頭が重なることにより、刑事訴訟手続からの逃避傾向がうかがわれ、逃亡・罪証隠滅のおそれが認められる場合には、逮捕の必要性が推認されることはありうる。

---

[2] 大阪高判昭和50年12月2日は、「逮捕の理由とは罪を犯したことを疑うに足りる相当な理由をいうが、ここに相当な理由とは捜査機関の単なる主観的嫌疑では足りず、証拠資料に裏づけられた客観的・合理的な嫌疑でなければならない。もとより捜査段階のことであるから、有罪判決の事実認定に要求される合理的疑いを超える程度の高度の証明は必要でなく、また、公訴を提起するに足りる程度の嫌疑までも要求されていないことは勿論であり、更には勾留理由として要求されている相当の嫌疑（刑訴法60条1項本文）よりも低い程度の嫌疑で足りると解せられる。逮捕に伴う拘束期間は勾留期間に比較して短期であり、しかもつねに逮捕が勾留に先行するため、勾留に際しては証拠資料の収集の機会と可能性が逮捕状請求時より多い筈であるから勾留理由としての嫌疑のほうが、逮捕理由としてのそれよりもやや高度のものを要求されていると解するのが相当である」と判示している。

(2) 手 続

ア）主 体

① 逮捕状の請求権者

検察官、司法警察員（警察官たる司法警察員については指定警部以上の者にかぎる）（刑訴199条2項本文）

逮捕状の請求に際しては、①逮捕の理由および②逮捕の必要性を認めるべき資料（「疎明資料」とよぶ）を付けて請求する必要がある（刑訴規143条）。

② 発付者

裁判官（刑訴199条2項）

③ 逮捕権者

検察官、検察事務官、司法警察職員（199条1項）

④ 逮捕状の執行

被疑者に逮捕状を呈示しなければならないのが原則であるが（201条1項）、逮捕状を所持しないために令状を呈示できない場合で急速を要するときは、被疑者に対し、被疑事実の要旨および逮捕状が発せられている旨を告げて逮捕することができる（「緊急執行」とよぶ。201条2項・73条3項）。

被疑者を発見するために、捜査機関は、人の住居または人の看守する邸宅・建造物等に入り、被疑者を捜索することができる（220条1項1号）。

●警察組織と階級

司法警察職員とは、捜査の主体となる警察職員で、一般司法警察職員（司法警察員、司法巡査、189条）および特別司法警察職員（190条）の総称をいう。

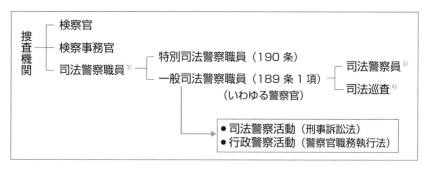

---

3) 司法警察職員と司法警察員とは異なる。司法警察職員とは、司法警察員（巡査部長以上の階級にある警察官）と司法巡査を包括した概念であり、その条文上の根拠は39条3項本文括弧書である。

4) 警察官の階級は、上から警視総監、警視監、警視長、警視正、警視、警部、警部補、巡査部長、巡査である（警62条）。原則として、巡査の階級の者は司法巡査、巡査部長以上の階級の者は司法警察員とされている。

司法警察員と司法巡査の権限の違いとしてはいくつか存在するが、特に逮捕状請求をなしうる権限を有するか否かという点で大きく異なる。逮捕状請求ができるのは、司法警察員のうちでも、公安委員会が指定する警部（いわゆる指定警部）以上の者にかぎられている（刑訴199条2項本文括弧書）。

イ）**身体拘束期間**

　逮捕というものが、身体・行動の自由というとりわけ重要な権利・利益を侵害・制約する性質の処分であることにかんがみ、被疑者の人権制限をなるべく最小限にとどめる趣旨から、法は厳格な時間制限を設けている。

① 警察官による逮捕の場合

　48時間以内に被疑者を検察官に送致する手続をしなければならない（203条1項）。そして、被疑者を受け取った検察官は、留置の必要があると思料する場合には、受け取ってから24時間以内に裁判官に勾留請求を求める必要がある（205条1項）。

② 検察官（または検察事務官）による逮捕の場合

　この場合には、被疑者が身体拘束をされた時点から48時間以内に裁判官に勾留請求を求める必要がある（204条1項）。

ウ）**勾留までの手続の流れ**

　① **警察官（司法巡査または司法警察員）による逮捕の場合**

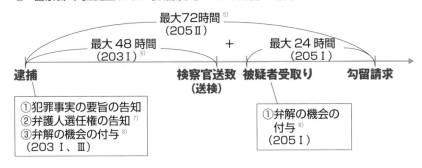

---

5)　警察段階の手持時間が48時間、検察段階での手持時間が24時間なので、72時間を超えることはそもそもないはずだという疑問をもつかもしれない。しかし、検察官送致の時点から検察官が被疑者を受け取るまでに時間を要することになる（移動時間）ため、そのような移動時間も含めて、逮捕時点から勾留請求の時点まで72時間を超えてはいけないというのが、205条2項の存在意義である。

　捜査機関も時間制限には敏感であり、実務的にも手持時間にゆとりをもって手続を進めている。被疑者を逮捕（時間帯にもよるが、日中に逮捕）した場合には、その翌日には検察官送致をしていることがほとんどである。

6)　暴行罪や迷惑防止条例違反など軽微な事件等の場合において、留置の必要がないと判断されれば、検察官送致をせずに、被疑者が釈放される場合も存在する。この場合は、在宅事件として事件が進行していくことになる。

7)　被疑者国選対象事件は、被疑者が勾留された全事件とされているため（刑訴37条の2第1項）、逮捕段階において弁護人選任権を告知する際には、引き続き勾留請求された場合における被疑者国選弁護制度について告知する必要がある（203条4項）。また、これとあわせて、弁護士、弁護士法人または弁護士会を指定して弁護人の選任を申し出ることができる旨および申出先を教示することも義務づけられている（203条3項）。

8)　実務では、弁解録取書を作成することが通常である。

② 検察官（または検察事務官）による逮捕の場合

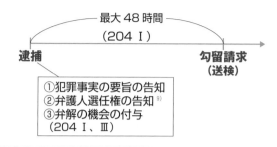

スムーズな国選弁護人の選任

　弁護士会では、当番弁護士の制度が運用されている。被疑者は逮捕段階で弁護人選任権を告知されるところ、当番弁護士制度を利用すれば、逮捕後すぐに当番弁護士の出動・接見を求めることができる。当番弁護士制度においては、弁護士会の所属弁護士に待機日が割り当てられているため、年中無休（365日）で弁護士のだれかが当番の要請を受ければ、ただちに接見に駆けつけることができるように待機している。待機している弁護士は、出動依頼を受ければ、すみやかに接見に向かうことになる。

　被疑者は資力に乏しい場合が多いため、私選弁護ではなく、国選弁護になることが通常である。そして、勾留後にすぐさま弁護人が選任されるようにするため、当番弁護士の出動要請を受けて逮捕段階で接見を行う弁護士は、不受任通知書をあらかじめ2通持参する。そして、被疑者が私選弁護を依頼しない場合には、この不受任通知書（「当弁護士会が貴殿の弁護人になろうとする者として紹介した○○弁護士は、貴殿の私選弁護人として受任しませんでした」などと記載された通知書）1通を被疑者に差し入れる。そして、被疑者は、勾留されれば不受任通知書をただちに利用することで、すみやかな国選弁護人の選任を裁判官に請求することができることになる。

　この私選弁護人選任申出の前置の手続の流れについては36条の3第1項、31条の2第1項を参照。

エ）逮捕の際の実力行使

　明文規定はないが、被疑者または被疑者以外の第三者が逮捕行為を妨害しよう

9）　警察官による逮捕の場合と同様、被疑者国選弁護制度の告知（204条3項）とともに、弁護士、弁護士法人または弁護士会を指定して弁護人の選任を申し出ることができる旨および申出先を教示することが義務づけられている（204条2項）。

とするときは、逮捕完遂に対する妨害を排除するため、「社会通念上逮捕のために必要かつ相当であると認められる限度」で実力を行使することが認められる（最判昭和50年4月3日）。武器を使用できる場合もある（警職7条参照）。

「必要かつ相当であると認められる限度」の具体的な判断要素としては、犯人の抵抗の程度・態様と逮捕者の実力行使の程度・態様を中心として、犯罪の軽重、態様、犯人の凶器の所持の有無、犯人と逮捕者の体格、犯人と逮捕者の人数、逮捕者の身分（警察官か私人か）、逮捕者が警察官である場合の任意捜査の可能性などがあげられる。また、凶器を取りあげる行為などの妨害を排除する行為についても、刑事訴訟法が逮捕権限を付与したことによる効力として認められると考えられる。

3　現行犯逮捕
(1)　意　義
現行犯人とは、現に罪を行い、または現に罪を行い終わった者（刑訴212条1項）をいう。

イメージとして、「犯罪が行われたという状況が生々しく現存している犯罪の直後を含めたもの」と表現されたりする。

(2)　趣　旨
嫌疑が明白な場合であるから、司法的抑制が及ぼされなくても誤認逮捕のおそれが少なく、また、ただちに逮捕しなければ逃亡・罪証隠滅のおそれがあるといえることから、令状主義の例外として、現行犯人に対しては、何人も令状なくして逮捕できる（憲33条、刑訴213条）。

(3)　要件（212条1項）
> ① 逮捕者から見た犯罪と犯人の明白性[10]
> ② 犯行と逮捕との時間的（場所的）接着性[11]
> ③ 逮捕の必要性

ア）① 逮捕者から見た犯罪と犯人の明白性について

現場の客観的状況や犯人の挙動、犯行発覚の経緯、犯人特定の程度、被害者や目撃者の接触・追跡状況、犯行の態様などの現場の諸状況を根拠に、**逮捕者が犯罪**

---

10)　逮捕者による現認が必要であるのが原則であるが、常に現認が要求されるわけではない。

11)　条文上では、「現に罪を行い、又は現に罪を行い終つた」と規定されており、文言上要求されているのは時間的接着性のみである。しかし、犯行場所から離れればそれだけ時間も経過することから、時間的接着性には場所的要素も考慮される。それゆえ、現行犯逮捕においては、時間的接着性に**対応する意味での場所的接着性**が要求されるというわけである。

なお、時間的接着性については、30～40分が限界であろうといわれることがあるが、これはあくまでいちおうの目安であって、数字のみで時間的限界を画することはできない点には留意が必要である。ただ、最決昭和31年10月25日が犯行から30～40分後の現行犯逮捕を適法としており、仙台高判昭和42年8月22日が犯行から約58分の現行犯逮捕を違法としているのは1つの参考にはなろう。

と犯人が明白だと判断して逮捕するのが現行犯逮捕である。

　ここで注意しなければならない点は、**犯罪と犯人の明白性**は、逮捕者から見て明白でなければならないということである。したがって、たとえば被害者にとっては犯罪と犯人が明白であったとしても、現場に駆けつけた警察官にとって犯罪と犯人が明白でない場合には、当該警察官は被疑者を逮捕することはできない。

　そして、**犯罪と犯人の明白性**の判断資料としては、一般人が直接認識しうる資料にかぎられず、警察官が内偵や張込み等によって得た資料を判断資料として用いることもできると理解しているのが通説・実務の立場である。一般人が直接認識しうる資料ではなくても、逮捕者において得た資料を判断の基礎においたうえで、明白性が肯定されるのであれば、令状主義に例外を認めた趣旨に反しないからである。さらに、**犯罪と犯人の明白性**の判断資料には、被害者・目撃者・被疑者等の供述も含めてよいと理解するのが実務の立場とされる。被害者の通報等の供述証拠は、信用性が問題となる点で不確実であり、それ自体は現場における客観的状況とはいいがたいものの、客観的状況を補充するものとして現行犯逮捕の判断資料とすることができるとされる[12][13]。

イ）③ 逮捕の必要性について

　現行犯逮捕においては、通常逮捕における 199 条 2 項ただし書および刑事訴訟規則 143 条の 3 のように逮捕の必要性を要求する明文はないものの、逮捕の必要性は現行犯逮捕の要件でもあると考えられる（大阪高判昭和 60 年 12 月 18 日〔判例シリーズ刑訴 6 事件・刑訴百選 A2 事件〕）。

　なぜなら、①現行犯逮捕が令状主義の例外であるから、要件は厳格に解すべきこと、②現行犯逮捕が令状主義の例外として認められている根拠は、嫌疑が明白である点で誤認逮捕のおそれが少ないのと同時に、ただちに逮捕しなければ逃亡・罪証隠滅のおそれが生じうる点で急速な逮捕の必要性があるからであり、現行犯逮捕においては、ただちに逮捕しなければ逃亡・罪証隠滅のおそれがあることが本来的に要件になっていると考えられるからである。

12）　供述証拠も判断資料に含めてよいという立場に立った場合でも、犯罪の性質等にかんがみ、判断資料が被害者の供述のみである場合には、犯罪および犯人の明白性の認定が無理であり、現行犯逮捕はできないと考えられる点には注意が必要である。

13）　東京高判平成 17 年 11 月 16 日は、電車内で V 女に対し強制わいせつ行為をし、駅で下車した V に執拗に追随してつきまとい行為をしたところ、V から携帯電話のメールで助けを求められた V の父親によって強制わいせつ罪の現行犯人として逮捕されたという事案につき、実質的な逮捕者は、父親と V であると判断し、現行犯逮捕を適法と判断している。もし V 自身が逮捕していれば、問題なく現行犯逮捕の要件をみたす事例であったが、本件での逮捕者は形式的には**父親**であったため、父親と V の共同逮捕という特殊な構成をとっている。V もまた逮捕者だというのはやはり変ではないかという疑問点はありうるが、本件では父親は単なる目撃者等ではなく、V から助けを求められて行動していた点を考慮するならば、父親は V の手足とみることも可能である。本判決が、「本件逮捕は……父親と女子高校生とが共同して行ったものと見るのが最も実態に即している」と述べるのもそのような趣旨と考えるべきである。

4 準現行犯逮捕

(1) 意　義

犯人として追呼（ついこ）されているなど一定の場合(刑訴212条2項各号列挙事由)で、罪を行い終わってから間がないと明らかに認められるときは、現行犯人とみなされる。

(2) 趣　旨

犯罪および犯人が明白という点で本来の現行犯逮捕に準じて考えうる。つまり、準現行犯逮捕が令状主義の例外として認められている根拠は、犯罪が終わってから間がなく、犯罪と犯人の結びつきが明白であるかぎり、**現行犯逮捕と価値的に同視できるから**である。

(3) 要　件

① 212条2項各号にあたり、かつ逮捕者から見て犯罪および犯人が明白であること[14]

② 犯罪の時間的（場所的）接着性

③ 逮捕の必要性

(4) 各号について

212条2項（準現行犯逮捕の要件）

1号── 犯人として追呼されているとき

2号── 贓物または明らかに犯罪の用に供したと思われる兇器その他の物を所持しているとき

3号── 身体または被服に犯罪の顕著な証跡があるとき

4号── 誰何（すいか）されて逃走しようとするとき

犯罪と犯人の結びつきという点をみると、1号がもっとも強く、4号がもっとも弱い。そして、準現行犯逮捕が令状主義の例外として許容される根拠は、犯罪と犯人の結びつきが逮捕者にとって明白である点で現行犯逮捕と価値的に同視されることにあるから、各号のもつ犯罪と犯人を結びつける力に強弱がある以上、要求される時間的・場所的接着性も各号によって差異が生じると考えられる。

なお、固有の現行犯逮捕の場合と同じように、明白性の判断資料として、警察官が内偵や張込み等によって得た資料を用いることは可能であり、被害者や目撃者の供述についても客観的状況を補充するものとして用いることができる。

---

14) 準現行犯に対する無令状の逮捕が許容されるのは、誤認逮捕のおそれがない点で、固有の現行犯と価値的に同視されるからである。それゆえ、準現行犯における犯罪および犯人の明白性は現行犯におけるそれと同様であり、その程度が軽減されるべきものではない。準現行犯は、2項各号所定の個別類型の該当性を要求することにより、時間的接着性の程度を緩和したにすぎないのであって、明白性要件を緩和するものではない。

　したがって、①要件は、単に212条2項各号のいずれかに該当するのみでは充足されず、212条2項各号のいずれかに該当し、かつ犯罪と犯人が明白であることまで要求される。準現行犯が、現行犯よりも、時間的にも（②要件）、明白性の点でも（①要件）緩和されることになれば、現行犯と価値的に同視することなど到底できないことになり、違憲の疑いが払拭できなくなるであろう。

［各　号］		［時間的・場所的接着性］
1　号	⇒	ある程度ゆるやかに
複数該当	⇒	ある程度ゆるやかに
4　号	⇒	厳格に[15) 16)]

5　緊急逮捕

(1)　意　義

　①死刑または無期もしくは長期3年以上の拘禁刑にあたる罪を犯したことを、②疑うに足りる十分な理由がある場合で、③急速を要し、裁判官の逮捕状を求めることができないときに例外的に無令状（事後に令状をとること）で許される逮捕である（210条）。

　嫌疑の十分性が要求される点で、**嫌疑の相当性**で足りる通常逮捕（199条1項）とは異なる。

(2)　趣　旨

　比較的重大な犯罪の嫌疑がある被疑者の身体拘束の緊急の必要性と、厳格な令状主義・現行犯逮捕要件との調和を図る点にある。

(3)　要　件

> ① 犯罪の重大性
> ② 嫌疑の十分性
> ③ 緊急性
> ④ 逮捕の必要性[17)]

---

15)　4号にいう「誰何」の方法に限定はなく（犯人として誰何される必要もない）、また、私人による誰何でもよいと考えられている。この点、警察官に呼び止められてうれしい人は滅多にいないし、足止めなどされたくないと考えるのが通常であるから、犯罪を犯した（後ろめたいことがない）者でなくても逃げるそぶりをみせることもありうる。
　　それゆえ、4号は、1から3号までに比べて犯罪と犯人の結びつきは弱いといえ、時間的・場所的接着性の要件については、1から3号までに比べて厳格に要求されることになる。

16)　最決平成8年1月29日〔判例シリーズ刑事7事件・刑訴百選13事件〕（和光大事件）は、犯行から1時間40分、4キロメートルの事案で準現行犯逮捕を適法と判断している。事案としては、「誰何されて逃走しようとするとき」という4号該当事案であった。
　　この判例があるからといって、4号事案においては、1時間40分、4キロメートル以内であればただちに適法だということにしてはならない。たしかに、これが1つの目安にはなるかもしれないが、単に数字のみで時間・距離を問題にしても意味がないのは現行犯逮捕の場合と同様である。また、本件事案では、4号のほかに「靴が泥まみれ」とか「腕に籠手を装着している」とか「顔面に新しい傷跡があって、血の混じったつばを吐いている」など2号および3号に該当する事情があったからこそ、1時間40分、4キロメートルという時間的・場所的接着性の弱い事案であったにもかかわらず、準現行犯として適法とされたのだと考えておくべきである。
　　このように212条2項の各号を重畳して充足する場合には、犯罪と犯人の結びつきがより強度といえることから、時間的・場所的接着性はある程度ゆるやかに判断することが可能になるといえよう。

17)　通常逮捕における199条2項ただし書・刑事訴訟規則143条の3のような規定がない点では現行犯逮捕と同様であるが、現行犯逮捕の場合と同様、緊急逮捕においても逮捕の必要性が要件であると考えられている。

(4)　緊急逮捕の合憲性の根拠

　緊急逮捕の合憲性の説明としては、①緊急逮捕は、司法的抑制をはたらかせなくても現行犯逮捕に準ずる程度に逮捕が合理的な場合であるとして、令状主義の例外として位置づける理解（合理的逮捕説）と②事後的ではあれ逮捕後に司法審査が「直ちに」なされることにより、緊急逮捕の手続全体を観察すれば一種の令状逮捕と同視することができるとみる理解（令状逮捕説）とがある。

　現行犯逮捕と緊急逮捕の質的相違を考慮すれば、現行犯逮捕に準ずる合理性があるというのは困難であるから、②令状逮捕説が妥当であろう。

(5)　緊急逮捕後の手続[18]

　現行犯逮捕より嫌疑の点で要件が緩和されているので（明白性＞十分性）、逮捕後「直ちに逮捕状を求める手続をしなければならない」（210条1項2文）と規定して、裁判官の司法審査を経ることとしている。

　ここにいう「直ちに」とは即時にと近い意味であると考えられる（前述の令状逮捕説からの帰結）。なお、実務的には逮捕後令状請求までに約6時間を要した場合でも緊急逮捕は適法と判断された事例がある。ここでも単に時間的な長短だけを基準に判断されるのではなく、より実質的に重要なのは、交通事情など諸事情を考慮して、**捜査機関として一生懸命急ぐ努力をしたかどうか**が重要であろう。この努力がある場合には、5、6時間経過した場合であっても適法とされうるであろうし、逆にたとえ1時間後であったとしても、逮捕後の取調べによって得られた供述を疎明資料として利用したような場合には、緊急逮捕は違法となると考えるべきであろう。

Ⅱ ── 勾留（被疑者勾留）　

　勾留には、起訴前勾留（被疑者勾留）と起訴後勾留（被告人勾留）とがある。法は、被告人勾留（60条以下）をまず規定し、これを原則として被疑者勾留に準用する（207条1項本文）という形式をとっている。

---

18)　緊急逮捕後、逮捕状の請求前に被疑者を留置する必要がないと思料して被疑者を釈放した場合であっても、捜査機関は逮捕状を請求しなければならないかという問題がある。
　　これについて、緊急逮捕の合憲性に関する合理的逮捕説は、緊急逮捕における事後的な逮捕状請求とこれに続く令状の発付という手続は将来への身体拘束を認めるかどうかを判断させようとする立法政策に基づく手続であると理解するため、被疑者を留置する必要がなくなった以上は、逮捕状の請求もいらないと理解する。
　　他方、令状逮捕説は、逮捕状請求とこれに続く令状の発付という手続はそれまでの身体拘束を追認して令状による逮捕の実質を完成させる手続であると理解するため、捜査機関は逮捕状を請求し、すでに行われた身体拘束処分の適法性について司法審査に付す必要があると理解する（捜査規範120条3項参照）。

1 意　義

　勾留とは、被疑者または被告人の身体を拘束する裁判とその執行であり、比較的長期間の身体拘束を予定している[19]。

(1) 期間制限

> **Point　被疑者勾留の期間制限**
>
> 原則：10日間（208条1項）・起算日は「勾留の請求をした日」である点に注意[20]
> 例外：20日間（208条2項）
> 更に例外：25日間（208条の2、内乱罪・騒乱罪等の特殊な犯罪のみ）

　身体の自由は人間にとって根源的な自由であり、逮捕・勾留による権利・利益の制約は一番大きな法益侵害であることはしっかりと理解しておく必要がある。

(2) 勾留延長

　勾留は原則10日間である（実務上、短縮不可であり、10日より短い期間の勾留状の発付は認められていない[21]）。

　もっとも、捜査の必要性にかんがみて、検察官が勾留の延長を請求した場合には、裁判官は、「やむを得ない事由」（208条2項）があると認められる場合には、勾留の延長をすることができる。

　延長の期間は10日を超えることはできないところ、実務的には10日間の延長がされる場合が多い。もっとも、終局処分（起訴・不起訴の決定）をするために10日を要しないような場合等には、たとえば5日間だとか7日間の延長にとどめられ

19）　勾留場所は刑事施設（207条1項本文・64条1項）とされており、刑事訴訟法上では拘置所での勾留が予定されている。もっとも、刑事収容施設及び被収容者等の処遇に関する法律15条1項により、刑事施設に代え警察署の留置施設で収容できるとされており（代用刑事施設）、実務的にも、被疑者勾留のほとんどは警察署の留置施設で行われている。

20）　起算日は、「勾留日」ではなく、「勾留の請求をした日」である（刑訴208条1項）。裁判官が勾留をした日は、検察官が勾留請求した日ではなく、その翌日になる場合もある。そのため、勾留日と勾留請求の日がずれることがあるが、勾留期間の起算日はあくまで、「勾留の請求をした日」である。なお、身体拘束は重大な基本権侵害処分であるから、期間は被疑者に利益になるように計算するという解釈運用がなされている。すなわち、勾留請求をした日を1日目とし（初日算入）、期間の末日が休日にあたる場合でもこれを期間に算入する（55条参照）。

21）　①208条1項の文言、②捜査の必要日数の予測困難性、③勾留取消しの手段による許容性などを根拠に、裁判官は10日間より短い勾留状を発付することはできないとするのが実務である（大阪地決昭和40年8月14日）。

　もっとも、勾留状発付の段階において10日間の勾留がそもそも不必要と認められる場合にまで、身体の自由・行動の自由という個人にとって根源的に重要な人権を不当に侵害すべきではないのではないかという問題意識がある。

　そこで、①10日間の勾留をする必要性がない場合にまで、形式的・画一的に10日間の勾留状を発付するというのは、被疑者の人権保障上妥当でないこと、②87条は事後的に勾留の理由または必要性が消滅した場合には勾留の取消しを認めているところ、同条の勿論解釈として、当初から10日間も勾留する必要性がないことが判明している場合には、短い期間の勾留状発付が認められるはずであること等を理由に10日間より短い勾留状を発付を認めるのが通説の立場である。

　なお、実務の立場においても、10日間の勾留の必要がなくなった場合には、その時点において、勾留取消（207条1項本文・87条1項）によって対処することは可能である。

る場合もある。

Point 「やむを得ない事由」

「やむを得ない事由」とは、
① 事件の複雑困難（たとえば、被疑者もしくは被疑事実が多数のほか、計算が複雑、被疑者関係人らの供述またはその他の証拠の食い違い、あるいは取調べを必要と見込まれる関係人、証拠物等が多数の場合等）
② 証拠収集の遅延もしくは困難（たとえば、重要と思料される参考人の病気、旅行、所在不明もしくは鑑定等に多くの日数を要すること）
などにより、勾留期間を延長して更に取調べをするのでなければ起訴もしくは不起訴の決定をすることが困難な場合をいう（最判昭和 37 年 7 月 3 日）。

捜査の必要性ゆえに、勾留を延長する場面である。必要性の判断は、捜査のゴールが終局処分（＝起訴・不起訴の決定）にあることから、最初の 10 日間の勾留期間の満期において、起訴・不起訴の決定ができる状態にあるかどうかによることになる。わかりやすくいえば**捜査が終わっているかどうか**によることになる。

具体的には、①証人や関係者の取調べが必要な場合、②引き当たり捜査[22]を実施する必要がある場合、③鑑定結果がでていない場合、④被疑者の取調べを継続する必要がある場合などさまざまな場合がある。

なお、実務的には、被疑者が否認している場合には、勾留延長がされる場合がほとんどである。否認の場合には、捜査機関の立場としては、公判を見据えて有罪立証をできるだけの証拠を収集すべく更なる補充捜査が必要となる場合が多いためだといえるだろう[23]。

(3) 告知と聴聞

被疑者を逮捕する段階（逮捕時点および送致を受けた検察段階）および勾留の段階（勾留質問）において**犯罪事実（被疑事実）の要旨の告知**とともに、**弁解の機会**を与えることとしている（203 条 1 項、204 条 1 項本文、205 条 1 項、207 条 1 項本文・61 条）。

この**弁解の機会の付与**は、憲法 31 条の規定する適正手続の現れとして重要な意味を有する。

2 実体的要件

被疑者勾留の実体的要件は、①**勾留の理由**（刑訴 207 条 1 項本文・60 条）と②**勾留**

---

22) 留置被疑者を同行させて、警察施設の外において行われる実況見分、その他の捜査のことである（捜査規範 136 条の 2 第 1 項）。
23) 逆に、覚醒剤などの薬物事犯の場合であり、しかも自白事件の場合には、10 日間の勾留のみで起訴にいたる場合が多い。所持罪の場合であれば、その立証の中心は覚醒剤所持の事実であるところ、捜索差押えによってすでに薬物が差し押さえられていることが通常だからである。また、使用罪の場合であれば、その立証の中心は覚醒剤成分が体内から検出された事実であるところ、すでに実施済みの尿鑑定結果によって自己使用罪の立証は十分といえる場合が多いからである。

の必要性（207条1項本文・87条）である。

(1)　勾留の理由（207条1項本文・60条）

刑事訴訟法第60条［勾留の理由等］

1　裁判所は、被告人が罪を犯したことを疑うに足りる相当な理由がある場合で、左の各号の一にあたるときは、これを勾留することができる。
　一　被告人が定まつた住居を有しないとき。
　二　被告人が罪証を隠滅すると疑うに足りる相当な理由があるとき。
　三　被告人が逃亡し又は逃亡すると疑うに足りる相当な理由があるとき。

2　（以下略）

　勾留の理由は、「罪を犯したことを疑うに足りる相当な理由」（60条1項柱書）があり、かつ(i)住居不定、(ii)罪証隠滅のおそれ、(iii)逃亡のおそれ（60条1項各号）のいずれか1つの事由がある場合に認められる。

◆　**勾留の実体的要件（勾留の理由）**　◆
　① 罪を犯したことを疑うに足りる相当な理由（60条1項柱書）[24]
　② 住居不定（60条1項1号）
　　罪証隠滅のおそれ（60条1項2号）[25]　のうちいずれか1つの事由があること
　　逃亡のおそれ（60条1項3号）[25]

●**勾留の理由**

　実務的には、罪を犯したと疑うに足りる相当な理由（嫌疑）があることを前提に2号および3号に該当するとして勾留が認められることが非常に多い。
　なお、定まった住居を有しない場合には、嫌疑があれば1号のみで勾留が可能である。もっとも、1号にあたる以上は、2号3号について判断不要というわけではなく、裁判官は各号のすべてについて判断している。したがって、住居不定の場合、1号、2号および3号のすべてに該当するとして勾留が認められる場合も多い。

ア）　**住居不定（1号）**

　1号の趣旨は、被疑者が住居不定であれば、所在不明となるおそれが強く、被疑者の取調べなど捜査の障害となるおそれが高いからである。
　住所や居所を有しない場合をさし、各地を転々と逃げている場合、野宿生活を

---

24)　嫌疑の相当性（罪を犯したことを疑うに足りる相当な理由）については、文言上は通常逮捕の場合との差異はないものの、通常逮捕におけるよりも高度の嫌疑が必要であると考えられている（大阪高判昭和50年12月2日参照）。これは、勾留の場合は身体拘束期間の点で、逮捕よりも身体の自由に対する制約が大きいからである。
25)　なお、逮捕の場合には、逃亡のおそれ等は逮捕の**必要性**の要件とされている（199条2項ただし書・刑訴規143条の3）。

している場合などがこれにあたる。簡易旅館に住み短期間で転々としている場合には住居不定にあたるが、長期間滞在し、住民登録している場合は必ずしも住居不定とはいえない。

なお、住居が明らかでない場合も、それが捜査の障害となるおそれが強い以上、1号の**住居不定**にはあたると考えられる。

イ）罪証隠滅のおそれ（2号）

罪証隠滅のおそれの判断においては、罪証隠滅行為の①**対象**、②**態様**、③**客観的可能性および実効性**ならびに④**主観的可能性**について裁判官による審査がされる。

罪証隠滅の**おそれ**とは、抽象的・一般的な可能性では足りず、他方で確実性までは要求されないが、具体的事実に裏づけられた蓋然性があることを要するといわれる。

◆ **罪証隠滅のおそれ** ◆   Check 11

① 対象——原則として被疑事実（事件単位の原則）

罪証隠滅の対象は、構成要件該当事実にかぎらず、**違法性を基礎づけまたは阻却する原因となる事実、責任能力その他責任阻却事由の存否に関する事実も含む**。正当防衛などの違法性阻却事由も犯罪成立要件だからである。

情状に関する事実については争いがあるが、犯情を基礎づける事実のうち、起訴・不起訴の判断や量刑判断に重要な意味をもつものも含むと考えられる。一般情状は含まない。

② 態様——証拠に対する働き掛けの態様

e.g. 物証の隠滅。共犯者、被害者、証人に対する通謀や圧迫。

③ 客観的可能性および実効性

客観的に罪証隠滅が可能かどうか。罪証隠滅をする実益・メリットがあるか。

e.g. 物証が捜査機関に押収ずみであれば、客観的可能性なし。

④ 主観的可能性

被疑者に罪証隠滅の意図があるかどうか。

供述態度が重要な意味をもち、虚偽の弁解や供述を転々とさせている場合には肯定されやすい。逆に、素直に自白している場合には否定されやすい。黙秘については、不利益推認の禁止との関係で議論があるが、素直な自白の場合に主観的可能性がないとして有利に扱われる反面、相対的に不利に扱われる可能性は否定できない。

ウ）逃亡のおそれ（3号）

①**生活状態の不安定のために**所在不明になる可能性、②**処罰を免れるために**所在不明になる可能性および③**供述態度**などを考慮して裁判官による審査がされる。①との関係では、年齢、同居の家族の有無、居住の安定性、職業の有無、交友関

係などが考慮される。②との関係では、犯罪の軽重、実刑の可能性の程度などが考慮される。犯罪が重大である場合や、犯罪それ自体はさほど重大でなくとも、前科前歴があるなどの事情で重い処分が予想される場合には、肯定方向にはたらく。

逃亡の**おそれ**も、罪証隠滅のおそれと同様、抽象的な可能性では足りず、高度の可能性があることを要するとされる。

Check 12

◆ **逃亡のおそれの判断における考慮要素** ◆

① 生活状態の安定・不安定

(a)若年、(b)マンションで、(c)一人暮らし、(d)職業も不安定、(e)不良交友関係があるなどの場合には、逃亡のおそれが肯定されやすい。逆に、(a)相当な年齢で、(b)自己所有の一軒家に長期間にわたり、(c)配偶者、子と同居しており、(d)安定した職業に長期間就いている場合には、逃亡のおそれが否定されやすい。

② 処罰を免れるために所在不明になる可能性

犯罪が重大で重い刑罰が予想される場合、前科前歴があり、実刑判決が見込まれる場合、暴力団などの組織と結びつきが強く、組織を利用して身を隠せる環境にある場合などには、逃亡のおそれが肯定されやすい。

逆に、比較的軽微な犯罪である場合、初犯であって執行猶予が見込まれる場合などには、逃亡のおそれが否定されやすい。

③ 被疑者の供述態度

虚偽の弁解や供述を転々とさせている場合には、逃亡のおそれが肯定されやすい。逆に、素直に自白している場合には、逃亡のおそれが否定されやすい。

(2) 勾留の必要性 (207条1項本文・87条1項)

60条1項各号に該当する事由がある場合でも、**捜査の必要性**と**被疑者が被る不利益**を比較衡量して、前者がきわめて弱い場合や後者が著しく大きい場合には、勾留の必要性が欠ける。この比較衡量における**捜査の必要性**の判断においては、事案の軽重や勾留理由の程度(逃亡のおそれ、罪証隠滅のおそれの強さ)などが考慮される。

◆ **勾留の必要性** ◆

勾留による捜査機関側の利益と被疑者が勾留によって受ける不利益を比較衡量した結果、後者の不利益が著しく、被疑者を勾留することが相当でない場合には、勾留の必要性が欠ける。

事案の軽重、罪証隠滅のおそれとその程度、逮捕期間中の処理の可能性、被疑者の心身状況、社会生活上の支障(結婚、就職、試験等)、家族・勤務先に与える影響等を考慮して判断される。捜査機関側の利益として罪証隠滅の

おそれが考えられるが、比較衡量の判断に際しては、罪証隠滅の可能性の程度が考慮される。その結果、軽微な事案の場合、罪証隠滅の現実的可能性の程度が高くなければ、勾留の必要性が否定されうる（地下鉄内での痴漢事件につき、勾留を否定した最決平成 26 年 11 月 17 日〔刑訴百選 14 事件〕参照）。

> e.g. 軽微事案であり、起訴猶予の可能性が高い場合には、否定方向。被疑者が入院、手術等の必要な病気を患っているような場合には、否定方向。結婚、就職、試験等に重大な影響が生じる場合には否定方向。勾留によって欠勤が継続することにより勤務先をクビになるような場合には否定方向。
>
> ただし、あくまで捜査の必要性との相関関係での判断であるから、重大事案で捜査の必要性がきわめて高い場合には、たとえ勤務先をクビになる可能性があったとしても、必要性は肯定されうる。

(3) 接見等禁止処分（207 条 1 項本文・81 条）

207 条 1 項本文・81 条は、被疑者が「逃亡し又は罪証を隠滅すると疑うに足りる相当な理由があるとき」に接見等を禁止できると規定している。

この規定は、被疑者が勾留されていることを前提として、勾留だけでは賄いきれない逃亡または罪証隠滅を防止するためのものであるから、本条にいう逃亡または罪証隠滅のおそれは、勾留だけでは賄いきれない程度に具体的に危険が予見されるものであることを要する。

そして、被疑者が共犯者と通謀するなどして、逃亡または罪証隠滅を行う具体的危険性があるような場合、検察官は勾留請求の際に接見等禁止請求をし、裁判官において接見等を禁止することが相当と判断したときには、勾留に際して接見等の禁止決定がされる。

接見等の禁止が付されると、弁護人を除き、家族等と面会や手紙などの授受ができなくなる（207 条 1 項本文・81 条本文、39 条 1 項参照）。

3 手続的要件

(1) 逮捕前置

ア）勾留の前に逮捕手続が先行していること（逮捕前置主義。207 条 1 項本文・204 条から 206 条まで）

207 条 1 項本文が「前 3 条の規定による」と規定しており、勾留請求 204 条から 206 条までに基づく逮捕手続を経た場合にのみ認められているというのが根拠である。

逮捕前置主義は一見すると、逮捕を前置させることで、勾留のみの場合と比べて身体拘束期間を延ばしているだけではないかと思える。

しかし、72 時間以内に嫌疑が晴れれば、捜査機関の判断と裁量のもと、比較的

早い時点で釈放される（逮捕だけで終わる）可能性がある（203条1項、205条1項参照）。他方で、逮捕前置主義を採用せずにいきなり勾留を認めると、たとえ嫌疑が晴れたとしても、最大10日間拘束される可能性が残る。

　このように、身体拘束の初期の段階では事情変更が生じやすいため、比較的短期間の逮捕を先行させることに意味があるといえる。この意味で、逮捕前置主義は、手続の流れに重きをおく原則だと理解される。

◆ **逮捕前置主義の趣旨** ◆
> ① 身体拘束の初期の段階では、捜査が進むにつれ、その必要性について事情変更が生じやすいため、一挙に勾留という長期の身体拘束を認めるのではなく、比較的短期の身体拘束である逮捕をまず先行させ、被疑者から弁解聴取あるいは必要な捜査を遂げたうえで、裁判官の判断を経て勾留に移行させたほうが、不必要な身体拘束を回避できる。
> ② 逮捕に際しての司法的抑制と勾留に際しての司法的抑制という二重の司法的チェックを保障する。
> ②の論拠に対しては、逮捕には令状主義の例外（現行犯逮捕）が認められているため、2度の司法的抑制が常になされるわけではないとの批判がある。

イ）**逮捕前置の判断基準**

　逮捕が先行しているかどうかは、**事件（被疑事実）**を基準に判断される（事件単位説）[26]。被疑事実ごとに身体拘束の理由の有無を判断するほうが、不当な身体拘束を防止でき、人権保障に資すること等がその理由である。

　事件単位説の帰結として①当該勾留が、逮捕の理由となった被疑事実と同一性[27]のある被疑事実を理由になされたと認められないかぎり、逮捕前置主義に反し、勾留は認められないことになるし、②被疑事実の同一性がない場合、同一性のない別罪について改めて逮捕・勾留することもでき、二重勾留という状態が生じうる。

26）　刑事訴訟法は、200条1項、203条1項、204条などをみても明らかなとおり、令状に記載された被疑事実について裁判官が身体拘束について正当な理由を認めたということを手続上明確にすることを求めており、そのことは適正手続（憲31条）の現れでもある（告知と聴聞）。
　　つまり、被疑事実の1つひとつを表にはっきりだしていくというのが事件単位説であり、それが妥当だということである。身体拘束期間は長期化するかもしれないが、競合している別の被疑事実も表に1つひとつきちんとだして二重三重になってもいいからきちんと身体拘束の理由と必要性について裁判官の司法審査を経るべきだというのが事件単位説である。人単位説は、たしかに時間的な側面だけを考慮すれば、身体拘束期間が短くなるという利点はあるが、手続上顕在化されていない余罪を、潜在的に勾留の基礎に取り込むことを認めることになる点でやはり妥当でない。
　　このように、事件単位説は、被疑者に対し、身体拘束の理由を告知する機能を果たすとともに、裁判官が身体拘束処分の審査対象とした具体的被疑事実を手続において明示顕在化する機能を果たしている。
27）　ここでいう被疑事実の同一性は、「公訴事実の同一性」（312条1項）の範囲内にあるか否かによって判断される。逮捕・勾留が結局は刑罰権の実現のためになされるものである以上、刑罰権の及びうる範囲と逮捕・勾留の基礎となる事実の範囲は同一の基準で判断すべきと考えられるからである。

また、A罪で逮捕した被疑者に対し、それと公訴事実の同一性のないB罪を付加して勾留することができるか、という問題がある（いわゆる抱き合わせ勾留の可否とよばれる論点）。A罪との関係では逮捕前置主義に反しないが、B罪だけをみると逮捕前置主義に反することになる場合であるが、抱き合わせ勾留は肯定される。

なぜなら、A罪について勾留されることに変わりはないため、改めてB罪について逮捕から始めるよりも、勾留から始めたほうが、結果的に被疑者の身体拘束期間が短くなり、被疑者にとって利益となるからである。

ウ）事件単位説（事件単位の原則）からの帰結

事件単位の原則とは、逮捕・勾留の効力は、令状に記載している犯罪事実にのみ及ぶという原則をいう。

その趣旨は、前述のとおり、身体拘束の理由を手続上明確にし、被疑者の防御権を保障するところにある。

> ◆ **事件単位の原則からの帰結** ◆
> ① A事件の勾留期間をB事件の理由に延長 ⇒ 許されない
> ② A事件で勾留されている被疑者につきB事件の捜査を理由に接見指定
> ⇒ 許されない
> ③ A罪で逮捕した被疑者につき、B罪を理由に勾留請求 ⇒ 許されない
> ④ A罪で逮捕した被疑者につき、A罪およびB罪を理由に勾留請求（抱き合わせ勾留）⇒ 許される ∵ A罪については逮捕前置主義に反しない

(2) 裁判官の勾留質問を受けること（207条1項本文・61条）

勾留するかどうかの判断を慎重にするための手続要件として、裁判官による勾留質問により、被疑事件に関する被疑者の陳述を聴く手続を経たうえでなければ勾留できない。そして、勾留質問においては、勾留質問調書が作成される。

逮捕と勾留の違い

	被疑者の逮捕	被疑者の勾留
令状の性質	許 可 状[28]	命 令 状[28]
主 体	捜査機関（199条1項、210条、ただし現行犯逮捕は私人でも可能、213条）	裁判官（207条1項本文・60条）
期 間	最大72時間（205条2項）	原則として10日、やむをえない事由があれば、更に10日（内乱罪等特定の罪については更に5日）延長できる（208条、208条の2）

---

28) 許可状と命令状の違いとしては、許可状の場合、実際に強制処分をするかどうかは捜査機関の裁量に委ねられることになる。つまり、逮捕状が発付されたとしても必ずしも逮捕しなくてよいのに対し、命令状の場合には、そのような裁量が認められないという点があげられる。

要件	必要性	消極的要件にとどまる。すなわち、明らかに逮捕の必要性がないと認められる場合にのみ令状が発付されない（199条2項ただし書、刑訴規143条の3）	積極的要件となっている（207条1項本文・87条1項）
	理　由	ゆるやかに判断（文言は勾留と同じ）	厳格に判断（文言は逮捕と同じ）
手続	令状請求者	検察官または司法警察員のうち指定警部以上の者（199条2項）	検察官のみ（204条から207条まで）
	令状主義の例外	現行犯逮捕、準現行犯逮捕（212条、213条）、緊急逮捕（210条）という例外を規定している[29]	例外を認めていない
	不服申立て	規定なし 準抗告の規定（429条1項2号）の準用なしというのが判例。学説は批判的	勾留質問（207条1項本文・61条）、勾留理由開示制度（207条1項本文・82条）、勾留取消請求（207条1項本文・87条）、準抗告（429条1項2号）

Ⅲ──── 取調べ　Ⓑ⁺

1　在宅被疑者の取調べ

(1)　任意出頭

　捜査機関は、犯罪の捜査をするため必要があるときは、被疑者の出頭を求め、これを取り調べることができる（198条1項本文）。

(2)　任意同行

ｱ)　根拠と問題点

　司法警察目的での任意同行は、198条1項本文を根拠に行いうる。もっとも、逮捕の厳格な法定の期間制限を回避する手段として利用されることがありうる。また、任意同行という形式がとられていても、その際逮捕と同視できる程度の拘束力が加えられる場合には、それは実質的には逮捕にあたるとして違法というべきである。そこで、任意同行と実質的逮捕との限界が問題となる。

ｲ)　任意同行と実質的逮捕の区別

　逮捕と同視すべき強制が加えられていた場合には、実質的逮捕にあたり、令状なき逮捕として違法であると考えられる。そして、被疑者が任意同行に応じない意思を明確にしているような場合に無理矢理任意同行をしたというような場合には実質的逮捕にあたり、違法であることは問題ない。

　もっとも、被疑者としては、捜査機関からの要請を拒否することは困難であることも多く、いちおう形式的には任意同行に応じているものの、同行を拒否する

---

29)　緊急逮捕を令状主義の例外と捉えるかどうかは、前掲注18)のように立場による。令状逮捕説によれば、緊急逮捕は令状逮捕の一種と理解されることになる。

意思を表示できないまま任意同行され、更には取調べに応じざるをえない状況にいたっているという場合も生じうる。

　そこで、このような場合には任意同行と実質的逮捕の境界線が明確でないため、両者をどのように区別すべきかの判断基準が問題となる。

◆ **任意同行と実質的逮捕の区別基準における判断要素** ◆

　被疑者の同行を拒絶する意思決定の自由や退去を求める意思決定の自由[30]が制圧されていたか否かにより決する。

① 同行を求めた時間・場所

　時間が深夜や早朝であるなど一般人の活動時間帯でない場合には、実質的逮捕を肯定する方向にはたらく。逆に、日中であれば、否定する方向にはたらくといえるが、日中のほうが仕事等の外せない用事があることも多いので、肯定する方向にもはたらきうる。

　屋外であり、周りに第三者が多くいるような場合には、名誉保護の観点からも、同行に応じるインセンティブがあるとして、否定する方向にはたらく。

　同行を求めた場所と同行先との距離が遠い場合には、肯定する方向にはたらく。

② 同行の方法・態様

　パトカーの後部座席の中央に乗せ、両サイドを警察官が挟む場合は、実質的逮捕を肯定する方向にはたらく典型である。

　パトカーに連れ込む方法・態様としては、被疑者が自発的に乗り込んだ場合は否定する方向に、また捜査官の人数が少ないと否定する方向にはたらく。逆に、捜査官が半ば無理矢理にパトカーに乗せている場合は肯定する方向に、また捜査官の人数が多いと肯定する方向にはたらく。

③ 同行を求める必要性

　被疑者の名誉保護の必要性が高い場合には、実質的逮捕を否定する方向にはたらく。逆に、同行の必要性が低い場合には肯定する方向にはたらく。

④ 同行後の状況、特に取調時間・方法、監視の状況

　長時間の取調べ、取調官の人数が多い場合、取調官の態度が供述を強要するような態度である場合には、実質的逮捕を肯定する方向にはたらく。

　取調室を施錠していたり、捜査官による被疑者の監視が強い場合（被疑者がトイレに行く際に必ず同行するなど）は、実質的逮捕を肯定する方向にはた

---

30)　ここで、①同行を拒絶する意思と、②退去を求める意思決定の自由という２つをあげているのは、①の同行を拒絶する意思というのが、任意同行を求める時点での意思の問題であり、②の退去を求める意思というのが、同行後に警察署で取調べを受けている時点での意思の問題であって、問題にする意思の時点が異なるからである。実質逮捕の問題は、任意同行の時点でしか問題にならないものではなく、同行後における取調べの段階でも当然問題になってくるし、更には高輪グリーンマンション殺人事件（最決昭和59年２月29日〔判例シリーズ刑訴32事件・刑訴百選６事件〕）にみられる宿泊を伴う取調べでは、２泊目や３泊目の一定の時点であっても問題となる。

らく（監視の状況は実質的逮捕の判断において特に重要な要素）。
　⑤ 被疑者の属性（年齢・性別・職業等）
　　年齢が若年であるとか、女性であるとかであれば、捜査官の要請を断りたくても断りづらいということがありうるため、実質的逮捕を肯定する方向にはたらく。ただ、ケース・バイ・ケースである。
　⑥ 被疑者の対応[31]
　　同行に消極的な態度を示していたり、取調べに消極的な態度を示したりしているような場合には、実質的逮捕を肯定する方向にはたらく。
　⑦ 捜査官の主観的意図
　　捜査機関に令状主義潜脱の意図がある場合や身体拘束の厳格な時間制限を潜脱する意図がある場合には、実質的逮捕を肯定する方向にはたらく。
　⑧ 同行を求めた時点で被疑者を逮捕できる準備を完了していたか
　　逮捕状がでていない場合には、任意同行により、逮捕したのと同様の状況をつくりだそうとしたのではないかとの推認がはたらきうるため、肯定する方向にはたらく。
　　逮捕状がでている場合は、その逆の推認がはたらきうるが、他方で、身体拘束の厳格な時間制限を潜脱するものではないかという推認がはたらきうる。
　　①から⑧までなどの事情を総合して客観的に判断する。

Point　被疑者の対応

主観：退去意思の表示の有無
客観：退去意思を表示することが可能な状況であったか ⬅ こちらを重視！

ウ）実質的逮捕に該当した場合の後の取扱い（主に問題となるもの）
　① 違法な逮捕に続いてなされる勾留請求の可否
　② 違法な身体拘束における取調べの可否（自白調書の証拠能力）

◆ 実質的逮捕を論じる場面 ◆
　　捜査の適法・違法の問題は、常にその適否を何のために論じるのかを明確に意識する必要がある。

31）取調室から退去する意思を外部に表示していないことは、一般論としては否定する方向にはたらきうるし、判例もこういった申出がされてないことを重視する傾向にあるが、これはあまり重視すべきではないとの批判が強いともいわれる。というのも、状況によっては、そのような意思表示をすることさえ困難な場合も往々にしてあるからである。
　それゆえ、退去意思が表示されていないことは過大評価されるべきではなく、そのような主観的な意思表示ではなく、客観を重視すべき、すなわち、**被疑者においてそのような意思表示をすることが可能な状況にあったか**を重視すべきであるといわれている。素直な感覚からして、警察官の前で取調べを受けている状況においては、退去意思を表示することは困難な場合も多いであろうから、このような指摘は重要な指摘といえよう。

実質的逮捕の問題は、まず、逮捕段階のみならず、①勾留請求の段階においても問題となる。また、勾留が認められた場合であっても、準抗告（429条1項2号）審においても問題となる。重大な違法のある逮捕に引き続く勾留は認められないことから、勾留段階において、逮捕の違法が問題とされる。この意味で、勾留の要件として、(a)勾留の理由（207条1項本文・60条1項）、(b)勾留の必要性（207条1項本文・87条1項）、(c)逮捕の前置および法定の制限時間内かどうかのみならず、消極的要件として、(d)先行する逮捕の違法が重大でないことが必要とされる。

　次に、公判段階において、②自白調書の証拠能力に関して、身体拘束の違法が問題となる。違法な身体拘束下における自白は、自白の任意性について虚偽排除説に立ったとしても、別途違法収集排除法則を適用することは可能であるから（東京高判平成14年9月4日〔刑訴百選71事件〕参照）、これにより、証拠能力が否定されることになる。

◆ **違法な逮捕に続いてなされる勾留請求の可否 ── 総論** ◆

結論：逮捕手続に令状主義（憲33条）の精神を没却するような重大な違法がある場合には、勾留請求は認められない。他方、逮捕手続に軽微な違法があるにとどまる場合には、勾留請求は認められる。

理由：①逮捕に対する独立の不服申立手段が認められていない現行法のもとでは（刑訴429条1項2号参照、判例も逮捕に対する準抗告を認めていない）、逮捕の適法性については、勾留段階であわせて審査すべきである。

　　　②将来の違法捜査を抑制する必要がある。

◆ **実質的逮捕に続いてなされる勾留請求の可否 ── 各論** ◆

結論：①実質的逮捕の時点で緊急逮捕（210条）の要件が存在し、かつ②その時点から起算して制限時間内に勾留請求がなされた場合には、勾留請求は認められる[32]。

補足：②の制限時間内か否かに関して、警察段階の48時間と検察段階の24時間はそれぞれが上限を定めたものであるから、たとえば警察段階の身体拘束時間が40時間だったとしても、検察段階で32時間（24時間＋8時間）身体を拘束できるわけではなく、一方で余った時間を他方に振り替えることはできないとされている。しかも、この違法は重大とされるから、この場合、勾留請求は認められないことになる。

理由：①の要件をみたす場合には、実質的逮捕の時点で逮捕できるだけの

---

[32]　①②の要件のみならず、③実質的逮捕の時点から起算して、「直ちに」（210条）と同視しうる時点において、通常逮捕などの令状逮捕の手続がとられている場合にはじめて、勾留請求は認められるという見解も有力である（東京高判昭和54年8月14日〔判例シリーズ刑訴8事件・刑訴百選15事件〕参照）。この見解は、緊急逮捕の合憲性における令状逮捕説に基づく見解であり、「直ちに」なされる令状請求と同視できるだけの要件がないという瑕疵は重大な瑕疵（違法）であると理解する。

実体要件を充足していたといえ、かつ②の要件をみたす場合には、被疑者の手続の種類の選択を誤ったにすぎず、令状主義の精神を没却するような重大な違法はない。

(3) 任意取調べ

ア) 適法性判断の枠組み

任意同行から取調べが行われ、被疑者の逮捕へと発展する事案における適法性判断の枠組みとしては、次の3つのカテゴリーがある。強制処分と任意捜査における判断枠組みと同様の枠組みである。

◆ 三分的手法 ◆

高輪グリーンマンション殺人事件（最決昭和59年2月29日〔判例シリーズ刑訴32事件・刑訴百選6事件〕）は、任意捜査中の有形力行使の限界に関する判例（最決昭和51年3月16日〔判例シリーズ刑訴1事件・刑訴百選1事件〕）の枠組みを、任意捜査中の取調べまで及ぼしている。その結果、

① 強制処分とされ、即違法となるもの（実質的逮捕にあたるもの）
② 任意捜査であるが、任意取調べとしての限界を超え、違法であるもの
③ 任意取調べとして適法であるもの

の3つのカテゴリーが存在することになる。

問題となる主な場面は、任意取調べによって得られた自白調書の証拠能力である。

そして、自白調書の証拠能力を否定するために、どのような法的根拠をもちだすかということが問題になる[33]。

a) 方法その1（1段階目の審査）

まずは、身体拘束の問題を検討する。つまり、身体拘束が実質的逮捕にあたり、違法となれば、自白に対する違法収集証拠排除法則により（東京高判平成14年9月4日〔刑訴百選71事件〕）、自白調書の証拠能力が否定される。

b) 方法その2（2段階目の審査）

1段階目の審査をクリアした場合に、適法な身体拘束下での取調べそれ自体の違法を検討する。任意取調べであっても、それが違法であるといえれば、自白法則（憲38条2項、刑訴319条1項）により、自白調書の証拠能力が否定される。自白

---

[33] このように自白調書の証拠能力を否定できるかどうかが関心事であるため、現実問題としては、被告人（弁護人）としては、a) 方法その1でも b) 方法その2でもいずれかに引っかかってくれればよいし、裁判所としても、いずれかに抵触して違法であると判示しさえすればよい。そういった配慮もあってか、裁判例などでは、身体の問題（方法その1）には触れず、取調べ自体を問題にすることが多い。

しかし、現実問題としてはそれでよいとしても、理論の問題としては、2段階での審査はやはり軽視されてはならない。まずもって、強制処分かどうかが問題にされなければならず、強制処分にはあたらないと判断されてはじめて、任意捜査として適法かが問題とされるべきである。つまり、実質的逮捕にあたるかどうかの判断を省略してはならない。

法則につき、違法排除説に立った場合には、難なくこの結論を導くことができる。また、虚偽排除説（任意性説）に立ったとしても、虚偽自白を誘発する状況があったとして、自白の証拠能力を否定できる場合が多いであろう。

イ）任意取調べの限界

旧法下では、「承諾留置」（被疑者の承諾を得て、警察の**留置施設**に宿泊させる方法）を利用して、取調べが行われてきた。しかし、この承諾留置は、旧法下で濫用されてきた苦い経験から、現行法のもとでは認められないと考えられている。それゆえ、捜査機関としては警察の留置施設を利用することができなくなった。

このような背景事情から、被疑者をホテル等に宿泊させたうえで取調べを継続するなどの方法がとられるようになり、その適法性が問題になっている。

判例は、強制処分にあたる場合は違法であり、強制処分にあたらない場合であっても、「事案の性質、被疑者に対する容疑の程度、被疑者の態度等諸般の事情を勘案して、社会通念上相当と認められる方法ないし態様及び限度において、許容される」という枠組みをとっている（前掲高輪グリーンマンション殺人事件）。

◆ 宿泊を伴う取調べの適法性の判断要素について ◆

高輪グリーンマンション殺人事件のとおり、任意取調べの適法性は、事案の性質、被疑者に対する容疑の程度、被疑者の態度等諸般の事情を勘案して、社会通念上相当と認められる方法・態様・限度において、許容されるべきものとされる。

そして、その**相当性**の具体的な判断要素としては、監視の態様、宿泊の期間、宿泊を必要とする事情、往復の交通手段、宿泊費用の負担、被疑者側の事情（特に、承諾の有無）、被疑者の被る肉体的・精神的苦痛や疲労等[34]の事情が考慮される。

① 監視の態様

警察官が(a)同室に宿泊する、(b)隣室に宿泊する、(c)宿泊施設の近辺で被疑

---

34) 高輪グリーンマンション殺人事件の判断枠組みにおける**相当性**は、任意捜査一般に妥当する比例原則における**相当性**と同質のものか否かの争いがある。つまり、任意取調べにおいてその制約が問題となる権利・利益は、**供述をするかしないかの意思決定の自由**であるところ、これはオール・オア・ナッシングであって、その制約の**程度**を観念することはできないため、比例原則のもとで捜査の必要性と衡量されるべき反対利益としての被侵害利益が想定できないのではないかという疑問である。被疑者の承諾がないのであれば、実質的逮捕として違法となる一方、承諾があれば権利・利益の侵害がないということになってしまう。この理解からは、ここでいう**相当性**は、おとり捜査の適法性の判断における通説の理解とパラレルに、捜査機関の行為態様の相当性を意味すると考えることになる。**こういう取調べはやってはいけませんよ**という意味で捜査活動に対する行為規範を設定し、これを**相当**という言葉で言い換えていると理解する。他方で、①供述をするかしないかの意思決定の自由も、捜査機関の働き掛けを受けて取調べに渋々応じたといった中間形態が実際上は存在するといわざるをえず、意思決定の自由に対するある程度の侵害・制約は観念しうるため、比例原則の適用は可能であるという理解や②意思決定の自由の侵害はないとしても、長時間の取調べを受けることによる行動の自由の制約、心身の苦痛や疲労という法益を被侵害利益として観念することができると考え、任意捜査一般に妥当する比例原則における**相当性**と同質のものと理解する立場もある。

者の動静を監視するなどがある。また、警察官の人数も問題になる。

② 宿泊の期間

　長期間になればなるほど任意捜査の限界を超える。いくら長くても、高輪グリーンマンション殺人事件の4泊程度が限界と考えられ、東京高判平成14年9月4日〔刑訴百選71事件〕の9泊は違法の疑いが強い。

③ 宿泊を必要とする事情

　被疑者側の事情として、たとえば、住居が遠隔地にある、近隣でも自宅が犯行現場である、近隣住民と顔を合わせたくない、マスコミ取材から逃避したいなどの事情があったかなどである。

　捜査機関側の事情として、自殺・自傷・他害・逃走のおそれなどがあるが、自殺のおそれ等は警察官職務執行法3条等によって対応すべき事柄というべきである。

④ 往復の交通手段

　宿泊施設と警察署との往復に⒜被疑者所有の自動車の車両に警察官が同乗する、⒝警察車両を使用する、⒞警察官が後部座席の両側に同乗するなどがある。ただし、警察車両で送り迎えしたというだけでは殊更問題にはならない。

⑤ 宿泊費用の負担

　費用負担が警察官側である場合、宿泊の真摯性・任意性が怪しくなってくる。

⑥ 被疑者側の事情（承諾の有無）

　宿泊についての承諾（上申書の提出）があったかどうかや退去を求める意思の表示があったかどうかという事情から判断される。

　ただ、上申書がある場合でも、上申書の提出が被疑者の自発的な意思に基づくような場合は別論として、捜査機関側の働き掛けに基づく場合には適法性が怪しくなってくる。

　また、判例は「退去意思の外部的表示がないこと」を適法性を肯定する理由として強調する傾向にあるが、捜査機関と被疑者の力関係の差、事実上の強制力にかんがみれば、被疑者が退去意思を表示すらできないような場合もありうる。このように、退去意思の表示がない場合であっても、被疑者としてはやむなく取調べに応じざるをえない状況に陥っているという場合も想定でき、むしろ捜査に対する同意というのは、捜査機関からの働き掛けを受けて、いわばやむなく同意するということのほうが通常であろう。

　それゆえ、退去意思の外部的表示を殊更に重視することは相当とはいいがたく、客観的にみて、そのような意思表示をすることが可能な状況にあったかどうか等を**監視の態様**等から客観的に判断していくことが重要である。

2 身体拘束被疑者の取調べ

　刑事訴訟法198条1項本文は、被疑者の身体拘束の有無を問わず、捜査機関の被疑者取調権限を規定している。

(1) 取調受忍義務の有無

　198条1項ただし書が「被疑者は、逮捕又は勾留されている場合を除いては、出頭を拒み、又は出頭後、何時でも退去することができる」と規定していることから、在宅被疑者や参考人に取調受忍義務がないことは明らかであるが、逮捕・勾留されている被疑者の場合にはどのように考えるかが問題となる。なお、被疑者には黙秘権が保障されているので（憲38条1項、刑訴198条2項参照）、取調べに対して供述を強制することができないことに争いはない。

　これについて、198条1項ただし書を反対解釈し、取調受忍義務（出頭・滞留義務）[35]を肯定するのが実務の立場であり、被疑者は出頭を拒み、または退去することができないとされている。

　これに対し、取調受忍義務を課すとすれば、被疑者に認められている憲法上の権利である自己負罪拒否特権（黙秘権）を侵害するおそれが生じるとして、取調受忍義務を否定するのが学説上では有力である[36]。

　否定説にとってのネックは、198条1項ただし書の条文であるが、この条文については、①198条1項ただし書は、出頭拒否・退去を求めることが逮捕または勾留の効力を否定するものではない趣旨を、注意的に明らかにしたにとどまるとか、②198条1項は、取調べ一般についての規定ではなく、在宅被疑者の出頭要求の規定であり、同項ただし書は、すでに身体を拘束されている被疑者では出頭要求は問題にならないことから、当然のこととして除いたものであるなどと説明される。

column

取調べの可視化

　実務は取調受忍義務肯定説を前提に運用されている。そして、捜査機関は、自白を得ようと必死になるあまり、過酷な取調べを行うこともあり、供述の任意性（憲38条2項、刑訴319条1項）が問題となる場面も多い。

---

35)　被疑者の取調受忍義務とは、取調べのための①（留置場から）**取調室への出頭義務**および②**取調室での滞留義務**との両方をあわせた言葉であると理解するのが一般である。

36)　最大判平成11年3月24日〔刑訴百選34事件〕は、その立場を明確にしていないものの、「身体の拘束を受けている被疑者に取調べのために出頭し、滞留する義務があると解することが、直ちに被疑者からその意思に反して供述することを拒否する自由を奪うことを意味するものでないことは明らかである」と判示し、「直ちに」という表現をしているものの、取調受忍義務を肯定することが黙秘権を侵害するわけではないという理解に立っており、取調受忍義務肯定説と親和的であるといえる。

捜査機関が作成する供述調書は、ご存知と思うが、**物語風**で記載される。実際の取調べにおいては、ひととおり取調べが終わった後に最後の段階で供述調書が作成される。捜査官と被疑者との間でさまざまなやりとり（問答）があるにもかかわらず、実際に供述調書に記載されるのは、そのうちの一部でしかない。その一部というのは、捜査官が必要と考える供述、つまり、被疑者にとって不利な供述であって、被疑者に有利な供述をわざわざ記載するようなことはしないことがほとんどである。そして、これが物語風に記載されることから、あたかも被疑者がすらすら述べたように読めてしまう。

　しかも、供述調書の作成は、被疑者が話した内容を捜査官がまとめるという作業であるから、被疑者が話した内容とはニュアンスを異にする場合も往々にしてありうる。このように、供述調書の作成が二重の伝聞過程を経ることから、読み聞かせ（198条4項）および署名・押印（同条5項）が行われるのではあるが、長時間の取調べで疲れている被疑者は、話した内容とは違っていたり、そのニュアンスが違っていたりしたとしても、訂正を求めずに署名・指印に応じてしまうこともありうる。

　そして、人は自分に不利なウソは通常つかないという経験則があるものだから、いったん作成されてしまった自白を公判段階においてひっくりかえす、つまり、裁判官に信用できない供述であると理解してもらうことは、まずほとんど認められない。違法・不当な取調べを防止するために、取調べ過程をビデオ録画するなどの方法による「取調べの可視化」が叫ばれるようになったのは、こういった問題意識によるものである。

　実務的には、2016（平成28）年刑事訴訟法改正において、取調べの録音・録画制度が導入され、裁判員裁判対象事件および検察官独自捜査事件（司法警察員が送致または送付した事件以外の事件）にかぎってではあるものの、原則として、被疑者に対する取調べの全課程の録音・録画を義務づけることとされた（301条の2第4項）。また、検察官が、供述調書の任意性を立証する際には（319条1項参照）、録音・録画された記録媒体が存在しない場合を除いて、録音・録画記録の証拠調べ請求をしなければならないとされている（301条の2第1項）。

　なお、犯罪捜査規範182条の2第1項は、「被疑者又は被告人を取調べ室又はこれに準ずる場所において取り調べたとき……は、当該取調べを行った日……ごとに、速やかに取調べ状況報告書……を作成しなければならない」と規定し、取調状況報告書の作成を義務づけている。これにより、取調べ時間などを知ることができ、任意性の判断にとって有益な資料となる（刑訴316条の15第1項8号参照）。

(2)　被疑者取調べの条件（捜査規範 166 条から 182 条の 3 まで）

> ① 取調べ状況報告書の作成（捜査規範 182 条の 2 第 1 項）
> ② 黙秘権の告知（刑訴 198 条 2 項、捜査規範 169 条）
> ③ 黙秘権放棄の任意性
> ④ 取調べ自体の任意性（捜査規範 168 条）
> ⑤ 供述調書の作成（刑訴 198 条 3 項、捜査規範 177 条）
>   ・読み聞かせ[37]（刑訴 198 条 4 項、捜査規範 179 条 2 項）
>   ・署名・指印（押印）[38]（刑訴 198 条 5 項、捜査規範 179 条 3 項、180 条、181 条）

(3)　供述録取書の作成手続

　取調べ自体は捜査官から被疑者等に対する問答により進められ、取調べの最後に供述録取書が作成されるのが通常である（刑訴 198 条 3 項）。そして、供述録取書は、警察官面前調書であっても検察官面前調書であっても、物語式（一人称による供述書風の体裁）で作成されるのが基本である[39]。

　捜査官が、供述調書という表題のもとにパソコンに打ち込んだものをプリントアウトし、被疑者等に対して供述調書の読み聞かせを行って誤りがないかを確認する。被疑者等が自身の供述した内容と異なるとして増減変更を申し立てた場合には、調書の内容を変更する（198 条 4 項）。そして、供述内容の齟齬が正されれば、捜査官は署名と押印（指印）を求めることができる（198 条 5 項）。ただし、「求めることができる」だけであって、被疑者等には署名押印拒否権があるため、供述内容との齟齬があろうがなかろうが、署名・押印（指印）を拒否することができる。

---

37)　実務においては、「読み聞け」とよぶのが一般的である。
38)　在宅被疑者の場合であれば、取調べのために警察署に出頭する際に印鑑を持参することができるため、供述調書の作成に際しては署名と押印がされる。他方、身体を拘束されている被疑者の場合、印鑑を持ち合わせていないため、供述調書の作成に際しては署名と指印がされる。
39)　基本的には物語式で作成されるが、場合により問答式（問いと答えの一問一答の体裁）で作成されることもある。特に、被疑者等が不合理な供述をしている場合において、その不合理さを強調したい場合に問答式が用いられる印象がある。

勾留状のサンプル

勾　　留　　状			指印
			㊞

被　疑　者	氏　　　名	○○○○	延長
	年　　　齢	平成○年○月○日生	
	住　　　居	京都市○区○町○番地	㊞
	職　　　業	会社員	

被疑者に対する覚醒剤取締法違反被疑事件について、同人を京都府○警察署留置施設に勾留する。

	延長

被 疑 事 実 の 要 旨	別紙のとおり
刑 事 訴 訟 法 60 条 1 項 各 号 に 定 め る 事 由	次葉のとおり
有　　効　　期　　間	令和 6 年 10 月 12 日まで

この令状は、有効期間経過後は、その執行に着手することができない。この場合には、これを当裁判所に返還しなければならない。

令和 6 年 10 月 5 日

　京 都 地 方 裁 判 所

　　　　　　裁 判 官 　○　○　○　○　　　　㊞

勾 留 請 求 の 年 月 日	令和 6 年 10 月 5 日
執 行 し た 年 月 日 時 及 　び 　場 　所	令和　　年　　月　　日　　午　　時　　分
記　名　押　印	㊞
執 行 す る こ と が で き な か っ た と き は そ の 事 由	
記　名　押　印	令 和　　年　　月　　日　　　　　　㊞
勾 留 し た 年 月 日 時 及 び 取 扱 者	令和　　年　　月　　日　　午　　時　　分　㊞

（被疑者　○○○○）

刑事訴訟法 60 条 1 項各号に定める事由	
下記の 2、3 号に当たる。 1　被疑者が定まった住居を有しない。 2　被疑者が罪証を隠滅すると疑うに足りる相当な理由がある。 3　被疑者が逃亡し又は逃亡すると疑うに足りる相当な理由がある。	
勾　留　期　間　の　延　長	
延　長　期　間 　　　　　令和　　年　月　　日まで	延　長　期　間 　　　　　令和　　年　月　　日まで
理　　　　　　由	理　　　　　　由
令和　　年　　月　　日 　　　　　　　　　　裁判所 　　　　裁判官	令和　　年　　月　　日 　　　　　　　　　　裁判所 　　　　裁判官
勾留状を検察官に交付した年月日	勾留状を検察官に交付した年月日
令和　　年　　月　　日 　　裁判所書記官	令和　　年　　月　　日 　　裁判所書記官
勾留状を被疑者に交付した年月日時	勾留状を被疑者に交付した年月日時
令和　　年　月　日　午　時　分 　　刑事施設職員	令和　　年　月　日　午　時　分 　　刑事施設職員

（被疑者　　〇〇〇〇）

Ⅳ── 被疑者段階における弁護活動

　以下では、身体事件（逮捕・勾留されている事件）に限定して、弁護人が行うべき弁護活動について説明する。

1　接見（面会）

(1)　意　義

　弁護人依頼権（憲34条前段）を実質化するために、法は逮捕・勾留中の被疑者に弁護人との接見交通権（刑訴39条1項）を認めており、身体の拘束を受けている被疑者は、弁護人（および弁護人になろうとする者）と立会人なしで接見し[40]、または書類・物の授受をすることができる。

　当番弁護士の出動要請や弁護人選任の依頼を受けた場合、弁護士は、ただちに留置施設（ほとんどの場合は警察署）に赴き、接見をする（39条1項）。

　接見に際しては、①違法、不当な逮捕から被疑者を解放する、②被疑者の防御権の保障を図る、③接見を通じて被疑者の不安を取り除く、③違法、不当な取調べがなされないように監視する、④被疑者に有利な証拠、資料を収集するなどの目的を意識したうえで、事実関係の聴取などを行う。初回の接見は、弁護人としてではなく、**弁護人となろうとする者**としての接見であることが通常であろうから、私選弁護として受任する予定の場合には、弁護人選任届を持参し、被疑者の署名・指印をもらう。また、場合により被疑者ノートを差し入れる。被疑者ノートとは、被疑者が取調べの状況や内容等について、日記風に記入することができるノートである。被疑者ノートを差し入れて被疑者に記入してもらうことにより、取調べ内容の証拠化や接見内容の証拠化を図ることができるとともに、不当な取調べを抑制する効果もある。

　逮捕段階においては、被疑者は家族など弁護人以外の者との接見が認められていないため（207条1項本文・80条参照）、弁護人による接見は被疑者の家族等との情報交換の窓口として特に重要な意味を有する。

(2)　接見指定の要件

ア）「捜査のため必要があるとき」（39条3項本文）

　身体を拘束されている被疑者については、接見指定がされる場合がある。もっとも、接見交通権は、憲法34条前段の弁護人依頼権に由来し、これを実質化する

---

40)　これに対し、弁護人以外の者（被疑者の家族など）については、80条、81条に規定があり、この場合には、留置担当者が立ち会う。また、弁護人の面会では時間制限や回数制限が存在しないのに対し、弁護人以外の者との接見では約15分等といった面会時間の制限や1日1回といった回数制限がある。これらの点が弁護人との間での秘密接見交通権との大きな違いである。

重要な権利であるから、接見指定が認められる場合は限定的に考えるべきである。

　判例では、「捜査のため必要があるとき」とは、現に被疑者を取り調べている場合、実況見分、検証等に立ち会わせている場合のほか、間近い時に取調べ等をする確実な予定があって、弁護人等の必要とする接見等を認めたのでは、この取調べ等が予定どおり開始できなくなるおそれがある場合等**捜査に顕著な支障が生ずる場合**をいうとされている（最判平成 3 年 5 月 10 日、最大判平成 11 年 3 月 24 日〔刑訴百選 34 事件〕）。

column

接見の際の心構え

　弁護人または弁護人として初回接見にのぞむ場合、「どんな事件だろうか？」「否認事件だろうか？」「それとも自白だろうか？」などいろいろなことを思いながら警察署に足を運ぶことになる。国選弁護事件の場合には、あらかじめ勾留状謄本に目をとおしたうえで接見にのぞむことが多いため、どうしても「犯罪をやっちゃったんだろうな」という予断が入ってしまう可能性がある。

　しかし、これは要注意である。弁護人はあくまで**弁護人**であって**捜査機関**ではない。だから、初回接見における会話では「なぜ〇〇（被疑事実）をやってしまったんですか？」というような入り方はすべきではない。これだと、捜査機関の取調べと変わりない。「ここにいること（捕まってしまったこと）に何か心当たりはありますか？」というふうにニュートラルの状態から会話を始めるべきである。無罪の推定が及んでいることは当然として、そもそも犯罪をしていない可能性がある以上は、このような聞き方をすべきであろう。実際上は、蓋を開けてみれば自白事件がほとんどではあるのだが、そういう問題ではない。

　被疑者の言い分にとことん耳を傾けて真実を探究し、そのなかから重要な真実を裁判の場で訴えかけていくこと。刑事裁判における弁護士の主な役割はここにある。

　筆者も、過去にとある事件で、最初の段階では被疑者の言い分に十分に耳を傾けることができなかったことがある。もっとも、その後、被疑者の言い分にしっかりと耳を傾け、否認事件として公判にのぞんだ結果、公判期日としては 18 回を重ねたものの、一部無罪となった事件がある。もし、ギアチェンジできず自白事件として進行させてしまっていたとすれば、それこそ弁護人の過誤による冤罪である。

　弁護人は、被疑者・被告人を守ってあげることのできる唯一の味方といっ

てよい。筆者の経験のようなこともあるので、弁護人としては被疑者の言い分をしっかり汲み取ることが必要である。そのためにも、接見交通権は非常に重要な意義を有している。

イ）39条3項ただし書

「捜査のため必要があるとき」（39条3項本文）にあたる場合であっても、それだけで接見指定が適法になるわけではない。39条3項ただし書において、接見指定は、「被疑者が防禦の準備をする権利を不当に制限するようなものであつてはならない」と規定されているため、この要件に反すると接見指定は違法になる。

このように、接見指定には、①「捜査のため必要があるとき」（39条3項本文）という要件と②「被疑者が防禦の準備をする権利を不当に制限」しない（39条3項ただし書）という要件による二重の歯止めがかけられている。

(3) 不当な接見指定に対してとりうる措置

① 裁判所に対して準抗告（430条2項、1項）を申し立てる。
  処分の取消しだけでは、新たな指定を受けて接見できなくなるおそれがあるので、確実な接見を実現させるべく、処分の変更を申し立てることもできる。

② 国家賠償請求訴訟を提起する。

③ 公判段階において、違法な接見指定の間にとられた供述調書を不任意自白（憲38条2項、刑訴319条1項）または違法収集証拠として、証拠排除を請求する。

column

接見指定なんてない？

接見指定に関しては、従前、その要件の解釈、運用をめぐって、弁護人と捜査機関との間で激しく争われてきた。杉山事件、浅井事件、安藤・斎藤事件等も接見交通権の侵害を理由とする国家賠償請求事件（民事事件）である。接見交通権は、弁護人の固有権でもあるから、その侵害を理由に、弁護人個人が国家賠償請求というかたちで、接見指定のあり方等をめぐって争ってきていた（事件名は、弁護士の名前からとったものである）。

そして、弁護士らの努力によって、これらの判例を通じて接見交通権に関する重要な最高裁の判示がだされてきた。現在では、接見交通をめぐるトラブルは落ち着きを見せている状況であり、実務的にも、被疑者が取調べ中であったとしても、取調べを中断して接見を認めるという運用が多くなされている。

筆者自身の経験上も、初回接見であるかどうかにかかわらず、たとえ取調
　べ中であったとしても、取調べを中断して、接見をさせてくれている。

2　身体解放に向けた活動

(1)　警察段階、検察段階（逮捕から勾留請求まで）

　警察官、検察官と交渉し、①嫌疑がないことの主張、②嫌疑がある場合でも、
勾留の理由、必要性が欠けることを主張して被疑者の釈放を求める。

　なお、逮捕段階において準抗告は認められていない。

(2)　勾留質問段階

　勾留担当裁判官に意見書を提出、面談をするなどをして、勾留の理由、必要性
が欠けることを主張し、勾留請求の却下の判断を求める。

(3)　勾留段階

ｱ)　勾留理由開示請求（憲 34 条前段、刑訴 207 条 1 項本文・82 条から 86 条まで）

　勾留理由の開示は、公開の法廷で行われる（207 条 1 項本文・83 条 1 項）。裁判官が
認めた勾留理由（60 条 1 項各号のいずれに該当するか）を知ることができるので、勾留
取消請求や準抗告申立てを行うための準備としての意味を有する。

ｲ)　準抗告の申立て（429 条 1 項 2 号）

　勾留の裁判に対して不服がある場合、勾留決定に対する準抗告（429 条 1 項 2 号）
の申立てを行う。ここでは、勾留の要件が欠けること、具体的には勾留の理由、
必要性が欠けることを主張する。場合により、時間制限を超過していること、先
行する逮捕に違法があることを主張する。なお、起訴後勾留に対する不服申立て
は、第 1 回公判期日前であれば準抗告であるが（280 条 1 項、429 条 1 項柱書）、第 1 回
公判期日後であれば抗告となる（419 条本文）。

ｳ)　勾留状謄本の交付請求（207 条 1 項本文・刑訴規 302 条・74 条、154 条）

　弁護人にとって、勾留段階までの間は、被疑事実が何であるかについての情報
源は、接見の際の被疑者からの供述くらいしか存在しない。そのため、勾留の基
礎となっている被疑事実の内容を明らかにするため、勾留状謄本を取りつける。

ｴ)　接見等禁止決定に対する準抗告、接見等禁止の一部解除の申立て（207 条 1 項本文・
　　81 条本文）

　単なる勾留だけでは賄いきれない程度に逃亡、罪証隠滅のおそれが具体的に予
測される場合には、検察官の請求により、勾留決定にあわせて接見等禁止決定が
される場合がある（207 条 1 項本文・81 条）[41]。接見等禁止決定がされると、被疑者

---

41)　実務的には、「公訴の提起まで」との期限が設定されることが多い。かりに起訴後に接見等禁止処分

は、家族を含めて弁護人以外の者との面会や手紙などの授受を遮断されることになる。

　そこで、弁護人としては、家族との接見等を実現させるために、①接見等禁止決定に対する準抗告の申立て（429条1項2号）、②接見等禁止の一部解除の申立てを行うことが考えられる。①は接見等禁止処分それ自体を争うものであるのに対し、②一部解除の申立ては、接見等禁止自体を争わないものの、家族や恋人等の一部の者にかぎって、接見等禁止の対象から除外することを求めるものである。一部解除の申立ては、請求権としては認められておらず、裁判所の職権発動を促すにすぎないものの、実務的にはよく使われている。

オ）勾留取消請求（207条1項本文・87条）

　事後的に勾留の理由または必要性が消滅したと主張し、勾留取消請求を行う。

カ）勾留の執行停止の申立て（207条1項本文・95条）

　被疑者に病気治療のために入院の必要がある場合、近親者の病気や冠婚葬祭、被疑者が学生の場合における試験等の場合には、勾留の執行停止の申立てを行う。

　もっとも、請求権はないため、裁判所の職権発動を促すにすぎない。裁判所は、執行停止を認める場合、条件や期間を付して勾留の執行を停止するが、被疑者は期間の終期になれば出頭すべき場所に出頭しなければならない（207条1項本文・95条1項後段、2項、3項）。なお、2023（令和5）年改正により、裁判所は必要と認める場合には、勾留の執行停止に際して、監督保証金を定めて監督者を選任することができることになった（98条の4、98条の5）。

キ）勾留場所変更の申立て（刑訴規80条参照）

　実務的には、拘置所（刑事施設）ではなく、代用刑事施設である警察署に留置されることがほとんどである。これは、被疑者を捜査機関の手元におくことを意味し、被疑者の防御権に不当な影響を及ぼすおそれがある場合があるため、そのようなおそれがある場合には、勾留場所を拘置所に変更するよう申し立てる。

ク）証拠保全請求（179条）

　裁判官に対し、押収、捜索、検証、証人尋問等の強制処分を行うという証拠保全請求が認められている（179条）。もっとも、利用される場面は非常に少ない。

が付される場合であっても、第1回公判期日終了までと期限を設定し、個別事案における必要性に応じて判断される。遅くとも証人尋問が終了する期日以降の時点では、罪証隠滅のおそれがほとんど考えられないことから、接見等禁止処分は付されないのが通常である。

第 2 章

保　釈 B⁺

I ─── 保釈の要件

　起訴前の被疑者勾留は、公訴提起により自動的に被告人勾留に切り替わる（208条1項反対解釈）。被告人勾留の期間は公訴提起後2か月とされ、その後1か月ごとに更新されていく（60条2項）。

　保釈請求は、被疑者段階では認められないが、起訴後になれば可能となる（207条1項ただし書参照）。

　被告人の身体が解放されるまでの手続の流れとしては、①保釈請求書を裁判所に提出、②裁判所が検察官に求意見（92条1項）、③保釈許可決定、④保釈保証金の納付、⑤保釈の執行という流れをたどる。

　保釈の種類としては、⑴**権利保釈（必要的保釈）**（89条）、⑵**裁量保釈（職権保釈）**（90条）、⑶**義務的保釈**（91条）の3つがある。

1　権利保釈

刑事訴訟法第 89 条 [権利保釈]

　保釈の請求があつたときは、次の場合を除いては、これを許さなければならない。
一　被告人が死刑又は無期若しくは短期1年以上の拘禁刑に当たる罪を犯したものであるとき[1]。
二　被告人が前に死刑又は無期若しくは長期10年を超える拘禁刑に当たる罪につき有罪の宣告を受けたことがあるとき。
三　被告人が常習として長期3年以上の拘禁刑に当たる罪を犯したものであるとき。
四　被告人が罪証を隠滅すると疑うに足りる相当な理由があるとき。
五　被告人が、被害者その他事件の審判に必要な知識を有すると認められる者若しくはその親族の身体若しくは財産に害を加え又はこれらの者を畏怖させる行為をすると疑うに足りる相当な理由があるとき。
六　被告人の氏名又は住居が分からないとき。

　89条の1号から6号までの除外事由がないかぎり、保釈が認められる。1号から3号までおよび6号に該当する場合はあまり多くないため、4号（罪証隠滅のおそれ）、5号（証人威迫等のおそれ）をもって主に戦うこととなる[2]。なお、逃亡のおそ

---

[1]　ここでも事件単位の原則が妥当する。そのため、たとえば、強盗致傷罪と住居侵入罪で起訴されていたとしても、身体拘束の基礎になっているのが住居侵入罪のみであった場合には、1号には該当しない。もっとも、検察官としては、強盗致傷罪と住居侵入罪の両方で勾留するという対応をとっていることがほとんどであろう。

れが89条に列挙されていないのは、逃亡のおそれの防止は保釈保証金（93条1項、2項）や監督保証金（98条の5）によって達成されるためである。保釈保証金は通常150万円から300万円程度である。

罪証隠滅のおそれ（4号）としては、共犯者や事件関係者に対する通謀、物的証拠の毀棄・隠匿・改ざん、虚偽証拠の作出などが考慮される。勾留要件における罪証隠滅のおそれ（60条1項2号）と同じく、罪証隠滅行為の①対象、②態様、③客観的可能性および実効性ならびに④主観的可能性の観点から判断される。ただし、すでに起訴後で捜査は完了しており、有罪立証を支える証拠は捜査機関が収集済みであることから、罪証隠滅のおそれは相対的に低くなっていることをふまえて判断されることになる。

証人威迫等のおそれ（5号）としては、被害者や重要参考人などに対する加害行為の可能性等が考慮される。いわゆる**お礼参り**防止の趣旨である。

2　裁量保釈（職権保釈）

刑事訴訟法第90条［職権保釈］
　裁判所は、保釈された場合に被告人が逃亡又は罪証を隠滅するおそれの程度のほか、身体の拘束の継続により被告人が受ける健康上、経済上、社会生活上又は防御の準備上の不利益の程度その他の事情を考慮し、適当と認めるときは、職権で保釈を許すことができる。

90条は職権保釈の判断にあたっての考慮要素を明記しており、この考慮要素は、①保釈の相当性と②保釈の必要性に分けて理解することができる。

①保釈の相当性（保釈をしても問題が生じないこと）として、逃亡のおそれの程度[3]、罪証隠滅のおそれの程度が考慮される。

また、②保釈の必要性（保釈しないと問題が生じること）として、健康上、経済上、社会生活上または防御の準備上の不利益の程度[4]が考慮される。

3　義務的保釈

刑事訴訟法第91条［義務的保釈］
1　勾留による拘禁が不当に長くなつたときは、裁判所は、第88条に規定する者の請求により、又は職権で、決定を以て勾留を取り消し、又は保釈を許さなければならない。
2　第82条第3項の規定は、前項の請求についてこれを準用する。

「不当に長く」とは、単なる時間的観念ではなく、事案の性質、犯罪の軽重、審理経過、審判の難易等諸般の事情から総合判断されるべき相対的な概念であると

---

2)　たとえば、殺人罪（刑199条）であれば、刑事訴訟法89条1号に該当するため、裁量保釈の可能性はあるが、権利保釈は認められない。
3)　定職がある、身元引受人がいる、初犯である、犯罪が軽微であるなど。
4)　被告人やその家族の健康状態、失職のおそれ、家庭の経済的基盤の確保等。

考えられる。

4　保釈請求の手続

(1)　保釈請求の宛先

第1回公判期日前に保釈請求を行う場合、受訴裁判所とは別の裁判官が保釈の判断をすることになるため（280条1項）、保釈請求の宛先は受訴裁判所ではない。他方で、第1回公判期日後に保釈請求を行う場合、保釈請求の宛先は受訴裁判所である。

このような違いがあるのは、保釈の可否の判断において、裁判官は一件記録を読まざるをえないところ、公判審理前に証拠に触れることは、起訴状一本主義（256条6項）の意図する予断排除の要請に反するからである（96頁の保釈請求書のサンプル参照）。

> **Point**
>
> 第1回公判期日前 [5] → 裁判官　　　第1回公判期日後 [5] → 受訴裁判所

(2)　裁判官（または裁判所）による判断

裁判官（または裁判所）は、保釈の請求があると、検察官の意見を聞くことになる（92条1項、「求意見」という）。これに対して、検察官は、「しかるべく」、「保釈不相当」、「保釈不相当であり、却下されるべきである」等の意見をだす（99頁の保釈許可決定のサンプル参照）。

これを受け、裁判官が保釈の許可決定または却下決定をだす。なお、裁判官が保釈の判断をするにあたり、弁護人に対して電話等で保釈請求書の記載内容や事件の事実関係、保釈金の準備額などについて事情確認をすることがある。これは事実の取調べとよばれるもので、法的根拠としては43条3項に基づいている。

保釈保証金の額は、犯罪の性質および情状、被告人の資産などを考慮して、被告人の出頭を保証するに足りる金額が定められる（93条2項）。150万円から300万円程度であることがほとんどであるが、被告人が資産家である場合、数億円という保釈保証金が定められた例も過去にはあり、個別事案ごとに判断がなされる。また、2023（令和5）年刑事訴訟法改正により、裁判所は必要と認める場合には、保釈に際して、監督保証金を定めて監督者を選任することができることになった（98条の4、98条の5）。

---

5)　このように、第1回公判期日の前か後かで保釈請求の宛先が異なる。第1回公判期日が終わったといえるのは、厳密にはいつの時点かというと、冒頭手続が終わった時点であると理解されている。なぜなら、280条1項は予断排除の要請から認められたものであるところ、冒頭手続がなされて事件の争点が明らかになれば、予断排除を問題とする必要はないからである。

5　保釈条件について

　93条3項により、裁判官（または裁判所）は、保釈を許可するに際して、保釈の条件を付することができる。

　逃亡を回避するため、制限住居が定められるのが一般であるが、制限住居のほかにも、被害者、共犯者その他の関係者との接触禁止の条項が付けられたりすることがある。もっとも、再犯防止という条件は認められない（勾留目的と無関係なため）。さらに、カルロス・ゴーンの国外逃亡を契機として、2023（令和5）年刑事訴訟法改正により、国外逃亡を防止するため、被告人に対して位置測定端末（GPS端末）を身体に装着することを命ずることや（98条の12第1項）、就労状況などの生活上または身分上の事項についての報告を命ずること（95条の4第1項）ができることになった。

　なお、身元引受人の存在は保釈の要件ではないが、実務的には身元引受人が署名・押印した身元引受書を提出するのが通常である。

Ⅱ ─── 保釈における弁護活動

1　保釈請求

　弁護人としては、保釈保証金の工面ができないような場合は別として、保釈請求は起訴後ただちに行うべきである[6]。また、弁護人としては、権利保釈が相当と考える場合であっても、権利保釈としては認めず、裁量保釈を認めることが多いという実務の傾向にかんがみれば、保釈請求書のなかで、権利保釈一本に絞らず、権利保釈と裁量保釈の両方を記載すべきといえる。

　保釈請求書の記載事項の項目立てとしては、①「第1 権利保釈の除外事由がないこと」、②「第2 保釈の相当性（保釈をしても問題が生じないこと）」、③「第3 保釈の必要性（保釈しないと問題が生じること）」④「第4 結語」、⑤「第5 添付書類（e.g.身元引受書）」といった項目立てが考えられる（96頁の保釈請求書のサンプル参照）。

　第1が権利保釈（89条）であり、第2と第3が裁量保釈（90条）である。これらの①、②および③が重要になってくる。

　①内の「罪証を隠滅すると疑うに足りる相当な理由」（89条4号）がないという主張においては、罪証隠滅行為の(a)対象や(b)態様を具体的に検討し、客観的観点から実効性のないこと（(c)客観的可能性がないこと）、主観面からも罪証隠滅のおそれ

---

[6]　なお、起訴直後の保釈請求で保釈不許可となった場合、次のタイミングとしては、第1回公判期日直後に行うことが考えられる。第1回公判期日の証拠調べ手続において、検察官請求証拠に対して同意（326条1項）をすることにより、罪証隠滅の可能性が少なくなるため、裁判所としても、許可決定をだしやすい状態になるからである。また、このタイミングがだめでも、その次のタイミングとしては、主要な証人の証人尋問後が考えられる。罪証隠滅の可能性が更に少なくなるからである。

のないこと（(d)主観的可能性がないこと）を指摘することになる。

　なお、被告人が否認している場合、保釈が認められにくい傾向がないわけではないとも思われるが、**否認＝罪証隠滅の主観的可能性あり**と直結するわけではないから、弁護人としては、被告人による否認と罪証隠滅が無関係であることを具体的に指摘して保釈請求にのぞむべきである。

2　不服申立てについて

　保釈請求が却下された場合の不服申立てとしては、第1回公判期日前であれば、準抗告であり、第1回公判期日後であれば抗告となる。第1回公判期日前の場合、予断排除の観点から、保釈の判断は**裁判官**であり（280条1項）、裁判官の決定に対する不服申立ては、準抗告となるのに対し（429条1項2号）、第1回公判期日後の場合、保釈の判断は**受訴裁判所**であり、裁判所の決定に対する不服申立ては、抗告となる（419条）[7]。

Point	＊京都地裁管内における事件の場合。括弧内は具体的な宛先をさす。

【時　期】	【保釈請求先】	【不服申立先】
第1回公判期日前	裁判官（京都地裁）	準抗告（京都地裁）
第1回公判期日後	受訴裁判所（京都地裁）	抗告（大阪高裁）

column

保釈保証金がないけれど…

　保釈保証金は、逃亡のおそれを防止し、公判への出頭を確保するためのものである。金額として多いのは、150万円から200万円である。もっとも、被疑者、被告人は資力に乏しいことも多く、私選弁護よりも国選弁護が圧倒的に多い。そして、そのような場合には、150万円、200万円といった保釈金を準備できないこともよくある。

---

7)　最決平成26年11月18日〔刑訴百選A54事件〕は、原々決定が裁量保釈を許可したものの、原決定が保釈を認めた原々決定を取り消す旨の決定をしたことに対して、「抗告審は、原決定の当否を事後的に審査するものであり、被告人を保釈するかどうかの判断が現に審理を担当している裁判所の裁量に委ねられていること（刑訴90条）に鑑みれば、抗告審としては、受訴裁判所の判断が、委ねられた裁量の範囲を逸脱していないかどうか、すなわち、不合理でないかどうかを審査すべきであり、受訴裁判所の判断を覆す場合には、その判断が不合理であることを具体的に示す必要があるというべきである」と判示したうえで、原決定が原々審の判断が不合理であることを具体的に示していないとして原決定を取り消した。

　　原決定の判断を覆す場合には、受訴裁判所の判断の不合理性を具体的に示すべきとしたものであるが、受訴裁判所がまさに公判審理を担当しており、事件に精通しているといえる点にかんがみれば、受訴裁判所による保釈の相当性、必要性に関する判断（罪証隠滅のおそれ等の程度等と被告人の被る不利益等を総合考慮・比較衡量したうえでの判断）は尊重すべきといえ、妥当な判断であろう。

このような場合において、保釈保証金を工面するために利用できる手段としては、①日本保釈支援協会、②日本弁護士連合会の保釈保証事業がある。

　まず、①は、日本保釈支援協会という機関（民間の団体）に対して審査を求めると、同協会から保釈保証金を融通してもらえる場合がある。審査にとおれば、約15万円から20万円の手許金を準備することで、保釈保証金の全額の融通を受けることができる。

　また、②日本弁護士連合会による保釈保証事業を利用すると、保釈保証金に代わる保証書を発行してくれる。裁判所が現金納付ではなく、保証書の納付での代用を認めてくれる場合には（94条3項）、この保証書の納付をもって保釈が認められる。

令和6年（わ）第〇〇号　覚醒剤取締法違反被告事件
被　告　人　△△△△

保　釈　請　求　書

令和6年〇月〇日

〇〇地方裁判所　刑事部　御　中

弁護人　山　本　悠　揮　㊞

上記被告人に対する頭書被告事件について、下記のとおり保釈の許可を求める。

第1　権利保釈除外事由の不存在

本件において、刑事訴訟法第89条第1号、第2号、第3号及び第6号に該当しないことは明らかである。

また、以下で述べるとおり、同条第4号及び第5号にも該当しない。

1　罪証隠滅及び証人等威迫のおそれ（同条第4号、第5号）もないこと

本件覚醒剤所持罪については、逮捕直前の所持品検査によって、既に捜査機関が覚醒剤を押収済みである。また、覚醒剤自己使用罪についても、捜査機関は、被告人の尿を採取済みであり、鑑定結果も出ている。

したがって、公判の維持に必要な客観証拠は全てそろっており、罪証隠滅の客観的可能性がそもそもない。

また、被告人は、捜査段階から起訴事実について全て認めており、その旨の自白調書も複数作成されていることからすれば、罪証隠滅の主観的可能性もなく、直接の被害者等もいないから、威迫の対象となるような証人も存在しない。

以上からすると、被告人には、罪証を隠滅すると疑うに足りる相当な理由（同条第4号）も証人等威迫のおそれ（同条第5号）もなく、権利保釈の除外事由は何ら存在しない。

2　小　括

よって、被告人には権利保釈が認められるべきである。

第2　裁量保釈事由の存在

被告人には、以下のとおり、裁量保釈（第90条）を認めるべき事由も存在する。

1　保釈が相当であること（勾留の必要性の不存在）

(1)　逃亡のおそれがないこと

被告人は、現在の勤務先に5年以上勤めているところ、被告人の家族は、被告人の逮捕以降収入が得られず、その生活がままならない状態が続いている（【資料1】【資料2】）。

被告人が、その得た収入で妻と子との家族生活を維持していかなければならない立場にあることからして、妻及び子を置き、仕事を放って逃亡することは考えられ

1

ない。そして、被告人が被疑事実を素直に認め、深く反省していること（【資料1】）、被告人が初犯であり、執行猶予判決が相当程度見込まれること、被告人の妻が身元引受人となって、被告人を監督する意思を示していることをも考慮すると（【資料3】）、逃亡のおそれは、相当額の保釈保証金と適正な保釈条件によって充分防止可能である。

(2) 罪証隠滅のおそれがないこと

　尿鑑定書を含め、20日間にわたる勾留中の捜査により、既に公判維持に必要な証拠は収集済みである。そして、証拠は捜査機関の手元にあり、罪証隠滅の客観的可能性はない上、被告人が素直に自白していることからして、罪証隠滅の主観的可能性もない。

(3) 勾留の必要性がないこと

　以上のとおり、被告人には逃亡のおそれも罪証隠滅のおそれもないことからすれば、これ以上被告人に対する身体拘束を継続する必要性は一切存しない。

2　保釈の必要性の存在

(1) 被告人の心身にとって保釈の必要性が高いこと

　被告人は、身体拘束により精神状態が悪くなり、勾留中に警察官に連れられて心療内科を受診しているところ、保釈後は、自身で心療内科に通院する予定である。被告人にとって身体拘束自体がその心身に与える悪影響が非常に大きく、身体拘束を解き、日常生活に戻ることが、被告人の心身にとって極めて重要といえる。

(2) 経済上、社会生活上も保釈の必要性が高いこと

　被告人には定職があり、生活費を稼ぐ必要がある。そして、勤務先は保釈を待ってくれている状況にあるが、保釈がかなわずにこれ以上の身体拘束が継続する場合には、被告人が職を失う危険性は極めて高いといえ、それにより被る経済上・社会生活上の不利益は著しい。

(3) 防御上の不利益が大きいこと

　本件について、被告人と協議をし、必要かつ十分な防御方針を立てていくべき必要性が高い。もっとも、身体拘束がされた状態では、綿密な協議をすることが困難であり、被告人が被る防御上の不利益は大きい。

(4) 保釈の必要性が高いこと

　以上のとおり、身体拘束の継続により被告人が被る健康上、経済上・社会生活上、さらに防御上の不利益は著しく、保釈の必要性は極めて高い。

3　小　括

　以上のとおり、被告人の身体拘束を早期に解放すべき必要性が高い反面、罪証隠滅のおそれも逃亡のおそれもないことから、勾留を継続する必要性がないといえ、被告人には裁量保釈を認めるべき事由が存在する。

第3　制限住居と身元引受人

1　制限住居は、被告人が妻及び子とともに同居する下記の住所とされたい。
　　住所　京都市○区○町○番地

2　身元引受人は、
　　　妻である○○○○である。

2

連絡先
　　妻　〇〇〇〇
　　　　電話番号　〇〇〇〇-〇〇〇〇-〇〇〇〇

以　上

添 付 書 類

資料1　上申書（被告人）
資料2　上申書（妻）
資料3　身元引受書（妻）

3

保釈許可決定書のサンプル

令和6年（わ）第〇〇号

保 釈 許 可 決 定

被告人　　△　　△　　△　　△
昭和〇年〇月〇日生

　被告人に対する覚醒剤取締法違反被告事件について、令和6年〇月〇日弁護人山本悠揮から保釈の請求があったので、当裁判所は、検察官の意見を聴いた上、次のとおり決定する。

主　　文

　　被告人の保釈を許可する。

　　保釈金額は150万円とする。

　　釈放後は、下記の指定条件を誠実に守らなければならない。これに違反したときは、保釈を取り消され、保釈金も没取されることがある。

指　定　条　件

1　被告人は、京都市〇区〇町〇番地に居住しなければならない。住居を変更する必要ができたときは、書面で裁判所に申し出て許可を受けなければならない。
2　召還を受けたときは、必ず定められた日時に出頭しなければならない（出頭できない正当な理由があれば、前もって、その理由を明らかにして、届け出なければならない）。
3　逃げ隠れしたり、証拠隠滅と思われるような行為をしてはならない。
4　海外旅行又は3日以上の旅行をする場合には、前もって、裁判所に申し出て、許可を受けなければならない。
5　〇〇〇〇との面談、電話連絡その他一切の接触は、弁護人を介する場合を除いては禁止する。

　　令和6年〇月△日

　　　　京都地方裁判所

　　　　　裁　判　官　　　〇　　〇　　〇　　〇　　㊞

これは謄本である。同日同庁　裁判所書記官　　□□□□　㊞

Ⅰ ── 公判手続の流れ

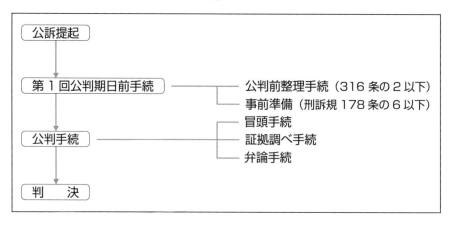

1 公訴提起

　検察官による終局処分として、起訴が相当であると判断した場合、裁判所に公訴提起（起訴）がされる。

　公訴の提起には、公判請求手続という正式手続と略式命令請求手続（刑訴461条以下）、即決裁判手続（350条の16以下）等の簡易手続とがある。

　公判請求する場合にも、犯罪事実の全部を起訴するか、その一部を起訴するかについては、検察官に裁量権がある。

　公訴提起がされると、裁判所は遅滞なく起訴状の謄本を被告人に送達する（271条1項）。なお、2023（令和5）年改正により、起訴状に記載された被害者の個人情報が被告人に知られることによって、名誉や社会生活の平穏が著しく害されるおそれがある場合（性犯罪など）には、被告人に対しては、被害者等の個人特定事項を秘匿した起訴状抄本等を送達することが認められるようになった（271条の2）。同様の個人特定事項についての秘匿措置は、逮捕状や勾留状においても認められている（201条の2、207条の2）。

2 公判手続の流れ A

　公判手続は、①第1回公判期日前の段階における手続、②公判手続に分けることができる。公開法廷での実質的審理は、②公判手続においてなされるが、このような公判手続をスムーズに進行させることができるようにするために、①第1

回公判期日前の段階における手続が設けられている。

Ⅱ ── 第1回公判期日前の手続

1 事前準備（刑訴規178条の6以下）

　検察官および弁護人は、第1回公判期日に先立ち、公判期日における審理を迅速かつ充実させたものにするため、公判のための準備をすることになる。

　まず、検察官は、捜査記録のうち、公判に提出する証拠を厳選する作業をする（これを「証拠分け」という）。捜査記録は、事件内容にもよるが、時として膨大な量となる。これを裁判にすべて提出するのではなく、検察官は公訴事実を立証するために必要かつ十分な証拠を厳選することになる（いわゆる「ベスト・エビデンス」、刑訴規189条の2）。そして、厳選した証拠を甲号証と乙号証とに分け、証拠等関係カード（証拠の標目と立証趣旨を記載したもの。122頁の証拠等関係カードのサンプル参照）を作成する。

　そのうえで、証拠分けを終えると、①検察官は、証拠調べ請求を予定している証拠について、公訴提起後なるべくすみやかに、証拠等関係カードを提示して弁護人に閲覧の機会を与え（刑訴規178条の6第1項1号）、②証拠を閲覧した弁護人は、検察官に対して、証拠書類については同意（刑訴326条1項）をするかどうか、証拠物については取調べに異議がないかどうかの見込みを検察官に伝える（刑訴規178条の6第2項2号、123頁の証拠意見の回答依頼および同意見書のサンプル参照）。

　そして、弁護人側に請求予定の証拠がある場合には、これと裏返しのことが行われる。すなわち、①弁護人は、証拠調べ請求を予定している証拠について、検察官に提示して閲覧の機会を与え（178条の6第2項3号）、②証拠を閲覧した検察官は、弁護人に対して、証拠書類については同意（刑訴326条1項）をするかどうか、証拠物については取調べに異議がないかどうかの見込みを弁護人に伝える（刑訴規178条の6第1項2号）。

　これらの事前準備がされることにより、両当事者は、不同意の証拠について、証人尋問請求をするなど次の対応に向けた準備を進めることができ、公判審理の進行の見込みをもつこともできる。

　また、実務的には、裁判所書記官に対しても、検察官の請求証拠に対する意見の見込みを事前に連絡するという運用が行われており（124頁の事前準備連絡票（弁護人用）のサンプル参照）、裁判所も公判審理のおよその進行見込みをもって、第1回公判審理にのぞむことになる。

　特に、自白事件については、1回結審の事件が多く、第1回公判期日に実質審理はすべて終えてしまい（論告、弁論まで）、第2回公判は判決言渡しのみという進行になることが多い。そして、この第1回の公判審理は、約40分といった時間の枠

内ですべて終わらせることになる。そのためにも、当事者による周到な事前準備は欠かせないものとなる。

> 乙号証 ── 被告人の供述調書と被告人の身上関係調書（前科調書など）
> 甲号証 ── 乙号証以外の証拠
> 　e.g. 被害者の供述調書、被害届、目撃者の供述調書、実況見分調書、捜査
> 　　　報告書、鑑定書など

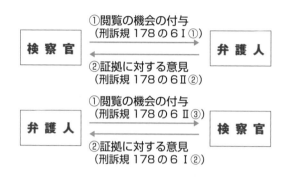

2　公判前整理手続（刑訴 316 条の 2 以下）　

(1)　意義と概要

　公判前整理手続は、刑事裁判の充実、迅速化を図り、事件の争点に集中した審理を実現するため、受訴裁判所が主宰して行う公判準備である。その目的は、公判審理を継続的、計画的かつ迅速に行うため、争点および証拠を整理する点にある（316 条の 2）。

　裁判所は、充実した公判の審理を継続的、計画的かつ迅速に行うため必要があると認めるときは、検察官、被告人もしくは弁護人の請求によりまたは職権で、決定により、事件を公判前整理手続に付すことができる（316 条の 2 第 1 項）。なお、第 1 回公判期日後に争点整理が必要になった場合には、期日間整理手続に付すことができる（316 条の 28 第 1 項）。

　通常事件では公判前整理手続に付すかどうかは受訴裁判所の裁量による。否認事件の場合や自白事件であっても、争点が複雑で取り調べる証拠が多い事件などでは利用される場合もある。

　もっとも、裁判員裁判対象事件においては、公判前整理手続に付すことが必要的である（裁判員 49 条）。裁判員裁判対象事件とは、殺人罪、強盗致死傷罪、現住建造物等放火罪など①法定刑に死刑または無期拘禁刑にあたる罪にかかる事件と、②法定合議事件であって故意の犯罪行為により被害者を死亡させた罪にかかる事件をいう（裁判員の参加する刑事裁判に関する法律 2 条 1 項）。

(2) 行うことができる事項

公判前整理手続で行うことができる事項は、刑事訴訟法316条の5各号に定められている。具体的には、①訴因・罰条に関する事項（1号、2号）、②個人特定事項に関する決定（3号）、③争点整理に関する事項（4号）、④証拠整理に関する事項（5号から10号まで）、⑤証拠開示の裁定（11号）、⑥被害者等の手続参加に関する事項（12号）、⑦審理計画の策定に関する事項（13号）である。

公判前整理手続の目的は争点及び証拠の整理であり、裁判所は証拠の採否決定ができるものの、あくまで公判の準備であるから証拠の取調べはできない。被告人が公判前整理手続に出頭することも可能であるが、出頭義務はない（316条の9第1項）。

(3) 公判前整理手続における手続の流れ（大枠）　A

公判前整理手続については、条文も多く複雑なものにみえるが、手続の大枠をおさえることが重要である。主宰者は裁判所である。

まず、挙証責任を負うのは検察官であるから、スタートは検察官が担い、検察官が主張・立証の全体像を裁判所、弁護人に提示することになる。

具体的には、検察官は、**証明予定事実記載書面**を提出するとともに、当該証明予定事実を証明するために用いる証拠の取調べ請求を行い、証拠を弁護人に開示することになる（316条の13第1項、2項、316条の14第1項）。また、被告人または弁護人から請求があった場合には、検察官は保管する証拠の一覧表を交付しなければならない（316条の14第2項）。そして、裁判所は、証明予定事実記載書面の提出期限と証拠調べ請求の期限を定める（316条の13第4項）。ここまでは、公判前整理手続が行われない通常事件の場合における**冒頭陳述**と**証拠調べ請求**とほぼ同じであり、通常事件における公判審理の一部をいわば前倒しで行うものである。

そして、弁護人はこれを受け、検察官請求証拠について同意・不同意等の意見をする前提として、検察官証拠の証明力を判断するために、一定の重要な類型の証拠につき、類型証拠開示請求を行う（316条の15）。その際には、証拠の一覧表を確認して漏れがないかを検討する。そのうえで、検察官から類型証拠の開示を受けた後、検察官請求証拠について、同意・不同意等の意見を明らかにする（316条の16第1項）。

次に、弁護人にバトンが移る。弁護人は、検察官の**証明予定事実記載書面**に対応するものとして、**予定主張記載書面**を提出するとともに、弁護人が反証のために用いる証拠の取調べ請求を行い、証拠を検察官に開示することになる（316条の17第1項、2項、316条の18）。検察官の**証明予定事実記載書面**が検察官の描くストーリーだとすれば、弁護人の**予定主張記載書面**は弁護人の描くストーリーである。

検察官はこれを受け、弁護人請求証拠について、同意・不同意等の意見を明らかにする（316条の19第1項）。

```
┌─────────────────────────────────────────────────────────────────────────┐
│  ┌──────────────────┐                                                     │
│  │  公 訴 提 起      │                                                     │
│  └──────────────────┘                                                     │
│     │                                                                     │
│  ┌──────────────────┐                                                     │
│  │  公判前整理手続   │（受訴裁判所が主宰）裁判員法 49 条により、裁判員裁判では必要的│
│  └──────────────────┘                                                     │
```

【検察官】
- 公判で証明予定の具体的事実を提示（刑訴 316 条の13 第 1 項）──→ 証明予定事実記載書面
- その証明に用いる証拠の取調べを請求し、かつ、当該証拠等を開示するとともに、被告人側の請求があった場合に、保管証拠の一覧表を交付（316 条の 13 第 2 項、316 条の 14 第 1 項、第 2 項）[1]
- 検察官が取調べ請求した証拠の証明力を判断するために重要な一定類型の証拠を開示（いわゆる『類型証拠開示』、316 条の 15）

【被告人・弁護人】
- 検察官請求証拠についての証拠意見（同意、不同意）を提示（316 条の 16）
- 検察官の主張に対する反論を提示（316 条の 17 第 1 項）──→ 予定主張記載書面
- 反証に用いる証拠の取調べを請求し、かつ、当該証拠等を開示（316 条の 17 第 2 項、316 条の 18）

【検察官】
- 被告人側請求証拠についての証拠意見（同意、不同意）を提示（316 条の 19）
- 被告人側の主張に関連する証拠を提示（いわゆる『主張関連証拠開示』、316 条の 20 第 1 項）

＊必要に応じ、両当事者の主張の交換を繰り返す（316 条の 21、22）

【裁判所】
- 争点の確認（316 条の 24）
- 公判で取り調べる証拠およびその順序を決定（316 条の 5 第 7 号、8 号）
- 証拠開示の要否に争いがある場合に裁定（316 条の 25〜27）

```
  ┌──────────────────────────┐
  │  公判期日における審理    │
  └──────────────────────────┘
```
- 公判前整理手続終了後の新たな証拠調べ請求を制限（316 条の 32）[2]
- 連日的開廷を原則とする（281 条の 6）

```
  ┌──────────────────┐
  │  判       決     │
  └──────────────────┘
```

---

1) 2016（平成 28）年刑事訴訟法改正により、検察官が証拠を開示した後に、被告人または弁護人から請求があった場合、検察官は保管する証拠の一覧表を交付しなければならないとされた（316 条の 14 第 2 項）。また、一覧表を被告人側に交付した後の時点で証拠を新たに保管することになった場合にも、新たに保管することになった証拠の一覧表を交付しなければならない（316 条の 14 第 5 項）。
2) 制限されるのは「証拠調べ請求」であって、「主張」については制限されない。もっとも、被告人が公判で新たな主張を行った場合、公判前整理手続ではそのような主張をしていなかったことにつき、検察官が公判手続内で言及することは許されるし、裁判所が証拠評価の際にその事実を考慮することも否定されないから、新たな主張（後出し主張）に対する事実上の担保措置は存在するといいうる。

また、弁護人は、その予定主張に関連する証拠の開示（主張関連証拠開示請求）を検察官に求めることができ（316条の20）、実務上では予定主張の提出と同時に主張関連証拠開示請求がなされることが多い。

　このように、弁護人による証拠開示請求は2つの場面で認められている。

　なお、弁護人は、公判前整理手続の途中の段階において、予定主張を変更することもできるが、この場合には、すみやかに裁判所および検察官に対し、変更後の主張を明らかにする必要がある（316条の22）。そして、この場合、弁護人としては検察官に対し、変更後の主張に関連する証拠の開示を求めていくことになる（316条の22第5項・316条の20）。

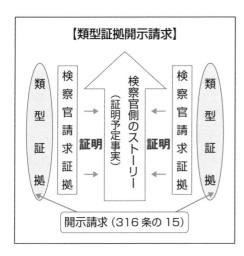
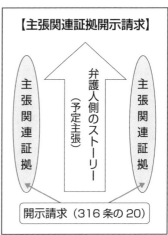

(4)　類型証拠開示（316条の15）

　検察官請求証拠の証明力を適切に判断できるようにするため、被告人側は、一定類型の証拠の開示請求（類型証拠開示請求）をすることができる。

刑事訴訟法第316条の15［検察官請求証拠以外の証拠の開示］

1　検察官は、前条第1項の規定による開示をした証拠以外の証拠であつて、次の各号に掲げる証拠の類型のいずれかに該当し、かつ、特定の検察官請求証拠の証明力を判断するために重要であると認められるものについて、被告人又は弁護人から開示の請求があつた場合において、その重要性の程度その他の被告人の防御の準備のために当該開示をすることの必要性の程度並びに当該開示によつて生じるおそれのある弊害の内容及び程度を考慮し、相当と認めるときは、速やかに、同項第1号に定める方法による開示をしなければならない。この場合において、検察官は、必要と認めるときは、開示の時期若しくは方法を指定し、又は条件を付することができる。

一　証拠物

二　第321条第2項に規定する裁判所又は裁判官の検証の結果を記載した書面

三　第 321 条第 3 項に規定する書面又はこれに準ずる書面

四　第 321 条第 4 項に規定する書面又はこれに準ずる書面

五　次に掲げる者の供述録取書等

　イ　検察官が証人として尋問を請求した者

　ロ　検察官が取調べを請求した供述録取書等の供述者であつて、当該供述録取書等が第 326 条の同意がされない場合には、検察官が証人として尋問を請求することを予定しているもの

六　前号に掲げるもののほか、被告人以外の者の供述録取書等であつて、検察官が特定の検察官請求証拠により直接証明しようとする事実の有無に関する供述を内容とするもの

七　被告人の供述録取書等

八　取調べ状況の記録に関する準則に基づき、検察官、検察事務官又は司法警察職員が職務上作成することを義務付けられている書面であつて、身体の拘束を受けている者の取調べに関し、その年月日、時間、場所その他の取調べの状況を記録したもの（被告人又はその共犯として身体を拘束され若しくは公訴を提起された者であって第 5 号イ若しくはロに掲げるものに係るものに限る。）

九　検察官請求証拠である証拠物の押収手続記録書面（押収手続の記録に関する準則に基づき、検察官、検察事務官又は司法警察職員が職務上作成することを義務付けられている書面であって、証拠物の押収に関し、その押収者、押収の年月日、押収場所その他の押収の状況を記録したものをいう。次項及び第 3 項第 2 号イにおいて同じ。）

2　（略）

3　被告人又は弁護人は、前 2 項の開示の請求をするときは、次の各号に掲げる開示の請求の区分に応じ、当該各号に定める事項を明らかにしなければならない。

一　第 1 項の開示の請求　次に掲げる事項

　イ　第 1 項各号に掲げる証拠の類型及び開示の請求に係る証拠を識別するに足りる事項

　ロ　事案の内容、特定の検察官請求証拠に対応する証明予定事実、開示の請求に係る証拠と当該検察官請求証拠との関係その他の事情に照らし、当該開示の請求に係る証拠が当該検察官請求証拠の証明力を判断するために重要であることその他の被告人の防御の準備のために当該開示が必要である理由

二　（略）

ア）要　件

　①　類型該当性

　　1 号から 9 号までに掲げる証拠の類型のいずれかに該当すること

　②　重要性

　　特定の検察官請求証拠の証明力を判断するために重要であると認められること

　③　相当性

　　その重要性の程度その他の被告人の防御の準備のために当該証拠を開示することの必要性の程度ならびに当該開示によって生じるおそれのある弊害の内容および程度を考慮し、相当と認められること

④ 請求

被告人または弁護人から開示の請求があること

イ）①類型該当性について

1号から9号までに掲げる類型は、下記のとおりである。

① 証拠物（1号）

306条の「証拠物」と同じ。その存在または状態が事実認定の基礎となる物

e.g. 凶器など

② 裁判所等の検証調書等（2号）

③ 捜査機関の検証調書等（3号）

e.g. 検証調書、実況見分調書など

④ 鑑定書等（4号）

e.g. 鑑定書、診断書、ポリグラフ検査結果回答書など

⑤ 証人予定者の供述録取書等（5号）

(a)検察官が証人として尋問を請求した者（5号イ）

(b)検察官が取調べを請求した供述録取書等の供述者であって、当該供述録取書等につき326条の同意がなされない場合には、検察官が証人として尋問を請求することを予定しているもの（5号ロ）

この(a)(b)の2類型がある。証人予定者の従前の供述を検討し、変遷・矛盾の有無やその内容を確認することは、当該証人の供述の証明力を判断するうえで一般的に必要性が高いといえる。なお、供述録取書等には録画したDVDなどの記録媒体も含まれる。

⑥ 検察官において証人尋問を請求する予定のない参考人の供述録取書等であって、検察官が特定の検察官請求証拠により直接証明しようとする事実の有無に関する供述を内容とするもの（6号）

e.g. 目撃者Aの検面調書が証拠調べ請求されている場合における(a)Aの警察官調書（5号ロにも該当しうる）、(b)Aとともに犯行現場に居合わせた目撃者Bの供述調書（Bの供述調書は検察官請求証拠ではない場合）

⑦ 被告人を供述者とする供述録取書等（7号）

e.g. 主として取調べにおいて作成された供述録取書。被告人の従前の供述を検討し、変遷・矛盾の有無やその内容を確認することは、被告人の供述の証明力を判断するうえで一般的に必要性が高く、かつ開示による弊害もほとんど考えられないといえる。供述録取書のほかにも、弁解録取書、勾留質問調書、取調べを録画したDVD、被告人が作成した上申書なども含む。

⑧ 取調べ状況記録書面（8号）

被告人および共犯者（身体拘束または公訴提起された共犯者であって、検察官が証人尋問請求をした者または証人尋問を予定している者）に対する取調べ

に関するものにかぎられる。参考人やその他の共犯者に対する取調べに関する取調べ状況記録書面は、主張関連証拠（316条の20）による。

e.g. 取調べ状況報告書

⑨ **押収手続記録書面（9号）**

検察官請求証拠の証拠物に関するものにかぎられる。検察官請求証拠ではない証拠物に関する押収手続記録書面については、316条の15第2項に基づき、相当性の有無を判断したうえで開示される。

e.g. 差押調書、領置調書

実務的には、5号、7号、8号は必ず請求すべきといわれており、重要である。

5号に関していえば、たとえば、検察官が被害者Ｖの証人尋問請求をした場合、類型証拠としてＶの警察官面前調書や検察官面前調書を開示請求する（⑤(a)の類型）。検察官請求証拠が検察官面前調書であった場合、類型証拠としてＶの警察官面前調書を開示請求する（⑤(b)の類型）。

次に、7号に関していえば、被告人の供述調書として警察官調書が5通、検察官調書が2通作成されていた場合、検察官が請求証拠として7通中の3通を請求するといったことがありうる。この場合、残り4通のなかに被告人にとって有利な供述が含まれている可能性もあるため、検察官が証拠調べ請求していない供述調書の開示請求をする。また、自白の任意性が疑われるような場合において取調べが録画されている場合には、録画DVDを開示請求する。

さらに、8号についていえば、いわゆる取調べ状況報告書（127頁の取調べ状況報告書のサンプル参照。捜査規範182条の2）を開示請求する。これにより、取調べの客観的状況（取調時間、休憩時間、供述調書の作成の有無、通数、取調べの日時、場所など）を知ることができる。

犯罪捜査規範第182条の2（取調べ状況報告書等）

1　被疑者又は被告人を取調べ室又はこれに準ずる場所において取り調べたとき（当該取調べに係る事件が、第198条の規定により送致しない事件と認められる場合を除く。）は、当該取調べを行つた日（当該日の翌日の午前零時以降まで継続して取調べを行つたときは、当該翌日の午前零時から当該取調べが終了するまでの時間を含む。次項において同じ。）ごとに、速やかに取調べ状況報告書（別記様式第16号）を作成しなければならない。

2　前項の場合において、逮捕又は勾留（少年法（昭和23年法律第168号）第43条第1項の規定による請求に基づく同法第17条第1項の措置を含む。）により身柄を拘束されている被疑者又は被告人について、当該逮捕又は勾留の理由となつている犯罪事実以外の犯罪に係る被疑者供述調書を作成したときは、取調べ状況報告書に加え、当該取調べを行つた日ごとに、速やかに余罪関係報告書（別記様式第17号）を作成しなければならない。

3　取調べ状況報告書及び余罪関係報告書を作成した場合において、被疑者又は被告人がその記載内容を確認したときは、それを証するため当該取調べ状況報告書及び余罪関係報告書の確認欄に署名押印を求めるものとする。

4 （略）

ウ）②重要性について

　特定の検察官請求証拠の証明力を判断するために重要であると認められることを要する。重要性は、「事案の内容、特定の検察官請求証拠に対応する証明予定事実、開示の請求に係る証拠と当該検察官請求証拠との関係その他の事情に照らし」（刑訴316条の15第3項1号ロ）、個別具体的に判断される。

　特定の検察官請求証拠やその証拠によって検察官が証明しようとする事実と齟齬・矛盾し、あるいは両立しない可能性がある場合には重要性は肯定される。現実の齟齬・矛盾等はなくとも、被告人の立場から、検察官請求証拠の証明力の弾劾に使用できる可能性があれば足りる。

エ）③相当性について

　類型証拠の「重要性の程度その他の被告人の防御の準備のために当該開示をすることの必要性の程度並びに当該開示によって生じるおそれのある弊害の内容及び程度を考慮し、相当」（316条の15第1項）と認められることを要する。相当性の判断要素は、(a)開示の必要性の程度と(b)弊害の内容・程度であり、両者を総合して比較衡量的に判断がされる。

　まず、先に見た②重要性の程度が高ければ高いほど、(a)開示の必要性は高くなる関係にある。次に、(b)弊害の内容とは、開示によりどのような弊害が生じるおそれがあるかであり、具体的には、事件関係者に対する罪証隠滅や証人威迫、関係者への報復・嫌がらせ、関係者の名誉・プライバシーの侵害、一般人の捜査協力確保の困難性といった弊害を検討する。これらをふまえ、その弊害の内容の著しさの程度や弊害が生じる蓋然性の程度を考慮する。

　なお、弊害があっても、条件を付すことで弊害が除去されるのであれば、開示の必要性が肯定されるかぎり、開示すべきである。

オ）開示請求の時期など

　開示請求の時期としては、検察官からの証明予定事実記載書面の提出証拠調べ請求および検察官請求証拠の開示がなされた後、すみやかに行うべきとされる。

　開示請求については回数の制限や時期の制限がないため、2回行ってもかまわないし、予定主張を明示した後に開示請求を行ってもよい。

カ）類型証拠開示に関する裁定

　類型証拠の開示の要否に関し、検察官と弁護人側で争いが生じる場合がある。この場合、手続の主宰者である裁判所が裁定することになる。具体的には、検察官が開示すべき類型証拠を開示していない場合には、裁判所は、弁護人の請求に基づき、決定により、証拠開示を命じることになる（316条の26第1項）。裁判所は、裁定をするに際して、開示すべき証拠であるかどうかを判断するために、証拠の

提示命令（刑訴規192条）をすることができる。

そして、裁定のための裁判所の決定に対して不服がある当事者は、即時抗告をすることができる（刑訴316条の26第3項）。

(5) 主張関連証拠開示（316条の20）

弁護人側の予定主張を基礎づける証拠として、弁護人は予定主張の明示（316条の17）をした後に、主張関連証拠の開示請求（**主張関連証拠開示請求**）をすることができる。

刑事訴訟法第316条の20［争点に関連する証拠の開示］

1　検察官は、第316条の14及び第316条の15第1項及び第2項の規定による開示をした証拠以外の証拠であつて、第316条の17第1項の主張に関連すると認められるものについて、被告人又は弁護人から開示の請求があつた場合において、その関連性の程度その他の被告人の防御の準備のために当該開示をすることの必要性の程度並びに当該開示によつて生じるおそれのある弊害の内容及び程度を考慮し、相当と認めるときは、速やかに、第316条の14第1項第1号に定める方法による開示をしなければならない。この場合において、検察官は、必要と認めるときは、開示の時期若しくは方法を指定し、又は条件を付することができる。

2　被告人又は弁護人は、前項の開示の請求をするときは、次に掲げる事項を明らかにしなければならない。

一　開示の請求に係る証拠を識別するに足りる事項

二　第316条の17第1項の主張と開示の請求に係る証拠との関連性その他の被告人の防御の準備のために当該開示が必要である理由

ア）**要　件**

　① 予定主張との関連性
　　316条の17第1項の主張に関連すると認められること
　② 相当性
　　その関連性の程度その他の被告人の防御の準備のために当該証拠を開示することの必要性の程度ならびに当該開示によって生じるおそれのある弊害の内容および程度を考慮し、相当と認められること
　③ 請求
　　被告人または弁護人から開示の請求があること

イ）**①予定主張との関連性について**

類型証拠開示請求（316条の15）におけるような証拠の類型による限定はなく、予定主張との関連性が認められる証拠かどうかにより判断される。

弁護人側が主張関連証拠の開示を請求することができるのは、予定主張を明らかにした後であり、予定主張を明示しない段階において、証拠漁り的に証拠開示を求めることはできない。このように、主張関連証拠開示は、弁護人側の予定主張が明示されていることを前提としているから、弁護人側に主張明示義務違反が

ある場合には、検察官は証拠開示の義務を負わない。

実務的に主張関連証拠として問題となるものとして、捜査官が捜査の過程で作成したメモ（捜査官による取調べの際の手控えメモ、備忘録など。捜査規範13条参照）がある。

このメモは、捜査関係の公文書といえるもので、主張関連証拠開示請求の対象となる（最決平成19年12月25日、最決平成20年6月25日、最決平成20年9月30日〔刑訴百選54事件〕）。

犯罪捜査規範13条（備忘録）

警察官は、捜査を行うに当り、当該事件の公判の審理に証人として出頭する場合を考慮し、および将来の捜査に資するため、その経過その他参考となるべき事項を明細に記録しておかなければならない。

ウ）**②相当性について**

予定主張との「関連性の程度その他の被告人の防御の準備のために当該開示をすることの必要性の程度並びに当該開示によつて生じるおそれのある弊害の内容及び程度を考慮し、相当」（刑訴316条の20第1項）と認められることを要する。相当性の判断要素は、類型証拠開示の場合と同様に、(a)開示の必要性の程度と(b)弊害の内容・程度であり、両者を総合して比較衡量的に判断がされる。

まず、①予定主張との関連性の程度が高ければ高いほど、また、予定主張の内容が訴訟の帰すうにとって重要性が高いほど、(a)開示の必要性は高くなる関係にある。さらに、予定主張に関連する証拠のそれまでの開示状況も考慮される。

次に、(b)弊害の内容・程度の判断は、類型証拠開示における弊害の考え方と同様である。

エ）**主張関連証拠開示に関する裁定**

主張関連証拠の開示の要否に関し、検察官と弁護人側で争いが生じた場合、手続の主宰者である裁判所が裁定することになる。具体的には、検察官が開示すべき主張関連証拠を開示していない場合には、裁判所は、弁護人の請求に基づき、決定により、証拠開示を命じることになる（316条の26第1項）。

そして、裁定のための裁判所の決定に対して不服がある当事者は、即時抗告をすることができる（316条の26第3項）。

(6) 証明予定事実・予定主張の追加・変更

主張関連証拠開示手続が終わった後、検察官・弁護人において、主張の追加や変更の必要性が生じる場合がありうる。このような場合、すみやかに、検察官は証明予定事実の追加・変更を、弁護人は予定主張の追加・変更を書面で行わなければならない（316条の21第1項、316条の22第1項）。また、検察官は追加・変更した証明予定事実を証明するために証拠の取調べを追加することが必要な場合に

は、すみやかに追加すべき証拠の取調べを請求しなければならない。弁護人側も同様である（316条の21第2項、316条の22第2項）。

　また、公判前整理手続の過程において、訴因変更の必要が生じた場合には、検察官は訴因変更請求をすることも可能である（316条の5第2号、312条1項）。

(7) 失権効

ア）証拠調べ請求の制限

　以上のように、公判前整理手続においては、事前に当事者および裁判所が協議して争点を絞っていくという作業を行う。そして、受訴裁判所は、公判前整理手続を終了するにあたり、事件の争点および証拠の整理の結果を確認する（316条の24）。

　そのうえで、公判審理においては、明確になった争点（316条の24）について、集中的かつ継続的に審理を行うことになる。

　それにもかかわらず、公判前整理手続終了後における証拠調べ請求などが自由にできるとすると、公判前整理手続において争点整理をした意味が失われてしまう。そこで、刑事訴訟法は公判前整理手続終了後における証拠調べ請求について制限を加えており、「やむを得ない事由」がないかぎり、新たな証拠調べ請求は認められない（316条の32）としている。

　この「やむを得ない事由」の典型が、弾劾証拠（328条）である。

　なぜなら、弾劾証拠は、弾劾の対象となる供述（証言）を前提とするものであって、公判で証人尋問が行われるまではその要件充足性が明らかにならないことから、公判前整理手続の段階において証拠調べ請求することができない性質の証拠だからである。

イ）訴因変更、新たな主張の制限

　一方で、公判前整理手続終了後に、検察官が訴因変更請求をすることや弁護人側が新たな主張を行うことについては、316条の32のような制限規定はないものの、一定の制限がかかると考えられている。

　まず、訴因変更については、争点整理や審理計画の策定により充実した公判審理を目的とした公判前整理手続の趣旨を没却しかねないことから、原則的には消極に考えるべきである。ただし、すべての場合に禁止されるわけでなく、どの程度詰めた争点・証拠の整理がなされたか、訴因変更による新たな証拠調べの負担の程度、訴因変更請求がなされた時期などを総合的に考慮して判断される（東京高判平成20年11月18日〔刑訴百選55事件〕）。

　次に、弁護人側の新たな主張については、①公判前整理手続における予定主張の明示状況、新たな主張がされるにいたった経緯、新たな主張の内容等を考慮し、主張明示義務に違反したものと認められ、かつ、②公判前整理手続で明示されなかった主張に関して被告人の供述を求める行為（質問）やこれに応じた被告人の供

述を許すことが、公判前整理手続を行った意味を失わせるものと認められる場合（たとえば、公判前整理手続において、裁判所の求釈明にもかかわらず、「アリバイの主張をする予定である。具体的内容は被告人質問において明らかにする。」という限度でしか主張を明示しなかったような場合）には、③新たな主張にかかる事項の重要性等もふまえたうえで、公判期日でその具体的内容に関する質問をしたり、被告人が供述をしたりすることが、「相当でないとき」（295条1項）にあたるとして制限されることがありうる（最決平成27年5月25日〔刑訴百選56事件〕）。

◆ **316条の32にいう「やむを得ない事由」の類型** ◆
① 証拠は存在していたが、その存在を知らなかったことがやむをえなかったといえる場合
② 証人の所在不明等の理由により証拠調べ請求ができなかった場合など、証拠の存在は知っていたが、物理的にその証拠調べ請求が不可能であった場合
③ 証拠の存在は知っており、証拠調べ請求も可能であったが、公判前整理手続等における相手方の主張や証拠関係などから、証拠調べ請求をする必要がないと考え、そのように判断することについて十分な理由があった場合など

Ⅲ ── 冒頭手続

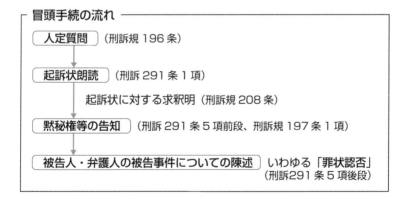

冒頭手続の流れ

人定質問 （刑訴規196条）

起訴状朗読 （刑訴291条1項）

起訴状に対する求釈明（刑訴規208条）

黙秘権等の告知 （刑訴291条5項前段、刑訴規197条1項）

被告人・弁護人の被告事件についての陳述 いわゆる「罪状認否」
（刑訴291条5項後段）

冒頭手続の流れ 自白事件バージョン

裁判官：「それでは開廷します。被告人は証言台の前に立ってください」

裁判官：「名前は何ですか」

被告人：「○○です」

裁判官：「生年月日はいつですか」

被告人：「昭和○年○月○日です」
　　　　　：（以下、人定質問を略）
裁判官：「検察官、起訴状朗読をどうぞ」
検察官：「はい。公訴事実。被告人は、法定の除外事由がないのに……ものである。罪名および罰条、覚醒剤取締法違反……。以上につき、ご審理願います」
裁判官：「それでは、これから検察官が読んだ起訴状に関して間違いがないか尋ねますが、その前にあなたに告げておきます。あなたには、黙秘権という権利があって、質問に対して終始黙っていることもできますし、答えたくないことについてだけ答えないということもできます。もちろん、質問に対して答えることもできます。もしあなたが質問に対して答えた場合、その話した内容があなたに有利なものであるか不利なものであるかにかかわらず、すべてこの裁判の証拠になりますから、発言する際には注意して発言するようにしてください。

　　　　　それでは、以上を前提にお尋ねしますが、今検察官が読んだ起訴状に関してどこか間違っているところはありますか」
被告人：「間違いありません」
裁判官：「弁護人のご意見は？」
弁護人：「被告人と同意見です」

1　訴因の特定

　検察官は公訴提起に際して起訴状を提出して行うが、その際、訴因を特定しなければならない（256条3項）。

　弁護人において、起訴状記載の訴因が特定していないと考える場合には、罪状認否の手前で、起訴状に対する釈明を検察官に求める（刑訴規208条3項、1項）。

(1)　訴因の役割・機能

　公訴事実は、訴因を明示してこれを記載しなければならず、訴因を明示するには、できるかぎり、日時、場所および方法をもって「罪となるべき事実」を特定してこれをしなければならない（刑訴256条3項）。

　このように、訴因の特定が要求されている趣旨は、他の犯罪事実と区別して、裁判所に対して審判対象を明示するとともに（識別機能）、被告人に対して防御の範囲を明示する（告知機能または防御機能）点にある。

　この点、現行刑事訴訟法が当事者主義を採用し、審判対象を検察官の主張である「訴因」とする訴因制度を採用した以上、訴因の第1次的な機能は、裁判所に対して審判対象を明示すること（識別機能）にあるといえる。この識別機能を重視するのが識別説とよばれる立場であり、判例・実務も識別説を前提としているといわれる。

他方で、被告人に対する防御機能を重視するのが、防御権説とよばれる立場である。

> ◆ **訴因の機能** ◆
> ① **構成要件を画する**（構成要件に該当する具体的事実の記載が前提）
> ② **裁判所に対して審判対象を明示 ⇒ 識別機能**
> ③ **被告人に対して防御の範囲を明示 ⇒ 告知機能または防御機能**

(2) 訴因の特定の程度（原則論）

256条3項後段にいう「罪となるべき事実」とは、構成要件に該当する具体的事実をいい、起訴状には、構成要件に該当する具体的事実が記載されていなければならない（最決平成26年3月17日〔刑訴百選45事件〕）。

たとえば、「被告人は、Vを殺した」というような構成要件をそのまま写したような記載では、構成要件に該当する具体的事実がそもそも記載されていないので、訴因の特定に欠けることになる。この構成要件に該当する具体的事実としては、通常、①主体、②客体、③行為、④結果（および因果関係）の記載が要求されることになる。また、識別機能に基づく要請として、他の犯罪事実と区別できていることも必要である。

訴因の記載は、通常、①誰が（主体）、②いつ（日時）、③どこで（場所）、④何を or 誰に対し（客体）、⑤どのような方法で（方法）、⑥何をしたか（行為・結果）を記載する。

> **具体例**
>
> 　被告人は（①）、令和6年10月2日午前0時30分ころ（②）、京都市中京区桜月町●番地先路上において（③）、通行中のX（当時28歳）に対し（④）、持っていた果物ナイフ（刃体の長さ約7センチメートル）を同人の腹部に突きつけながら（⑤）、「金を出せ。」などと語気鋭く申し向けて強迫し、その犯行を抑圧して現金を強取しようとしたが（⑥）、同人が動じなかったため、その目的を遂げなかったものである（⑥）。

(3) 訴因の特定の程度（例外論）

ア）考え方

上記のとおり、訴因には、「日時、場所及び方法」を記載・明示するのが通常であるが、これを記載・明示しないでも許される場合があるかどうかが問題となる。

これに関して、防御権説からは、「日時、場所及び方法」の記載がない場合、訴因の特定に欠けるとされる。

他方で、識別説の立場からは、「日時、場所及び方法」の記載がない場合でも、他の犯罪事実との識別が可能であるかぎりは訴因の特定に欠けることはないとされる。

判例・通説は、①犯罪の性質等から日時、場所および方法を明らかにすることができない特殊事情がある場合であって、②訴因の特定を要求する趣旨（識別機能および告知機能）に反しないかぎり、ある程度幅のある記載も許されると理解している。

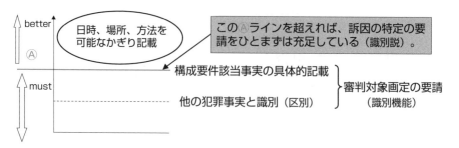

　256条3項は、訴因を特定するために必要最小限の事実の摘示として、上記の図の④のラインで充足しており、このラインを超える部分については、それ以上の絞り込みができるのであれば起訴状に記載すべきという趣旨で規定されている。日時、場所および方法等が具体的に記載されればされるほど、防御にとっては便宜であるから、その趣旨は防御機能（告知機能）をできるかぎり充足させる点にあると考えられる。

　しかし、捜査にも限界があるから、常に日時、場所および方法等を詳細に特定できるわけではない。他方で、防御機能の確保も、審判対象の画定機能（識別機能）のように起訴段階で（起訴状の記載のみによって）確保されなければならないわけではない。すなわち、防御機能の基本的部分は識別機能を通して（審判対象が画定されることを通じて）保障され、更に具体的な防御の利益は事後的に段階的に保障を十全化させていく（公判手続を通して争点を顕在化させる）ことによって確保すれば足りる性質のものである（識別説からの理解）。

　そこで、刑事訴訟法は捜査機関に不可能を強いることのないように、「できる限り」（判明しているかぎり）の特定で足りるとすることで、両者の利益の調和を図っている。日時・場所および方法を明らかにすることができない**特殊事情**がある場合の幅のある記載の問題についてもこのような利益衡量の観点から理解されるべきであろう。

●識別説と防御権説 ━━━━━━━━━━━━━━━━━━━━━━━━━━

　識別説は、本来的な訴因の機能は識別機能にあると考える。そして、防御機能については識別機能と表裏の関係にあるとし、審判対象が画定されれば防御範囲も明示されると考える。これに対し、防御権説は、本来的な訴因の機能は防御機能にあると考え、識別機能と防御機能とを表裏の関係ではなく、同心円的な関係にあると

考えている。

　もっとも、識別説においても、被告人の防御の利益を無視しているわけではなく、防御権説が想定しているような防御上の利益については、公判手続を通して争点を顕在化し、不意打ちを防止することによって実現されれば足りると考えている。

　したがって、両説の対立は、訴因の記載にはこだわらずに、公判手続を通して争点を顕在化させることで被告人の防御の利益を実質的に保障すれば足りるのか（識別説）、それとも、訴因の記載を通して争点を顕在化させることで被告人の防御の利益を実質的に保障すべきものと考えるか（防御権説）という点にある。

　防御権説は、訴因の記載を通して被告人の防御権を保障することには、公判手続を通して争点を顕在化させることには代えがたい固有の意義を有すると理解しており、共感を覚えるが、試験との関係では、判例・実務がよって立つ識別説をベースに理解しておけばよいであろう。

イ）白山丸事件

　白山丸事件（昭和27年4月ころより同33年6月下旬までの間という密出国の日時等の記載が不特定であった事案）において、訴因の特定に欠けることはないとされている（最大判昭和37年11月28日〔判例シリーズ刑訴40事件・刑訴百選A15事件〕）。

　この事案では、①日本の国交が回復せず、外交関係を維持していない国に赴いた場合は、その出国の具体的てん末についてこれを確認することがきわめて困難であるという特殊事情があり、②本邦に帰国した事実に対応する出国の事実としては、1回しかありえないから、他の犯罪事実と区別できているとみることができる。

ウ）覚醒剤自己使用罪

　覚醒剤自己使用罪においても、被疑者・被告人が否認しているような場合[3]、日時、場所および方法を特定しなくても、適法であるとされる（最決昭和56年4月25日〔判例シリーズ刑訴41事件・刑訴百選44事件〕）。

　覚醒剤自己使用の場合には、①犯罪の性質上密行性が高く（目撃者もいない場合が多い）、日時、場所および方法を特定することは困難であり、自白に頼らざるをえないという特殊事情があり、②起訴状記載の期間内の最終使用行為として、他の犯罪事実と区別できているとみることができる（最終行為説）。この最終行為説[4]が、実務の立場とされている。

3）覚醒剤自己使用罪において、常に日時、場所および方法が特定されないわけではない。実務上、被疑者の自白がある場合など日時、場所および方法を確定できる場合には、具体的な日時、場所および方法をもって訴因を特定した起訴状の記載がなされている。

4）尿から検出された覚醒剤を体内摂取したうちの最終使用行為として特定されているとみる立場。

なお、被告人としても、尿から覚醒剤が検出されている以上、特定の日時のアリバイ主張は大きな意味をもたない場合が多いし、使用行為自体を否定すること[5]が可能であるから、重大な防御上の不利益を受けるわけではないということができる。

エ）**共謀共同正犯**

実行行為に加担していない共謀共同正犯に対する訴因において、単に「共謀の上」と記載し、共謀の日時、場所および方法について明示しないのが実務の扱いである。

これに関し、防御権説の立場からは、共謀のみに関与し、実行行為に加担していない共謀共同正犯にあっては、犯罪への関与は共謀行為にしか存せず、防御活動も共謀行為の存否に集中する以上、被告人が防御を全うするためには、共謀の日時、場所および方法が具体的に明らかにされることが不可欠であると主張する。

他方、識別説の立場からは、共謀の日時、場所および方法が明示されなくても、他の共謀者による実行行為となる行為が訴因において明示されていれば、それに対応する共謀という意味で他の犯罪事実と識別可能であるとして、訴因の特定に欠けることはないと理解する。

オ）**傷害致死事件の死因の特定**

「被害者に対し、その頭部等に手段不明の暴行を加え、頭蓋冠、頭蓋底骨折等の傷害を負わせ、よって、そのころ、同所において、頭蓋冠、頭蓋底骨折に基づく外傷性脳障害又は何らかの傷害により死亡させた」という訴因の記載がされた事案がある。

この事案について最高裁は、暴行の部位として「頭部等」という記載、傷害の中身として「頭蓋冠……骨折等」という記載、死因として「頭蓋冠……又は何らかの傷害」といった幅のある記載がされているが、訴因の特定に欠けることはないと判断した（最決平成14年7月18日〔判例シリーズ刑訴42事件〕）。

この事案では、①被害者に致死的な暴行が加えられたことは明らかであるものの、暴行態様や傷害の内容、死因等については十分な供述等が得られず、不明瞭な領域が残っていたという特殊事情があり[6]、②被害者の死亡という事実は1回しかありえないから[7]、他の犯罪事実と区別できているとみることができる[8]。

---

5) たとえば、尿から覚醒剤成分が検出されている以上、被告人の防御方法としては、尿をすり替えられたとか、飲み物に混ぜられたとか、無理矢理飲まされた、無理矢理打たれたなどといったものになる。

6) **犯罪の性質上の特殊事情はない**。もっとも、特殊事情は**犯罪の性質等**から判断されるものであり、**犯罪の性質上**のものに限定されないと考えることができる。特殊事情は、犯罪の性質（特殊な犯罪かどうか）に限定されるわけではなく、犯罪類型としては証拠収集が困難ではないものの、当該個別事案において、証拠収集が困難であったといった事情による場合も含むと考えることができる。要するに、当該事案における証拠構造上の問題であると考えてよいであろう。

7) 殺人、傷害致死などの場合には、日時・場所という要素よりも、**人の死亡は1回しかない**という点が識別の重要な要素として強調される。

なお、被告人としても、アリバイを主張するほか、暴行への関与自体の否認、暴行が致命的であったことに対する反論、正当防衛などの違法性阻却事由や責任阻却事由の主張などが可能であり、重大な防御上の不利益を受けるわけではないということができる。

カ）その他の場合

上記の ア）から オ）までは訴因の特定が問題となる典型例であって、訴因の特定が問題になる場面はこれら以外にも存在する。最決平成13年4月11日〔判例シリーズ刑訴43事件・刑訴百選46事件〕で問題となった共同正犯の訴因における実行行為者の記載の要否の問題もそのひとつである。

訴因の特定がされているか否かは、どのような場面であっても、①他の犯罪事実との識別（区別）ができているかという点、および②構成要件該当事実が具体的に記載されているかという点から判断していけばよい。

2 起訴状に対する求釈明・訴因不特定の効果

弁護人において、起訴状記載の訴因が特定していないと考える場合には、罪状認否前に、起訴状に対する釈明（刑訴規208条1項）を検察官に求めるよう、裁判長に求めることになる[9]（刑訴規208条3項）。この場合、訴因の特定の要請をみたしているかどうかにより、裁判長のとるべき措置は異なる。

(1) 訴因不特定の場合

この場合、裁判長は検察官に対する求釈明義務を負い、これは弁護人による求釈明要求の有無にかかわらず、それを待たずに行わなければならない性質のものである（義務的求釈明[10]）。

そして、裁判長が検察官に釈明を求め（刑訴規208条1項）、検察官による補正がなされて訴因が特定すれば、瑕疵は治癒されたとして、有効な起訴として扱ってよいとされる。なぜなら、公訴棄却判決をしても、一事不再理効は生じず、再起訴が可能である以上、訴訟経済の観点からは、検察官による釈明による補充がなされれば有効な起訴と扱うのが相当だからである。

他方、検察官による補正がなされなければ、起訴は不適法として、裁判所は公

---

8) 他の犯罪事実との識別はできているとしても、特定の構成要件に該当する事実が書かれていないのではないかという問題は残る。もっとも、単になんらかの傷害といった記載である場合はともかく、検察官としては、具体的例示を記載することによって、できるかぎり、特定の構成要件に該当する事実を記載しているのであるから、「等」と記載されていることでただちに訴因不特定ということにはならないと考えることは可能であろう。

9) 208条1項の求釈明は、裁判長が検察官（場合により弁護人）に対して釈明を求めるものである。208条3項は、208条1項の裁判長から検察官への求釈明をするよう、弁護人が裁判長に求めるものであり、いわば「求求釈明」といってよいものである。

10) 義務的求釈明の場合、検察官によって釈明された内容は、訴因の特定に不可欠な事項であったのであるから、そのまま訴因の内容を構成することになる。それゆえ、当該事項に変動が生じた場合には、審判対象画定の見地から必要な事項に変動がある場合として訴因変更が必要になる（最決平成13年4

訴棄却判決（刑訴338条4号）をする。

(2) 訴因の特定を欠くとまではいえない場合

　訴因の特定の要請はクリアしているが、起訴状の記載に不明確な部分がある場合であり、弁護人（被告人）から求釈明要求がされる場合がある。

　この場合、裁判長には検察官に対する求釈明義務はないが、訴訟指揮権（294条参照）の行使の一環として、検察官に対して求釈明を行うことができる（裁量的求釈明）。訴因がより特定されることが被告人の防御に資することに疑いはないから、裁判長としても、被告人の防御の利益に配慮して事実上、検察官に釈明を求めることも多い。

　もっとも、この場合、検察官としては求釈明に応じる必要はない。検察官としては、①釈明をしないか、②口頭で釈明するか、③任意にこれに応じて訴因を具体化させるか（任意的訴因変更）の対応をとることになる。そして、検察官が求釈明に応じて、②口頭での釈明を行ったとしても、そこで特定された具体的内容は訴因を構成しないため、釈明内容と異なる事実を認定する際に訴因変更は不要であるが、③任意的訴因変更を行った場合には、訴因変更が必要となりうる[11]。

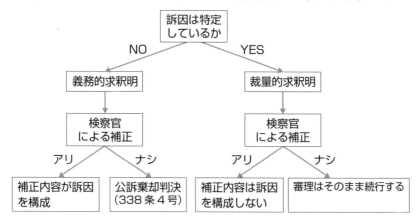

　月11日〔判例シリーズ刑訴43事件・刑訴百選46事件〕）。これは、訴因変更請求というかたちでなされなくてもよく（なお、訴因変更請求書という形式で訴因変更がなされた場合には、新訴因は当然に訴因を構成することになる）、検察官が口頭で釈明した内容がそのまま訴因を構成することになる。

11）裁量的求釈明の場合には、検察官によって釈明された内容は、訴因の特定に不可欠な事項ではなかったのであるから、訴因の内容を構成することはない。したがって、当該事項に変動が生じた場合でも、審判対象画定の見地から必要な事項に変動が生じたわけではないから、訴因変更は不要である。もっとも、訴因変更が不要であるとしても、釈明された内容を中心に被告人は防御活動を展開するであろうから、裁判所によって釈明内容と異なる事実認定がなされた場合は、争点逸脱認定として、相対的控訴理由になりうる。一方で、検察官が求釈明に応じて、口頭での釈明にとどまらず、任意的訴因変更請求を行って裁判官が訴因変更を許可した場合、検察官によって釈明された内容が訴因変更請求書に記載されることになるため、当該事項が被告人の防御にとって一般的に重要であるときには、訴因変更が必要となりうる。

起訴状サンプル（追起訴ない場合）

令和6年検第○○○号

起　訴　状

令和6年○月○日

○○地方裁判所　殿

　　　　　　　　　○○地方検察庁
　　　　　　　　　検察官　検事　　△　　△　　△　　△　㊞

下記被告事件につき公訴を提起する。

記

本　籍　　○○市○○区○○町○番地
住　居　　○○市○○区○○町○番地
職　業　　会社員

勾留中　　　　□　　□　　□　　□
昭和○年○月○日生

公　訴　事　実

被告人は、
第1　法定の除外事由がないのに、令和6年△月○日頃、○○市○○区○○町○番地所在
　　の被告人方において、フェニルメチルアミノプロパン塩酸塩若干量を加熱し気化させ
　　て吸引し、もって覚醒剤を使用し、
第2　みだりに、同月○日、○○市○○区○○町○番地所在の被告人方において、覚醒剤で
　　あるフェニルメチルアミノプロパン塩酸塩の結晶約0.5グラムを所持したものである。

罪　名　及　び　罰　条

第1　覚醒剤取締法違反　　　同法41条の3第1項1号、19条
第2　覚醒剤取締法違反　　　同法41条の2第1項

証拠等関係カードのサンプル

証 拠 等 関 係 カ ー ド（甲）

（このカードは、公判期日、公判前整理手続期日又は期日間整理手続期日においてされた事項については、各期日の調書と一体となるものである。）

番号 標 目〔供述者・作成年月日、住居・尋問時間等〕立 証 趣 旨（公 訴 事 実 の 別）	請求 期日	意　見		結　果		備　考 編てつ箇所
		期日	内　容	期日	内　容 取調順序	
1　　　任〔(被)　　　6.○.○〕被告人の尿の任意提出（　　　　　）						
2　　　領〔(員)△△△　6.○.○〕被告人の尿の領置（　　　　　）						
3　鑑　嘱（謄）〔○警察署長　6.○.○〕被告人の尿の鑑定嘱託（　　　　　）						
4　　　鑑〔△△△　6.○.○〕被告人の尿に覚醒剤成分が含有すること等（　　　　　）						
5　　　報〔(員)△△△　6.○.○〕犯行場所の特定等（　　　　　）						

（被告人　□　□　□　□）

証拠意見の回答依頼および同意見書のサンプル

様式第2号

令和6年○月○日

弁護人　山　本　悠　揮　殿

立会検察官　△　△　△　△

証拠意見の回答依頼及び同意見書

罪　　　名　　覚醒剤取締法違反
被告人氏名　　□　□　□　□

　別添証拠等関係カード記載の証拠について、刑事訴訟規則第178条の6第2項第2号による意見を速やかに通知してください。

　（宛先電話番号　　○○○-○○○○）　　　甲　（第1号　～　第13号）
　（宛先FAX番号　○○○-○○○△）　　　乙　（第1号　～　第5号）

令和6年　　月　　日

検察官　　△　△　△　△　殿

弁　護　人　＿＿＿＿＿＿＿＿＿＿＿＿

　証拠等関係カード記載の証拠についての意見は次のとおりです。

記

証拠書類についての意見	同　　　意	
	不　同　意	
	一部不同意（内　訳）	
証拠物についての意見	異議のないもの	
	異議のあるもの	
公訴事実に対する認否	1. 認める　　2. 否認する　　3. その他〔該当番号に○印〕　　（　　　　　　　）	
第1回公判での結審見込み	1. ある　　2. ない〔該当番号に○印〕	
結審予定の場合の証人請求予定	1. ある（氏名・関係／　　　　　　）　　2. ない〔該当番号に○印〕	
その他意見		

事前準備連絡票（弁護人用）のサンプル

> ○○地方裁判所第○刑事部　FAX　△△△-△△△△

事前準備連絡票（弁護人用）

○○地方裁判所　第○刑事部○係
　　担当書記官　□□□□

　　　　　　　　　　　　　　　弁護人　_____

事件番号　　令和6年（わ）第○○号
（次回期日　○月○日△時△分）

検察官請求証拠に対する意見 （□追起訴事件を含む）	□全部同意予定 □一部同意予定 　　不同意部分につき検察官に通知（□済、□未了）
弁護人の立証予定	□1回結審予定 □第　　回公判で立証終了予定 　　理由（　　　　　　　　　　　　　　　　） 【第1回公判期日の進行予定】 ・在廷証人（□なし） 　　□あり（　　人）所用時間　　分 　《立証趣旨》 ・書証の提出予定（□なし） 　　□あり（　　点） 　　　・検察官に対し開示（□済、□未了） 　《立証趣旨》 ・被告人質問（□本期日、□次回） 【次回以降の立証予定等】
その他連絡事項等	

※この票を第1回公判期日の1週間前までに、提出もしくはFAX送信してくださるよう
　ご協力をお願いします。
　なお、公判前整理手続の希望などがありましたら、すみやかにご連絡ください。

証明予定事実記載書面のサンプル

証明予定事実記載書

令和 6 年○月○日

○○地方裁判所　第○刑事部　御　中

○○地方検察庁
検察官　検事　　△　△　△　△　㊞

　被告人□□□□に対する傷害被告事件に関し、検察官が証拠により証明しようとする事実は下記のとおりである。

記

第 1　犯行に至る経緯 　1　被告人は、令和 6 年○月○日、職場の上司である V から、仕事に関してひどく叱責され、暴行を受けたことがあった。 　　被告人は、そのころから、V に対して報復をしようと考えていた。 　2　……	甲 4 乙 2
3　被告人は、V の帰宅途中に待ち伏せをして、V を暴行しようと考えた。	乙 2
第 2　犯行状況 　1　令和 6 年○月○日午後 10 時ころ、被告人は、V が勤務先を出て自宅に帰るのを待ち伏せし、その後 V に気付かれないように V を尾行した。	甲 3
2　そして、令和 6 年○月○日午後 11 時ころ、V が○県○市○町○番地先路上において、その手拳で V の顔面を殴打した。 　3　……	甲 5、8、10
第 3　その他情状及び関連事項等 　1　…… 　2　…… 　3　……	

以　上

令和6年（わ）第○○号
被告人　□□□□

予定主張記載書

令和6年○月○日

○○地方裁判所　第○刑事部　御　中

主任弁護人　山　本　悠　揮　㊞
弁　護　人　野々垣　吉　曜　㊞

　上記被告人に対する頭書の事件につき、刑事訴訟法316条の17第1項に基づき、公判期日において主張する予定事項は、下記のとおりである。

記

第1　正当防衛が成立すること
1　令和6年○月○日午後11時ころ、Vが○県○市○町○番地　　　　弁1
先路上にさしかかった際、被告人はVと話をしようと声をか
けた。

2　すると、突然、Vは被告人に対して殴りかかるとともに、路　　　弁3
上に転倒した被告人に対して足で踏みつけるなどの暴行を加え
た。

3　そこで、被告人はとっさに自己の身を守るため、その手拳で
Vの顔面を殴打した。

4　……

5　……

以　上

取調べ状況報告書のサンプル

様式第 16 号（犯罪捜査規範第 182 条の 2）

取調べ状況報告書

令和 6 年〇月〇日

〇〇警察署
　司法警察員　警視　△△△△　殿

〇〇警察署

司法巡査　　　　　□□□□　㊞

取調べ状況を次のとおり報告する。

被疑者・被告人氏名等	●●●●	（昭和〇年〇月〇日生）
逮捕・勾留の有無 及 び 罪 名	㋑・無	傷　害
取 調 べ 年 月 日	令和 6 年〇月〇日	
取 調 べ 時 間	① 08：25 ～ 12：15 ② 13：10 ～ 14：21 ② 14：23 ～ 17：02	② 17：15 ～ 18：00 ③ 19：06 ～ 19：30
休 憩 時 間	12：15 ～ 13：10 14：21 ～ 14：23 17：02 ～ 17：15	18：00 ～ 19：06
取 調 べ 場 所	① 〇〇警察署　△取調べ室 ② 〇〇警察署　△取調べ室 ③ 〇〇警察署　△取調べ室	
取調べ担当者氏名	① 巡査部長 〇〇〇〇　　巡査 □□□□ ② 警部補 〇〇〇〇　　巡査 □□□□ ③ 巡査 □□□□	
被疑者供述調書 作 成 事 実	㋑・無	2 通
通 訳 人 の 有 無 及 び 通 訳 言 語	有・㋬	
その他の参考事項	有・㋬	

令和 6 年〇月〇日

氏　名 ● ● ● ● ㊞

注意　　1　各欄の該当部分に丸印をつけること。
　　　　2　被疑者供述調書作成事実欄は、被疑者が逮捕又は勾留されているときは、逮
　　　　　捕又は勾留の理由になっている犯罪事実に関係するものに限り記載すること。

Ⅳ ── 証拠調べ手続

冒頭手続が終わると、次に証拠調べ手続に進むことになる（292条）。

┌─ **証拠調べ手続の流れ** ──────────────────────
│
│ 　[**検察官の冒頭陳述**] （296条本文）
│
│ 　　　被告人・弁護人の冒頭陳述（316条の30、刑訴規198条1項）
│
│ 　[**犯罪事実に関する検察官立証**]
│
│ 　　○検察官の証拠調べ請求（刑訴298条1項、刑訴規189条、193条1項）
│ 　　○被告人・弁護人の証拠意見（刑訴規190条2項）、書証についての同意、
│ 　　　不同意（刑訴326条1項）
│ 　　○証拠決定（刑訴規190条1項）
│ 　　○証拠調べの実施
│ 　　　　┌証人など ── 尋問（刑訴304条）
│ 　　　　│証拠書類 ── 朗読（305条）、要旨の告知（刑訴規203条の2）
│ 　　　　│証拠物 ── 展示（刑訴306条）
│ 　　　　└証拠物たる書面 ── 朗読、展示（307条）
│ 　　○証拠調べに対する異議の申立て（309条1項、刑訴規205条1項）
│ 　　○証拠調べを終わった証拠書類、証拠物の提出（刑訴310条）
│
│ 　[**犯罪事実に対する被告人・弁護人の立証**] （刑訴規193条2項）
│
│ 　[**被告人調書等（乙号証）の請求、取調べ**] （刑訴301条）
│
│ 　　○証拠の排除決定（刑訴規207条、205条の6第2項）
│ 　　○職権証拠調べ（刑訴298条2項）
│
│ 　[**被告人質問**] （311条2項3項）
│
│ 　[**情状に関する立証**]
│
│ 　　○被害者等による意見陳述（292条の2）
│
└────────────────────────────────────

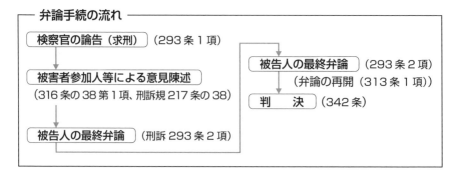

┌─ **弁論手続の流れ** ──────────────────────
│
│ 　[**検察官の論告（求刑）**] （293条1項）
│ 　　　│
│ 　　　▼　　　　　　　　　　　[**被告人の最終弁論**] （293条2項）
│ 　[**被害者参加人等による意見陳述**]　　　　（弁論の再開（313条1項））
│ 　（316条の38第1項、刑訴規217条の38）　　[**判　決**] （342条）
│ 　　　│
│ 　　　▼
│ 　[**被告人の最終弁論**] （刑訴293条2項）
│
└────────────────────────────────────

【自白事件バージョン】

裁判官：「それでは、検察官。冒頭陳述をどうぞ」

検察官：「冒頭陳述。まず、身上関係です。被告人は○○市で出生し、大学を卒業後、本件犯行当時は、会社員をしておりました。被告人は婚姻しており、妻子と同居しています。過去に罰金前科1犯があります。次に、犯行にいたる経緯です。（中略）以上の事実を立証するため、証拠関係カード記載の各証拠の取調べ請求をいたします」

裁判官：「弁護人。証拠に対するご意見は？」

弁護人：「甲号証、乙号証いずれもすべて同意いたします」

裁判官：「それでは、甲号証、乙号証いずれもすべて採用します。検察官、要旨の告知をどうぞ」

【否認事件バージョン】

裁判官：「それでは、検察官。冒頭陳述をどうぞ」

検察官：「冒頭陳述。まず、身上関係です。被告人は○○市で出生し、大学を卒業後、本件犯行当時は、会社員をしておりました。被告人は婚姻しており、妻子と同居しています。次に、犯行にいたる経緯です。（中略）以上の事実を立証するため、証拠関係カード記載の各証拠の取調べ請求をいたします」

裁判官：「弁護人。甲号証に対するご意見は？」

弁護人：「甲1号証ないし甲5号証については同意、甲6号証ないし甲10号証については不同意、甲11号証については同意、甲12号証については不同意」

裁判官：「それでは、同意のあった甲1号証ないし5号証、11号証については採用して取り調べます。検察官、採用証拠についての要旨の告知をどうぞ」

1　証拠調べ手続の流れ　

(1)　冒頭陳述（296条本文）

ア）検察官

　冒頭手続が終わると、次に証拠調べ手続に入る。そして、証拠調べ手続は、冒頭陳述から始まる。冒頭陳述では、検察官が証拠によって証明しようとする事実を明らかにし、冒頭陳述要旨という書面が提出されるのが通例である。

　冒頭陳述要旨は、①身上経歴、②犯行にいたる経緯、③犯行状況、④情状その他関連事実といった構成であることが多く、自白事件であれば、これらは比較的簡潔に記載される（179頁の冒頭陳述要旨のサンプル参照）。他方で、否認事件や重大事件においては、これらは具体的に記載される。

イ）弁護人

　検察官による冒頭陳述後に、被告人または弁護人も冒頭陳述を行う場合があるが（刑訴規198条1項）、検察官の場合と異なり、義務ではない。もっとも、裁判員

裁判対象事件を中心に、公判前整理手続を経た事件においては、弁護人による冒頭陳述は義務とされている（刑訴316条の30）。

　他方、通常事件においては、自白事件では弁護人による冒頭陳述がされる場合は多くないが、否認事件においては、弁護人の主張を明らかにするために、冒頭陳述が行われる場合がある。

ウ）冒頭陳述に対する異議

　冒頭陳述は、証拠調べ請求を予定している証拠に基づいたものでなければならない（296条ただし書）。弁護人としては、証拠調べ請求を予定している証拠に基づかない冒頭陳述に対しては、法令違反（296条ただし書違反）を指摘して、ただちに異議（309条1項）を述べることになる。

(2) 証拠調べ請求 —— 証拠決定

ア）証拠調べ請求（298条1項）

　次に、検察官は、公訴事実および冒頭陳述において主張した事実を立証するため、証拠調べを請求する（298条1項）。ここでは、公訴事実を立証するために必要かつ十分な証拠が厳選されている（いわゆる「ベスト・エビデンス」、刑訴規189条の2）。

　そして、実務的には、検察官が作成した証拠等関係カードに記載された証拠の証拠調べ請求がされる（180頁の証拠等関係カードのサンプル参照）。

　証拠等関係カードには立証趣旨が記載されているところ、これは形式的には刑事訴訟規則189条1項に基づく要請である。実質的には、弁護人が証拠に対して同意するか不同意とするかは、その証拠の立証趣旨が何であるかによって変わってくることからも立証趣旨の明示が要請される。

　この際、被告人の自白調書は、他の証拠の取調べ後でなければ、取調べ請求できないとされているから（刑訴301条）、まずは、被告人の自白調書以外の証拠（いわゆる「甲号証」[12]）から取調べ請求され、その後に自白調書（いわゆる「乙号証」）が取調べ請求されることになる。301条は、補強法則（憲38条3項、刑訴319条2項）を手続的に担保する規定であり、その趣旨は客観的証拠よりも先に自白調書に接することによる裁判官の予断を排除する点にある。

　その後に自白調書が取調べ請求される。

　なお、実務上、甲号証の取調べ後に乙号証の取調べ請求をするという手続は否認事件においては厳格に守られているが、自白事件においては、検察官の請求証拠として、甲号証および乙号証が同時に請求される場合が通常である。同時請求であっても、乙号証の取調べが甲号証の取調べ後になされれば、301条に反しない（最決昭和26年5月31日）。

12）検察官の請求証拠がこのように甲号証と乙号証とに振り分けられ、これらを混在させないのは、この301条の存在により、その取調べ請求時期に違いがあるためである。

イ）被告人・弁護人の証拠意見（刑訴規190条2項）

　検察官の証拠調べ請求がされると、裁判所は、弁護人（被告人）に対し、検察官請求証拠に対する意見を求める（190条2項）。そして、弁護人が証拠意見を述べる。

　弁護人の証拠意見の述べ方は、証拠の種類によって異なる。すなわち、証拠物については、「取調べに異議なし」または「取調べに異議あり」という対応を、証拠書類については、「同意」または「不同意」という対応を、証人に対しては「しかるべく」または「不必要」といった対応をすることになる。

ウ）証拠決定（刑訴規190条1項）

a）証拠の採用

　裁判所は、弁護人（被告人）の証拠意見を聴いたうえで、証拠決定（証拠を採用する旨の決定か、証拠調べ請求を却下する旨の決定）を行う。裁判所が証拠決定の判断をするに際して必要がある場合には、証拠書類または証拠物の提示を命ずることができる（いわゆる「提示命令」、刑訴規192条）。

　実務的には、弁護人が**異議なし**または**同意**した証拠については、裁判所はすべて採用して取り調べる旨の決定をするのが一般である。

　他方、証拠書類について、弁護人から不同意とされた場合、裁判所は検察官に対して、当該証拠の証拠調べ請求についての対応を尋ねる（具体的には、「検察官、撤回されますか？」と問いかけるなど）。

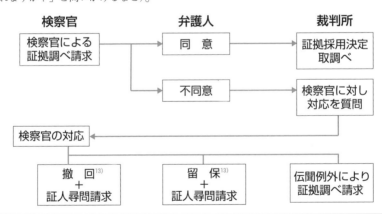

13）　証人尋問の結果は、大きく分けて次の2パターンがある。1つ目は、弁護人の反対尋問を受けて、結果的に検察官に有利な証言が得られない場合がある。証人尋問実施後にそのような事態に陥った場合、検察官としては、供述調書を刑事訴訟法321条1項2号後段の相反供述として利用することを検討することになる。2つ目は、証人尋問によって、検察官に有利な証言が得られた場合、つまり供述調書と同内容の証言が得られ、弁護人の反対尋問にも揺るがなかった場合がある。この場合は、供述調書はもはや不要になる。

　証拠調べ請求時点ではこのどちらに転ぶかは未定であるため、前者の可能性も考慮すれば、検察官としては、供述証拠（証拠書類）の取調べ請求については撤回せずに、留保としつつ、証人尋問請求をすることになる。前者の結果となれば、321条1項2号後段に基づいて証拠請求する。他方、後者の結果となれば、この時点で、供述証拠（証拠書類）の取調べ請求を**撤回**するという対応をとることになる。

そして、検察官としては、非伝聞証拠である場合などを除き、証人尋問請求など他の証拠調べ請求を検討することになる。

column

一部不同意

　実務においては、証拠書類に対して、一部不同意という証拠意見を述べることも少なくない。自白事件であれば、甲号証、乙号証のすべてに同意する場合が比較的多いが、自白事件であっても、一部不同意の証拠意見を述べることもある（たとえば、「甲1号証の供述調書の○行目から○行目までは不同意」）。

　他方、否認事件の場合には、不同意証拠があるのが通例である。検察官は、その請求証拠で有罪立証ができるとの判断のもとに証拠調べ請求をしている関係上、否認事件における全部同意は有罪の自認を意味しかねないからである。そして、否認事件においても、弁護人としては、特定の供述調書の全体に信用性がないと考えるわけではなく、一部については信用でき（または、かえって被告人有利な供述が含まれており）、それ以外の部分については信用できないとの判断にいたる場合もあり、このような場合には一部不同意という証拠意見をだすことがある。

　そして、一部不同意の意見をだす場合、不同意部分を明確にするため、証拠意見は書面で提出する。

　一部不同意という対応を受けた検察官としては、不同意部分を黒塗り（または空白）にして同意部分を残したもの（いわゆる「抄本」）を証拠として裁判所に提出することになる。公判準備の段階で、弁護人の証拠意見は検察官に伝わっているから、検察官は、あらかじめ不同意部分を黒塗り（または空白）にした証拠を持参して公判審理にのぞむことになる。

　証拠意見を書面で記載する際には、慎重さが要求される。たとえば、下記の供述調書で下線部を不同意にしたい場合、「『すると、甲が』から『殴りました。』まで不同意。その余は同意」と記載するのはまずく、「2行目の『しました。』の次から、3行目の『公園には』の手前まで不同意。その余は同意」と記載する。不同意部分を裁判官に見せるようなことをしては、不同意の意味がなくなってしまう。

> 供述調書
> 　私は午後9時過ぎに自宅近くの公園の側をとおりすぎようとしました。すると、甲が突然乙に殴りかかったのです。公園の中で殴りました。公園には街灯がありますが、電気が一部切れていたため、結構暗かったと思います。

b） 証拠調べ請求の却下

　裁判所は、①証拠調べ請求の手続が法令に違反している場合、②証拠に証拠能力が認められない場合、③証拠に関連性がない場合（立証に無意味な場合）などには、証拠調べ請求を却下する。

c） 証拠決定に対する異議

刑事訴訟法第 309 条 ［証拠調べに対する異議申立て、裁判長の処分に対する異議申立て］

1　検察官、被告人又は弁護人は、証拠調に関し異議を申し立てることができる。
2　検察官、被告人又は弁護人は、前項に規定する場合の外、裁判長の処分に対して異議を申し立てることができる。
3　裁判所は、前 2 項の申立について決定をしなければならない。

刑事訴訟規則第 205 条 （異議申立ての事由）

1　法第 309 条第 1 項の異議の申立は、法令の違反があること又は相当でないことを理由としてこれをすることができる。但し、証拠調に関する決定に対しては、相当でないことを理由としてこれをすることはできない。
2　法第 309 条第 2 項の異議の申立は、法令の違反があることを理由とする場合に限りこれをすることができる。

　検察官・弁護人は、証拠調べに対して異議を申し立てることができる（刑訴 309 条 1 項）。異議の対象は証拠調べに関する行為全般に及び、冒頭陳述、証拠調べ請求の時期・方法、証拠決定、証拠調べの範囲・方法・順序、証人尋問における相手方の尋問、証拠能力などが異議の対象となる。

　異議の理由は、①法令違反、②相当でないことの 2 つであるが（刑訴規 205 条 1 項本文）、証拠決定に対する異議については、①法令違反のみとされている点には注意が必要である（刑訴規 205 条 1 項ただし書）。

　同項ただし書の趣旨は、証拠決定に際しては、すでに当事者の意見を聴いているため（刑訴規 190 条 2 項）、改めて相当性についての異議を認めない点にある。

	冒頭陳述、証拠調べ請求の時期・方法、証拠調べの範囲・方法・順序など	証拠決定
法令違反	○	○
相当ではないこと	○	×

(3)　証拠調べの実施

　証拠調べの対象には、①証拠書類、②証拠物、③証拠物たる書面、④証人がある。

ア） 証拠書類の取調べ

証拠書類の取調べの流れ　　　　　　　　　　　　　　　　　　　　自白事件バージョン

裁判官：「検察官。要旨の告知をどうぞ」
検察官：「甲 1 号証は、任意提出調書。被告人が尿を任意提出したものです。甲 2 号証は、領置調

書。甲1号証で任意提出された被告人の尿を領置したものです。甲3号証は、鑑定嘱託書、甲4号証は鑑定書。被告人の尿から覚醒剤成分が検出したことが明らかになっています。（略）」

「乙1号証は、被告人の供述調書。被告人は昭和○年に○○市で生まれたこと、……など被告人の身上経歴が明らかになっています。乙2号証も被告人の供述調書。覚醒剤を使用したいと思い、密売人に電話をした、など犯行にいたる経緯が明らかになっています。（略）以上です」

裁判官：「提出して下さい」（裁判官が検察官から証拠を受け取る。刑訴310条）

　証拠書類とは、その記載内容が証拠となる書面をいい、目撃者の供述調書、被害者の供述調書、被害届、実況見分調書、捜査報告書、鑑定書などがある。

　証拠書類の取調べ方法は、**朗読**によるのが原則であるが（305条）、朗読には多大な時間を要することも多いため、**要旨の告知**（刑訴規203条の2）によってすませているのが実務の通例である。もっとも、裁判員裁判においては、裁判員が後で証拠書類を読むことを想定していないため、公判廷で心証形成できるよう、原則として**朗読**の方法によっている。

イ）**証拠物の取調べ**

　証拠物とは、物体の存在または状態が証拠となるものをいい、凶器、犯行状況が写っている防犯カメラ、覚醒剤、血のついた衣服などがある。証拠物の取調べ方法は、**展示**であり（刑訴306条）、証拠物を被告人に示して確認作業を行う[14]。

ウ）**証拠物たる書面の取調べ**

　証拠物たる書面とは、書面の存在または状態自体が証拠になると同時に、その記載内容も証拠となる書面をいい、証拠書類と証拠物の両方の側面をあわせもった証拠である。脅迫事件における脅迫文書や文書偽造罪における偽造文書などがある。証拠物たる書面の取調べ方法は、**朗読**と**展示**である（307条）。

エ）**証人尋問**

　証人とは、裁判所または裁判官に対し、自己の直接経験した事実またはその事実から推測した事実を供述する第三者をいう。

　証人の取調べ方法は尋問であり（304条）、刑事訴訟法上は尋問の第1次的な主体を裁判官としているが（304条1項、2項）、裁判所は実務上、当事者主義の見地から、304条3項によって順序を変えて、当事者の交互尋問方式をとっている。証人を請求した当事者による**主尋問**がまず行われ、次に反対当事者による**反対尋問**が行われ、場合により**再主尋問**や**再反対尋問**が行われる（刑訴規199条の2）。そして、当事者の尋問後に、場合により裁判官による補充問が行われる。

14）被告人に示すのみで、弁護人にわざわざ示すことはしない。そのため、実務的には、弁護人としては、検察官が証拠物を被告人に示しているタイミングで近づいてチェックを行う。

証人尋問におけるルール等は、「2 証人尋問」において説明する。

検察官の請求した証人の場合

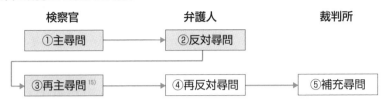

立証趣旨はきちんと読もう

　以下では、具体例で、証拠の関連性について検討する。

　Vに対する殺人罪の公判において被告人は犯行を否認しており、犯人性が争点となっている。検察官は、「**本件犯行に使用された出刃包丁の存在および形状**」という立証趣旨で証拠物である出刃包丁の証拠調べを請求した。

裁判官：「弁護人。ご意見は？」

弁護人：「取調べに異議があります。被告人は犯行に及んでいないため、上記証拠物には関連性はありません」

裁判官：「検察官、ご意見は？」

検察官：「弁護人の異議には理由がありません」

裁判官：「異議を棄却します。それでは、出刃包丁を採用して取り調べます」

　この事案において、弁護人の気持ちはわからなくもないが、誤りを犯しているのは弁護人側である。

　本件において、検察官は、**本件犯行に使用された出刃包丁の存在および形状**を立証するために**出刃包丁**の証拠請求をしているため、証拠物自体の関連性を認めることができる。本件殺人事件とまったく無関係な出刃包丁であれば関連性は否定されるが、犯行現場から見つかった出刃包丁であれば、事件との関連性は認められる。

　弁護人の主張は、検察官の立証趣旨を前提とせずに、要証事実を**犯人性**であるとみずから設定してしまっており、それを前提に出刃包丁の関連性がないと主張している。かりに検察官の立証趣旨が**被告人が本件犯行に使用した出刃包丁**であった場合には、その立証趣旨に犯人性が含まれているが、本問の立証趣旨はあくまで**本件犯行に使用された出刃包丁**であって、犯人性は含まれていない。したがって、弁護人の主張は的外れということになり、検察官に

---

15) ③再主尋問までは権利であるが、④再反対尋問以降（再反対尋問や再々主尋問）については、裁判長の許可が必要である（刑訴規199条の2第2項）。

(4) 弁護側立証

　検察官立証がひととおり終わると、次に弁護人にバトンが移り、弁護人による証拠調べ請求がされる。検察官の場合と同じく、証拠書類、証拠物、証人の請求などを行い、手続的な流れは検察官による証拠調べ請求の場合と同様である。

　検察官の請求証拠は、甲号証、乙号証に分類されるが、弁護人の請求証拠は**弁号証**とよばれる。自白事件であり、かつ、単純な事案であれば、証拠調べ請求を口頭で行うこともあるが、弁護人も検察官の場合と同様、基本的には証拠等関係カードを利用して、証拠調べ請求を行うべきである。

弁護側立証の流れ（主尋問開始まで）	自白事件バージョン

裁判官：「検察官。立証はこれで以上になりますか」

検察官：「はい」

裁判官：「それでは、弁護側立証に移ります。どのような予定ですか」

弁護人：「弁号証として、証拠書類２点、情状証人として被告人の父である甲野一郎の尋問を請求します。あと、被告人質問を予定しています」[16]

裁判官：「検察官。ご意見は？」

検察官：「弁１号証、弁２号証の証拠書類については同意。証人についてはしかるべく」

裁判官：「それでは、弁１号証、弁２号証および証人について採用して取り調べます。弁護人、弁１号証、弁２号証の要旨の告知をどうぞ」

弁護人：「はい。弁１号証は示談書。被害者との間で被害弁償がされ、示談が成立したことが明らかになっています。弁２号証は被告人の反省文。被告人の本件に対する反省の情が明らかになっています。以上です」

裁判官：「提出してください」（裁判官が弁護人から証拠を受け取る。刑訴310条）

裁判官：「それでは、甲野一郎さん。証言台の前に来てもらえますか」

　　　　（証人の人定質問、宣誓手続、偽証罪の告知については、略）

裁判官：「それでは、弁護人。主尋問をどうぞ」

弁護人：「それでは、弁護人から質問をします。前を向いてはっきり話すようにしてくださいね。あなたは、被告人と同居しているのですね」

証　人：「はい。そうです」

　　　　（以下、略）

16）　刑事裁判において被告人質問（刑訴311条2項、3項）が行われないことはほとんどない。タイミングとしては、証拠調べの最終段階（弁護人立証の最後）で実施されるのが通例である。被告人質問も、証人尋問と同様に交互尋問方式で行われることがほとんどであり、弁護人からの質問 → 検察官からの反対質問という順番で行われる。被告人質問においても、証人尋問に準じて異議を申し立てることができる。もっとも、被告人は訴訟の一方当事者であって、本来の証拠方法ではないから、被告人質問は狭義の証拠調べとは異なる。そのため、これを行うために取調べ請求も証拠決定も必要ではない。

2 証人尋問

(1) 証人尋問におけるルール

証人尋問は、①証人に対する質問、②証人の答え、③証人に対する質問、④証人の答えというように、一問一答方式で、個別・具体的かつ簡潔な尋問によって進められる（刑訴規199条の13第1項）。

証人尋問の方法においては、刑事訴訟規則において細かなルールが定められており、実務的に重要である。刑事訴訟規則199条の2から199条の14までは目をとおしておく必要がある。

以下の事例をベースに、主尋問、反対尋問における規律などをみていく。

> ― 事 例 ―
>
> 　A、BおよびVは職場の同僚である。Aは、令和6年4月5日午後9時ころ、甲公園においてBとともに、Vに対して殴る蹴るの暴行を加えて肋骨骨折の傷害を負わせたという事実により、同年4月25日起訴された。Aは捜査段階から、その時刻にB、Vと花見をするため甲公園にいたことは事実であるが、Bが勝手に暴行を加えただけであって、自分はVに暴行をしていないし、共謀もしていない、と供述して犯行を否認した。公判においては、同内容の否認に加え正当防衛が成立する旨の主張をし、無罪主張をしている。
>
> 　公判において検察官が、捜査段階におけるBの検察官面前調書（Aと一緒にこもごもVに暴行を加えた旨を供述）を証拠調べ請求したところ、Aの弁護人は不同意の意見を述べた。そこで、検察官はBの供述調書の証拠調べ請求を留保しつつ、Bの証人尋問を請求した。これに対し、Aの弁護人は「しかるべく」と意見を述べたため、裁判所はBの証人尋問を実施することとし、証人尋問が実施された。

(2) 主尋問

刑事訴訟規則第199条の3（主尋問、刑訴304条等）

1　主尋問は、立証すべき事項及びこれに関連する事項について行う。
2　主尋問においては、証人の供述の証明力を争うために必要な事項についても尋問することができる。
3　主尋問においては、誘導尋問をしてはならない。ただし、次の場合には、誘導尋問をすることができる。
　一　証人の身分、経歴、交友関係等で、実質的な尋問に入るに先だつて明らかにする必要のある準備的な事項に関するとき。
　二　訴訟関係人に争のないことが明らかな事項に関するとき。
　三　証人の記憶が明らかでない事項についてその記憶を喚起するため必要があるとき。
　四　証人が主尋問者に対して敵意又は反感を示すとき。
　五　証人が証言を避けようとする事項に関するとき。
　六　証人が前の供述と相反するか又は実質的に異なる供述をした場合において、その供述し

た事項に関するとき。
　七　その他誘導尋問を必要とする特別の事情があるとき。
4　誘導尋問をするについては、書面の朗読その他証人の供述に不当な影響を及ぼすおそれの
　ある方法を避けるように注意しなければならない。
5　裁判長は、誘導尋問を相当でないと認めるときは、これを制限することができる。

ア）主尋問における規律

　証人尋問を請求する際には、証拠書類等の場合と同様、その立証趣旨を示した
うえで、証人尋問請求をしている（刑訴規189条1項）。そのため、主尋問において、
立証趣旨を離れて尋問をすることは許されない（刑訴規199条の3第1項）。

　また、主尋問においては、原則として誘導尋問は認められてない（刑訴規199条
の3第3項）。誘導尋問とは、尋問者の欲する答えを暗示し、その方向へ被尋問者を
誘導する尋問方法をいい、「はい」または「いいえ」で答えることのできる尋問が
典型である。主尋問を行う者（証人を請求した当事者）と証人とは友好的な関係にあ
り、あらかじめ証人テスト[17]（刑訴規191条の3。証人尋問に備えて、公判期日前に証人と打
合せをし、証言すべき内容の事前練習をすること）も行っているのが通常であるため、尋
問者に迎合する証言がなされるおそれがあるからである。

　いわゆる誤導尋問も許されない（刑訴規199条の3第5項）。これは、誘導尋問の一
種であるが、争いのある事実または証人が供述していない事実につき、その事実
が存在することを前提に、更に次の尋問を行う場合である。

　もっとも、証人の身分・経歴についての尋問（刑訴規199条の3第3項1号）、当事
者に争いない事項に関する尋問（同2号）、記憶喚起のため必要がある場合におけ
る尋問（同3号）など各号列挙の場合には、例外的に誘導尋問が許される。

イ）異議の申し立て

　検察官による違法、不当な尋問が行われた場合、弁護人は異議を申し立てる（刑
訴309条1項）。

　異議に理由がある場合には、裁判所は検察官に対し、質問を変更するように決
定する（刑訴規205条の6第1項）。

　他方、異議に理由がない場合には、裁判所は異議を棄却する決定を行う（刑訴規
205条の5。却下ではない点に注意）。

　なお、異議を認めるか棄却するかの裁判所の判断に誤りがあると考える場合で
あっても、異議に関する裁判所の決定（刑訴規205条の5）に対して、重ねて異議を
申し立てることはできない（刑訴206条）。

17）　この事例の場合、検察官はBの証人尋問実施に先立ち、Bを検察庁に呼び出すなどして、Bとの間で
　　証人テストを行ったうえで、証人尋問にのぞむ。そのため、主尋問は多くの場合、供述調書をなぞるか
　　たちで進められる。その意味で、いわば出来レースに近い面があり、主尋問で証言にほころびが生じる
　　場合は少ない。

◆ 異議を申し立てた場合の手続の流れ ◆

① 弁護人が異議を述べる（①異議を申し立てる旨と②異議の理由を簡潔に述べる）。

　　e.g.「異議があります。誘導尋問です」

② 裁判所が相手方（検察官）に意見を求める（刑訴規33条1項）。

　　e.g.「検察官。ご意見は？」

③ 相手方（検察官）が意見を述べる。

　　e.g.「証人の経歴に関する部分ですので、許される誘導です」

④ 異議を申し立てた当事者（弁護人）は反論があれば述べる。

⑤ 裁判所は遅滞なく決定をする（刑訴309条3項、刑訴規205条の3）。

　　e.g.「異議を棄却します。質問を続けてください」

ウ）事例に沿った具体例

刑事訴訟規則第199条の3第3項1号（身分、経歴、交友関係）── 許される

裁判官：「検察官。主尋問をどうぞ」

検察官：「**あなたは被告人A、Vの職場の同僚ですね**」

証人B：「はい」

刑事訴訟規則第199条の3第3項2号（争いない事項）── 許される

検察官：「**あなたは、令和6年4月5日、甲公園でA、Vとお花見をしていたのですか**」

証人B：「はい」

誘導尋問（刑訴規199条の3第3項柱書本文、5項）── 許されない

検察官：「あなたは、令和6年4月5日、甲公園でA、Vとお花見をしていたのですか」

証人B：「はい」

検察官：「**それで、午後9時ころ、AがVに対して突然殴りかかったのですか**」

弁護人：「異議あり。誘導尋問です」

裁判官：「検察官。ご意見は？」

検察官：「質問を撤回します。お花見をしていたら、何が起こりましたか」

刑事訴訟規199条の3第3項3号（記憶喚起のため）── 許される

検察官：「あなたは、令和6年4月5日、甲公園でA、Vとお花見をしていたのですか」

証人B：「はい」

検察官：「お花見の最中に、どういう出来事がありましたか」

証人B：「AとVとが口論になりました」

検察官：「何が原因で口論になったのですか」

証人B：「VがAのズボンにお酒をこぼしてしまったからだったかな。えーっと、どうだったかな……」

検察官：「**捜査段階では、VがAに対する借金を返済していなかったことで口論になったと話しませんでしたか**」

弁護人：「異議あり。誘導尋問です」

裁判官：「検察官。ご意見は？」

検察官：「記憶喚起のためといえますので、許される誘導と考えます」

裁判官：「異議を棄却します。検察官は質問を続けてください」

誤導尋問（刑訴規199条の3第3項柱書本文、5項）—— 許されない

検察官：「お花見をしていたら、何が起こりましたか」

証人B：「口論になって私がVを殴りました」

検察官：「その間、Aはどうしていたのですか」

証人B：「見ていただけで、Aは手をだしていません」

検察官：「**AはVにどのような暴行を加えたのですか**」

弁護人：「異議あり。証人は手をだしていないと供述しています。誤導尋問です」

裁判官：「検察官。ご意見は？」

検察官：「質問を撤回します」

要約不適切な尋問（刑訴規199条の3第3項柱書本文、5項）—— 許されない

検察官：「AとVは花見で会話をしていましたか」

証人B：「あまり話をしておらず、ぎくしゃくしているような感じでした」

検察官：「その理由は何だと思いましたか」

証人B：「AとVとの間で何かあったのかなと思いました」

検察官：「**要するに、AはVに対して腹を立てていたということですか**」

弁護人：「異議あり。要約不適切な尋問です。証人はぎくしゃくしていると証言しただけで、腹を立てていたという証言はしておりません」

裁判官：「検察官。ご意見は？」

検察官：「……」

裁判官：「異議を認めます。検察官は正確に聞き直してください」

刑事訴訟規則第199条の3第1項（関連性なし）—— 許されない

裁判官：「検察官。主尋問をどうぞ」

検察官：「**あなたは高校生の時、部活動は何をしていましたか**」

弁護人：「異議あり。関連性がありません」

裁判官：「検察官。ご意見は？」

検察官：「質問を撤回します」

検察官：「お花見をしていたら、何が起こりましたか」

証人Ｂ：「口論になって私が V を殴りました」

検察官：「その間、A はどうしていたのですか」

証人Ｂ：「見ていただけで、A は手をだしていません」

検察官：「**あなたの検察官に対する供述調書では、あなたは『A と一緒に V を殴った。』と供述していますが、そうではなかったということですか**」

弁護人：「異議あり。誘導尋問です」

裁判官：「検察官。ご意見は？」

検察官：「相反供述といえますので、許される誘導と考えます」

裁判官：「異議を棄却します。検察官は質問を続けてください」

(3) 反対尋問

刑事訴訟規則第 199 条の 4 （反対尋問、刑訴 304 条等）

1 反対尋問は、主尋問に現われた事項及びこれに関連する事項並びに証人の供述の証明力を争うために必要な事項について行う。

2 反対尋問は、特段の事情のない限り、主尋問終了後直ちに行わなければならない。

3 反対尋問においては、必要があるときは、誘導尋問をすることができる。

4 裁判長は、誘導尋問を相当でないと認めるときは、これを制限することができる。

刑事訴訟規則第 199 条の 5 （反対尋問の機会における新たな事項の尋問、刑訴 304 条等）

1 証人の尋問を請求した者の相手方は、裁判長の許可を受けたときは、反対尋問の機会に、自己の主張を支持する新たな事項についても尋問することができる。

2 前項の規定による尋問は、同項の事項についての主尋問とみなす。

ア）反対尋問における規律

　反対尋問の目的は、主尋問における証言の信用性を弾劾することにあり、あわよくば尋問者に有利な証言を引き出すことにある。主尋問の場合と異なり、反対尋問においては原則として誘導尋問が認められている（刑訴規 199 条の 4 第 3 項）。

　尋問者と証人とが友好的関係にある主尋問と異なり、反対尋問の場合は、証人が尋問者に迎合するおそれが少ないからである。もっとも、誤導尋問については、反対尋問においても許されない。誤導尋問は、証人の記憶と異なる証言を引き出すものである点で、誘導尋問よりも大きな弊害があるからである。

　反対尋問の対象は、原則として主尋問で現れた事項およびこれに関連する事項ならびに証人の供述の証明力を争うために必要な事項にかぎられる。これら以外の質問をする場合には、裁判長の許可を受ける必要がある（刑訴規 199 条の 5 第 1 項）。

イ）事例に沿った具体例

弁護人：「口論になってあなたがVを殴ったということでしたね」

証人B：「はい。そうです」

弁護人：「①Vを殴ったのはあなただけで、AはVに手をだしていないのではないですか」

証人B：「いいえ。AもVに手をだしました」

弁護人：「AがVにどのような暴行を加えたのですか」

証人B：「右足でお腹のあたりを蹴りました」

弁護人：「②AはVに手をだしていないのではないですか」

検察官：「異議あり。重複尋問です」

弁護人：「質問を変えます」

弁護人：「口論になってAがVを殴ったということでしたね」

証人B：「はい。そうです」

弁護人：「①あなたはVに手をだしていないのではないですか」

証人B：「はい。私は手をだしていません」

弁護人：「本当ですか」

証人B：「はい」

弁護人：「②あなたはVにどのような暴行を加えたのですか」

検察官：「異議あり。証人は手をだしていないと供述しています。誤導尋問です」

弁護人：「質問を変えます」

弁護人：「①あなたはAと最近あまり仲がよくなかったようですね」

証人B：「そうです」

弁護人：「原因は何ですか」

証人B：「Aは職場での仕事の成績がいいのですが、私はいまいちでした。そのことでAが私をバカにするような言動が多くなったのが原因です」

弁護人：「②仕事の成績が悪いのはあなたの能力に問題があるのでしょう」

検察官：「異議あり。侮辱的な尋問です。また、関連性もありません」

弁護人：「質問を変えます」

弁護人：「裁判長。Vによる暴行があったかどうかの質問をしてよいでしょうか」

裁判長：「質問を許可します」

弁護人：「**A が V に暴行を加える前に、A は V から暴行を受けていなかったですか**」

証人 B：「V が被告人の胸ぐらをつかんでいたことはありました」

刑事訴訟規則第 199 条の 4 第 1 項（関連性なし）—— 許されない

弁護人：「口論になって A が V を殴ったということでしたね」

証人 B：「はい。そうです」

弁護人：「**あなたは刑事訴訟法の勉強は好きですか**」

検察官：「異議あり。関連性がありません」

弁護人：「質問を変えます」

(4)　再主尋問

刑事訴訟規則第 199 条の 7（再主尋問、刑訴 304 条等）

1　再主尋問は、反対尋問に現われた事項及びこれに関連する事項について行う。

2　再主尋問については、主尋問の例による。

3　第 199 条の 5 の規定は、再主尋問の場合に準用する。

刑事訴訟規則第 199 条の 5（反対尋問の機会における新たな事項の尋問、刑訴 304 条等）

1　証人の尋問を請求した者の相手方は、裁判長の許可を受けたときは、反対尋問の機会に、自己の主張を支持する新たな事項についても尋問することができる。

2　前項の規定による尋問は、同項の事項についての主尋問とみなす。

　再主尋問の目的は、反対尋問によって生じたほころびを修正する目的で行われる。再主尋問までが権利として認められている（刑訴規 199 条の 2 第 2 項）。

(5)　その他の許されない尋問

ア）意見を求める尋問

　意見を求める尋問（刑訴規 199 条の 13 第 2 項 3 号）であっても、証人が経験した事実に基づいて推測した事項を供述する場合であり（刑訴 156 条 1 項）、「正当な理由」（刑訴規 199 条の 13 第 2 項柱書ただし書）がある場合には許容される。

刑事訴訟規則第 199 条の 13 第 2 項 3 号（意見を求める尋問）—— 許されうる

弁護人：「A が V に暴行を加える前に、A は V から暴行を受けていなかったですか」

証人 B：「トイレに行っていたため、その場面は見ていないのです」

弁護人：「さきほどの主尋問で、トイレに行く前、激昂していたのは V のほうだったと証言しましたね」

証人 B：「はい、V は激昂していました」

弁護人：「主尋問で、V と被告人が過去にも喧嘩している様子を何度か見たことがあり、その際に暴力を振るっていたのは V だったと証言しましたね」

証人 B：「はい、そうです」

弁護人：「そうだとすると、今回も、先に手をだしたのは V だったと考えられませんか？」

検察官：「異議あり。証人が経験していない事実について意見を求める尋問です」

裁判官：「弁護人。ご意見は？」

弁護人：「証人が経験した事実に基づいて推測した事項の供述を求めるものであり、正当な理由
　　　　が認められます」

裁判官：「異議を棄却します。弁護人は質問を続けてください」

イ）伝聞供述

　証人が直接経験しなかった事実について尋問することは禁止される（刑訴規 199
条の 13 第 2 項 4 号）。つまり、証人尋問は、証人自身が経験した事実についての証言
を求め、その証言を事実認定の用に供しようとするものである。そのため、証人
が第三者から聞いたいわゆる又聞きした内容を事実認定の用に供することは、伝
聞法則に照らして原則として認められず、それが被告人の供述であれば刑事訴訟
法 322 条の要件を、被告人以外の者の供述であれば 321 条 1 項 3 号の要件をみた
さないかぎり、証拠能力が認められない（324 条 1 項、2 項）。ただし、伝聞法則に基
づくものであるから、その第三者の発言内容の真実性が問題とならず、発言それ
自体が問題となる場合には、伝聞供述は非伝聞として、証人の証言と一体のもの
として証拠能力が認められることになる。

　伝聞供述を引きだすような主尋問が検察官からなされた場合、弁護人としては、
伝聞供述を求めるものであるとして、異議を申し立てるべきである。

　もっとも、伝聞供述につき、異議が申し立てられることなく尋問が終了してし
まった場合、伝聞供述部分の証拠能力の取扱いが問題となりうる。この点につい
て、判例は、ただちに異議の申立てができないなどの特段の事情のないかぎり、
黙示の同意があったとして証拠能力が認められるとしている（最決昭和 59 年 2 月 29
日〔判例シリーズ刑訴 32 事件・刑訴百選 6 事件〕参照）。

(6)　許されない尋問のまとめ

　許されない尋問をまとめると次のとおりである。

誘導尋問 （刑訴規 199 条の 3 第 3 項、5 項、199 条の 4 第 3 項）	①主尋問では原則的に禁止 ②反対尋問では原則的に許容
誤導尋問（刑訴規 199 条の 3 第 3 項柱書本文、5 項、199 条の 4 第 4 項）	主尋問、反対尋問を問わず、禁止
要約不適切な尋問 （刑訴規 199 条の 3 第 3 項柱書本文、5 項、199 条の 4 第 4 項）	主尋問、反対尋問を問わず、禁止
関連性のない事項の尋問 （刑訴規 199 条の 3 第 1 項、199 条の 4 第 1 項）	主尋問、反対尋問を問わず、禁止
威嚇的または侮辱的な尋問 （刑訴規 199 条の 13 第 2 項 1 号）	主尋問、反対尋問を問わず、禁止

重複尋問 (刑訴規 199 条の 13 第 2 項 2 号)	主尋問、反対尋問を問わず、禁止 もっとも、正当な理由があれば可
意見を求めまたは議論にわたる尋問 (刑訴規 199 条の 13 第 2 項 3 号)	①意見を求める尋問であっても、証人 が経験した事実から推測した事項に ついては許容 (刑訴 156 条 1 項) ②議論にわたる尋問は、主尋問、反対尋 問を問わず、禁止
証人が直接経験しなかった事実についての尋問 (伝 聞供述) (刑訴規 199 条の 13 第 2 項 4 号)	又聞き供述 主尋問、反対尋問を問わず、禁止

(7) 書面を示す尋問

刑事訴訟規則第 199 条の 10 (書面又は物の提示、刑訴 304 条等)

1　訴訟関係人は、書面又は物に関しその成立、同一性その他これに準ずる事項について証人を
尋問する場合において必要があるときは、その書面又は物を示すことができる。
2　前項の書面又は物が証拠調を終つたものでないときは、あらかじめ、相手方にこれを閲覧す
る機会を与えなければならない。ただし、相手方に異議がないときは、この限りでない。

刑事訴訟規則第 199 条の 11 (記憶喚起のための書面等の提示、刑訴 304 条等)

1　訴訟関係人は、証人の記憶が明らかでない事項についてその記憶を喚起するため必要があ
るときは、裁判長の許可を受けて、書面 (供述を録取した書面を除く。) 又は物を示して尋問す
ることができる。
2　前項の規定による尋問については、書面の内容が証人の供述に不当な影響を及ぼすことの
ないように注意しなければならない。
3　第 1 項の場合には、前条第 2 項の規定を準用する。

刑事訴訟規則第 199 条の 12 (図面等の利用、刑訴 304 条等)

1　訴訟関係人は、証人の供述を明確にするため必要があるときは、裁判長の許可を受けて、図
面、写真、模型、装置等を利用して尋問することができる。
2　前項の場合には、第 199 条の 10 第 2 項の規定を準用する。

ア) 書面等の利用

　証人尋問を行うにあたり、書面、物、図面等を利用することができる。

　もっとも、証人尋問は、証人の記憶に基づいた供述を得ることを目的とすると
ころ、書面を示して尋問をすると、書面の記載内容によって証人の供述に不当な
影響が及ぶ可能性がある。たとえ記憶喚起のためであったとしても、供述録取書
を示すことは認められていない (刑訴規 199 条の 11 第 1 項括弧書)[18]。

---

18)　反対尋問において、証人が供述調書と異なる証言をした場合に、当該供述調書を自己矛盾供述 (刑訴
328 条) として証人に示して、証人の証言の信用性を弾劾するという方法がある。この場合において、当
該供述調書を示すことができるかどうかについては、刑事訴訟規則 199 条の 11 第 1 項括弧書との関係
で争いがある。
　これについては、①199 条の 11 説 (供述調書を示すことを認めない立場) と②199 条の 10 説 (供述調
書を示すことを認める立場) とがある。①199 条の 11 説は、同条 1 項括弧書が供述録取書を除いている

そのため、書面を示す尋問においては、証人の供述への不当な影響を排除するための規律がされている。

イ）3つの場面

書面を示して行う尋問については、刑事訴訟規則 199 条の 10 から 12 までに 3 つの場面が規定されている。これら 3 つの類型とそれぞれについての裁判長の許可の要否をおさえていく必要がある。

	3つの場面	裁判長の許可の要否
①	書面または物に関し、その成立、同一性その他これに準ずる事項について証人を尋問する場合において必要がある場合（刑訴規 199 条の 10） e.g. 文書偽造罪において、「あなたが作成した文書はこの文書ですか」と質問する場合	×（不要） ∵書面を示さなければ尋問の目的を達成することができず、他方、供述に不当な影響を及ぼす場面ではないため、許可は不要とされる
②	記憶を喚起するため必要がある場合（刑訴規 199 条の 11）ただし、供述録取書を示すことはできない（同条 1 項括弧書）	○（必要）
③	供述を明確にする必要がある場合（刑訴規 199 条の 12） e.g. 口頭での供述のみでは不明確な場合において、図面等を示す場合	○（必要）

ウ）具体例

①の場合（刑訴規 199 条の 10）—— 裁判長の許可不要

検察官：「口論になって A が V を殴ったと先ほどおっしゃいましたね」

証人B：「はい」

検察官：「素手で殴ったのですか」

証人B：「いや、焼酎の瓶で殴りました」

検察官：「甲 3 号証の焼酎の瓶を示します。これがそのとき A が V を殴った時に使われた焼酎

ことを根拠に、この場面において供述調書の呈示は認められないとする。

他方、②199 条の 10 説は、この場面における供述調書の呈示の根拠は、199 条の 11 ではなく、199 条の 10 であるという理解のもと、供述調書の呈示は認められるとする。すなわち、199 条の 11 第 1 項括弧書が供述録取書を除外しているのは、その供述内容が証人に不当な影響を及ぼすおそれがあることを考慮したためであるところ、この場面での供述録取書の提示は供述内容の真実性を前提とするものではなく、過去にどのような供述をしたのかという事実自体を問題とするから、同項括弧書の禁止する行為にあたらないと理解する。そして、自己矛盾供述を示す行為は、199 条の 10 の定める同一性に準じる事項といってよく、同条による呈示が認められると理解する。

実務的には、はっきり決まった運用がされているわけではないが、基本的には、①199 条の 11 説に基づき、供述調書を示すことを認めない立場が多いようである。

もっとも、供述録取書の内容を示すのではなく、供述録取書のなかの署名・押印部分のみを示す行為については、刑事訴訟規則 199 条の 10 を根拠に、裁判長の許可なしに調書を示すことができるとされている。この行為は、あくまで作成名義の真正を明らかにするための行為であって、供述内容を示すものではないから、証人の供述に対する不当な影響を防止するという刑事訴訟規則 199 条の 11 の趣旨に反しないと考えることができる。

の瓶ですか」

証人Ｂ：「はい。そうです」

２の場合（刑訴規199条の11）―― 裁判長の許可必要

検察官：「ＡとＶが口論になった理由は何ですか」

証人Ｂ：「女性関係です。Ａが元々交際していた女性が、Ｖと交際することになったことをＡが
　　　　知って腹を立てたみたいです」

検察官：「それをあなたはどうやって知りましたか」

証人Ｂ：「Ａから聞きました」

検察官：「それで、どうすることになったのですか」

証人Ｂ：「Ａは『Ｖを絶対許さない』と言っていました」

検察官：「あなたを誘ってきたことはありますか」

証人Ｂ：「誘われたと思いますが、どのように言われたかちょっとはっきり思い出せません」

検察官：「口頭で誘ってきたのですか」

証人Ｂ：「メールで誘ってきました」

検察官：「メールでどのように誘ってきたか思い出せませんか」

証人Ｂ：「……。ちょっと思い出せません」

検察官：「**裁判長。記憶喚起のため、甲５号証のメールのやりとりをプリントアウトしたものを
　　　　証人に示してもよいでしょうか」**

裁判長：「どうぞ」

　　検察官が甲５号証を証人に示す

検察官：「『近いうちにお前から花見か何か理由をつけて外に誘いだしてくれ。おれが来ること
　　　　はＶにはまだ知らせるなよ』というＡの発言がありますが、このように伝えられたこ
　　　　とに間違いないですか」

証人Ｂ：「そうでした。思い出しました。間違いありません」

３の場合（刑訴規199条の12）―― 裁判長の許可必要

検察官：「口論になって被告人がＶを殴ったと先ほどおっしゃいましたね」

証人Ｂ：「はい」

検察官：「公園のなかの場所はどのあたりで殴ったのですか」

証人Ｂ：「公園の西側にある桜の木のすぐそばです」

検察官：「ＡとＶの位置関係はどのような関係ですか」

証人Ｂ：「Ａが桜の木の側、つまり西側で。Ｖはそのすぐ東側に立っていました」

検察官：「**裁判長。供述を明確にするため、甲６号証の犯行現場である公園の実況見分調書添付
　　　　の見取り図を証人に示してもよいでしょうか」**

裁判長：「どうぞ」

　　検察官が甲６号証を証人に示す

検察官：「それでは、ＡがＶを殴った時点の被告人の位置に『①』と書き込んでもらえますか」

　証人Ｂが『①』と書き込む

検察官：「それでは、同じ時点のＶの位置に『②』と書き込んでもらえますか」

　証人Ｂが『②』と書き込む

エ）　**公判調書への書面の添付**

　書面を示して尋問がされた場合、その示された書面は公判調書（証人尋問調書）に添付されるのが通常である（刑訴規49条）。これにより、証人尋問調書を読む際に、証人にどのような書面が示されたのか、証人が書面にどのような記入等をしたのかを確認することができる。なお、示された書面に証拠能力がなくとも、裁判所の判断により公判調書への添付が認められる。

　この書面が、証人尋問とは別に証拠として取り調べられていた場合には、当該書面を証拠として事実認定の基礎とすることに問題はない。もっとも、この書面が、証人尋問とは別に証拠として取り調べられていない場合に、当該書面を独立の証拠として事実認定の基礎とすることができるか、という問題がある。

　公判調書への書面の添付（刑訴規49条）の目的は、公判調書の記載・作成の簡素化を図り、あわせて公判調書の内容の正確性を期することにあり、それを独立の証拠として利用することを認める趣旨ではない。

　そのため、公判調書に添付された書面は、証人尋問とは別に証拠として取り調べられていない以上、証人尋問中の供述に引用された限度においてのみ書面の内容が供述の一部になるにとどまり、独立の証拠として事実認定の基礎とすることはできないとされる（最決平成23年9月14日〔刑訴百選66事件〕、最決平成25年2月26日）。たとえば、証人尋問中に証人が書面を示され、質問に対する回答として書面に書き込みを行う場合があり、この書面が公判調書に添付されるとする。この場合、その書き込みがされた書面自体を独立の証拠とすることはできず、書き込み部分はあくまで証言の一部を構成するものとして、証言自体を証拠とすることになる。事実認定に用いることができるのは、あくまで証言であるという理解である。

　したがって、裁判官が証言を離れて当該書面自体を根拠に事実認定を行うことは許されず、事実認定に際し、当該書面を独立の証拠として引用することは違法となる。

(8)　証人保護の制度

　証人の不安や緊張を和らげるため、証人への付添い、遮蔽、ビデオリンク方式の措置が認められている（刑訴157条の4から157条の6まで）。

　付添いは、証人の証言中に証人の傍らに同席することで、証人の様子を見守る制度である（157条の4）。

　遮蔽は、犯罪の性質等を考慮し、被告人の面前では圧迫を受け精神の平穏を著しく害されるおそれが認められる場合に、証言席付近に衝立（不透明なパネルスクリーンなど）を設置し、被告人から証人の状態を認識できないようにする制度であ

る（157条の5第1項）。性犯罪の場合に認められることが多い。また、傍聴人との間での遮蔽措置も認められている（同条2項）。

ビデオリンク方式は、性犯罪など157条の6第1項各号に該当する場合に、法廷と異なる別室に証人を在席させて、その別室と法廷にモニターとカメラを設置して、モニター越しにマイクを通じて証人尋問を行う制度である（157条の6）。

また、これらの付添い、遮蔽、ビデオリンク方式の各措置を併用して用いることもできる。

3　伝聞法則

(1)　伝聞法則の意義

伝聞法則は、伝聞証拠については、相手方の同意なきかぎり（326条1項）、その証拠能力を原則的に否定する法則をいう（320条1項）。

供述証拠は、人の知覚、記憶、叙述という認識過程を経るため、その過程に誤りが入り込む可能性があるところ、公判期日外の供述については、反対尋問も、裁判官による供述態度等の観察も、宣誓（154条）と偽証罪による処罰の予告（刑訴規120条）もされないため、供述内容の真実性をチェックできない。そこで、証拠能力が原則的に否定される。

そして、この根拠にかんがみ、伝聞証拠とは、供述証拠のいっさいをさすのではなく、公判期日外の供述であり、供述内容の真実性を証明するために用いられるものをいうと理解されている。このように、供述証拠が伝聞証拠となるかどうかは、要証事実との関係で相対的に決せられる。

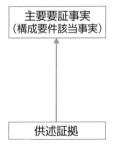

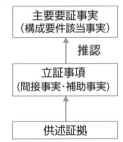

(2)　立証趣旨と要証事実の違い

当事者が証拠調べ請求をする場合、立証趣旨を明示しなければならないとされている（刑訴規189条1項）。この立証趣旨と要証事実の違いであるが、一般的には、要証事実というのは検察官（または被告人・弁護人）の主張によって決まるものではないといわれている。裁判所が認定するのが要証事実であり、検察官または被告

人の一方当事者としての主張が立証趣旨である[19]。要証事実は、検察官の主張する立証趣旨を参考としつつも、最終的には、裁判所が証拠をどういうかたちで使われるかを想定して判断する。

　たとえば、検察官が領収書の証拠調べ請求をし、その立証趣旨は「領収書の存在だ」と主張したとする。しかし、結局のところは、領収書に書かれている金額を受け取ったという事実を立証するために使わないと、証拠として意味をもたないのだから、要証事実は金を受け取った事実ということになる。

(3)　非伝聞の例

非伝聞とされる場合	具体例
言葉が要証事実の場合	Aに対する名誉毀損被告事件において、Aによる「犯人は甲だ」という供述を含むBの証言を、名誉毀損であることを証明するために使う場合（Aの発言自体が構成要件該当事実を構成）
言葉が行為の一部をなす場合（行為の言語的部分）	「はい、お年玉」と言って人にお金を渡す行為を見聞きした者の証言を、贈与行為であることを推認するために使う場合
言葉が状況証拠の場合	AとBが親密な会話をしていたということを含むCの証言を、AとBが以前から知り合いであることを推認するために使う場合
アンドロメダの帝王事例の場合	Aによる「私はアンドロメダの帝王だ」という発言を、Aの精神異常を推認するために使う場合
ブレーキ故障の事例の場合	Aによる「ブレーキの調子が悪い」という発言を聞いたBの証言を、Aがブレーキの故障を認識していた事実（過失）を推認するために使う場合（ブレーキの故障については別途の証拠で立証されたことを前提）
精神状態に関する供述の場合	Aによる「Bは好きじゃない」という供述を、AのBに対する嫌悪の感情を推認するために使う場合
自己矛盾供述による信用性の弾劾の場合（328条）	Cによる「AがBを殴るのを見た」という供述（第1供述）があった場合に、同じくCによる「AがBを殴るのは見ていない」という供述（第2供述）を、第1供述の弾劾に利用する場合
犯行計画メモを利用する場合	①メモが参加者に回覧されることで共謀の形成手段として用いられたような場合 ②犯行計画が記載されたメモがその後に客観的に発生した犯行内容と一致する場合

---

19)　立証趣旨とは本来、その証拠と要証事実（構成要件該当事実、罪となるべき事実（刑訴256条3項））との関係を意味する。刑事訴訟規則189条1項の「証明すべき事実」は要証事実（構成要件該当事実、罪となるべき事実）をさし、証拠と証明すべき事実との関係が立証趣旨である。
　　このように、本来の意味としては、立証趣旨と要証事実とは異なるが、実務上は、証拠等関係カードには、立証趣旨として要証事実を記載していることがほとんどであり、厳密な意味での本来の立証趣旨を記載することはまれである。具体的な要証事実を明示すれば、立証趣旨はおのずと明らかになるため、この当事者が表示した要証事実の記載でもって、立証趣旨を表示したとみてよいということであろう。
　　このように、実務上、立証趣旨として掲げられているものは、実際問題としては具体的な要証事実であり、この運用（立証趣旨に関する実務的な用語法）を前提とすれば、本文のように立証趣旨＝検察官（当事者）の主張、とみることができる。

(4) 321条1項・2項（伝聞例外その1）

ア）321条1項柱書

要件

① **被告人以外の者の供述書**（1重の伝聞なので、署名・押印の要件はかからない）

　e.g. 日記、被害届、捜査報告書など

　　　または

② **被告人以外の者の供述を録取した書面で供述者の署名もしくは押印のあるもの**

　e.g. 目撃者の供述録取書（警察官面前調書、検察官面前調書）など

供述録取書は再伝聞であるが、原供述者の署名・押印により第2伝聞過程の伝聞性を払拭できるため、供述書と同様に扱うことができる。

イ）裁判官面前調書（321条1項1号）

要件　供述不能（前段）または相反供述（後段）＜必要性＞

　e.g. 226条、227条、228条、179条等による裁判官の証人尋問調書、他事件の証人尋問調書・公判調書など

供述不能事由については、例示列挙である（ウ）a））。

前の供述のほうがより詳細であるにすぎない場合も、相反供述にあたる。

趣旨

裁判官は性質上公平な立場にあり、証人尋問では原則として宣誓もなされ、当事者の立会いがないときでも裁判官が代わって反対尋問を行うことが期待できるので、高度の信用性が認められる。それゆえ、信用性の要件は要求されていない。

ウ）検察官面前調書（321条1項2号）

検察官の面前での供述調書であり、実務的には PS とよばれることがある。

検察官は裁判の当事者であって、裁判官のように公平・中立な立場にはないため、1号書面に比べて要件は厳格である。もっとも、検察官は法律の専門家であり、法の正当な適用を請求するという客観的立場にある点にかんがみ、警察官面前調書（KS とよばれる。321条1項3号書面）に比べて要件が緩和されている。

a）前段書面（2号前段）

要件　供述不能＜必要性＞＋署名・押印（柱書）

前段についても、後段が規定する特信情況を要求するかどうか争いがあるが、判例・実務は、前段には特信情況を要求していない。

供述不能事由は例示列挙とされるため、下記の①、②、③のみならず、④や⑤も含みうる。

① **死亡**

② **精神もしくは身体の故障**

一時的な故障では足りない。訴訟の合理的な進行を著しく阻害するとはいえない期間の故障であれば、回復を待って公判廷で供述させる必要がある。

③　所在不明または国外にいる

所在不明といえるためには、検察官がその手段方法を尽くしたにもかかわらず、なお所在が判明しない場合をいうと考えるべきである。

国外にいるとは、検察官がその手段方法を尽くしたにもかかわらず、なお公判期日・公判準備期日に出頭させることができない場合をいうと考えるべきである。なぜなら、交通手段の発達した現代では、一時的な帰国は困難でないからである。

強制送還によって、形式的には**国外にいる**にあたる場合であっても、(a)検察官において当該外国人がいずれ国外に退去させられ公判準備または公判期日に供述することができなくなることを認識しながら殊更そのような事態を利用しようとした場合や、(b)裁判官または裁判所が当該外国人について証人尋問の決定をしているにもかかわらず強制送還が行われた場合など、当該外国人の検察官面前調書を証拠請求することが手続的正義の観点から公正さを欠くと認められるときは、検面調書の証拠能力は認められない（最判平成7年6月20日〔判例シリーズ刑訴79事件・刑訴百選80事件〕）。

④　記憶喪失

証人が記憶喪失のため証言ができない場合も、供述不能にあたり、前段要件をみたす。もっとも、学説では、記憶喪失にもその原因や程度がさまざまであるから一律に供述不能とすべきではなく、記憶喚起のための誘導尋問（刑訴規199条の3第3項3号、199条の11）をしても記憶が回復しない場合にかぎり、供述不能にあたるなどと考える見解がある。

⑤　証言拒絶

現に証言を拒絶しているかぎり、証言拒否は供述不能にあたる。

b）　後段書面（2号後段）

■ **要件** ■　相反供述＜必要性＞＋相対的特信情況＜許容性＞＋**署名・押印(柱書)**[20]

「相反（あいはん）する供述」とは、要証事実との関係で、両供述が表現上明らかに矛盾している供述をいう。

「実質的に異つた供述」とは、①他の証拠や間接事実などと相まって、要証事実との関係で異なる結論を導く供述のほか、②検面調書のほうが公判廷における供

---

20)　ここでの署名には代署も可能であるが、刑事訴訟規則61条2項により、代署者が代署の理由を記載しなければならないのが原則である。最決平成18年12月8日は、後遺症により証人として出頭できなかったAの検面調書の末尾には、「以上のとおり録取して読み聞かせたところ、誤りのないことを申し立てたが、体調不調であると述べ、署名ができない旨申し立てたことから、立会人である供述人の次男Bをして代署させた」と記載があるも、代署の理由の記載はなかった事案について、61条により、代署した者が代署の理由を記載する必要があるとしつつも、本件検面調書末尾の上記のような調書作成者による記載を見れば、代署の理由がわかり、また、代署した者は、そのような調書上の記載を見たうえで、自己の署名・押印をしたものと認められるから、本件検察官調書は、実質上、61条の代署方式を履践したのに等しいということができるとして、刑事訴訟法321条1項にいう供述者の署名があるのと同視することができると判断している。

述より詳細である場合も含む（最決昭和 32 年 9 月 30 日）[21]。

　相反供述の該当性は、主尋問のみならず、反対尋問に対する証言も含めた供述を基準に判断される。したがって、主尋問に対する証言は PS と相反していなくても、反対尋問における証言が PS と相反していれば、相反供述にあたる。

　文言どおり、PS は、公判廷供述よりも前の供述にかぎられる。したがって、証人尋問後に作成された PS は 2 号後段要件をみたさない。

　2 号後段書面の証拠調べの時期に制限はなく、証人尋問が行われた公判期日よりも後の公判期日でもよい。

　相対的特信情況は、供述がなされた際の外部的・付随的事情に基づいて判断されなければならないが、副次的に外部的事情を推認する資料として、供述の内容自体を考慮することは許される。なぜなら、相対的特信情況は、証明力ではなく、証拠能力の要件だからである（最判昭和 30 年 1 月 11 日〔判例シリーズ刑訴 80 事件・刑訴百選 A37 事件〕）。

◆ 相対的特信情況のあてはめ ◆

　大きな基準としては、以下の 2 つの観点から判断される。

① 検察官の面前での供述の際に、一般よりも高い信用性がおける情況が存在するかどうか

② 公判廷における供述には一般よりも信用性を著しく低下させるような情況が存在するかどうか

①の具体例

(a)供述者が死を覚悟した病床での供述

(b)供述者が幼児の場合で、特に親密な人間関係と話しやすい環境下においてなされた供述

((c)理路整然としている、筋道が立っている)

　　PS は、一問一答ではなく、検察官が供述の総まとめをしたうえで物語風に書かれている（KS もしかり）ので、理路整然としているのは当然のことであるから、理路整然としていることは判断要素にならないか、なるとしても過大視してはいけない。供述が詳細かつ具体的であるかなど調書の記載からうかがわれる原供述そのものについて考えるなどの必要がある。

---

21) 「相反する」と「実質的に異つた」とは、このように「相反する」が、表現上明らかに逆のことを述べている場合をいい、「実質的に異つた」は、表現上明らかに逆のことを述べているとはいえないものの、他の証拠関係等とあわせ考えれば、結局のところは逆の結論を導く場合をいうと理解されている。もっとも、「相反する」か「実質的に異つた」のいずれかに該当すれば、後段の適用があることに変わりないから、実務上ではあまり両者は厳密に区別されていないし、厳密に区別する実益がないといわれている。

②の具体例

(a)日時の経過による著しい記憶の減退

ただ、時系列の問題として、PS のほうが公判廷供述に先行するのが常であるから、単に時間的な問題として PS の際のほうが記憶は鮮明であろうという一般論だけで特信情況を肯定することはできない。単なる時間的先後だけでなく、プラスアルファのものが要求されなければならない。

(b)心身の故障による記憶の減退・変化

(c)被告人や利害関係人からのはたらきかけ（威迫、買収、懇願など）

(d)被告人やその関係者らとの特殊な身分（利害）関係から生じるその面前での発言のはばかり

(e)被告人や利害関係人との通謀など

```
c o l u m n
```

PS 立証

「PS 立証」という言葉がある。これは、検察官の予想に反して検察官側証人が公判廷で、PS とは異なる証言をした場合（そもそも主尋問が失敗した場合のみならず、弁護人の反対尋問が成功した場合）に検察官が行う立証活動である。

つまり、このような事態が生じた場合、検察官としては、PS を証拠として利用するインセンティブがはたらく。もっとも、PS を証拠とするためには、2 号後段の相反要件および特信情況の要件の充足を立証しなければならない。とりわけ、後者の特信情況の立証が重要となってくる。

そこで、その特信情況の立証を、その証人尋問の場において同時に行ってしまうのが PS 立証である。検察官としては、まず公判廷での供述が PS に書かれた内容と相反するか実質的に異なることを示す必要があり、それはどのように行うかというと、検察官が再主尋問あるいは主尋問のなかで PS に書かれた供述内容について誘導し、確認させる。たとえば、「あなたは反対尋問でこういうことを言っているけれども、捜査段階ではこう言っていませんでしたか？」というふうに質問して、証人が異なった供述をしたことを立証する。ただ、検察官はこの PS 立証よりも前に、まずは PS の内容に基づき証人を誘導する（刑訴規 199 条の 3 第 3 項 6 号）という方法をとるのが一般である。検察官としても、PS よりはなるべく公判廷での供述を得ようとするからである。そして、それでも証人が食い違う供述を維持する場合にはじめて PS 立証に移る。

そのうえで、PS と現在の証言とでなぜ供述内容が異なるのかについての質問等を行い、証人尋問の場において裁判官に対して、PS に特信情況が認められることをアピールするのである。このようにして、検察官が特信情況の立証を行い、裁判所がこれを受けて、2号後段の要件が備わっているかを判断し、備わっていると判断した場合には PS の証拠決定（刑訴規 190 条 1 項）をして PS の取調べを行うということになる。

　裁判所としては、このような検察官による PS 立証を待つのが通常であるが、場合によっては刑事訴訟規則 192 条の提示命令を使って PS そのものを裁判所の前に提示する方法をとることもできる。

　ただ、この方法では、証拠調べ決定をする前に裁判所が証拠の中身を見てしまうことになってしまい、それは望ましいことではないので、まずは検察官による PS 立証を待つのが通常であろう。

エ）**警察官面前調書など**（刑訴 321 条 1 項 3 号）

　3号は、伝聞例外の原則規定であり、もっとも厳格な要件が課されている。

　司法警察職員に対する供述調書（実務的には KS とよばれることがある）、弁護士作成の聴取書、上申書、被害届、捜査機関作成の捜査報告書、現行犯逮捕手続書、日記、手紙、業務の通常の過程でなく作成された領収書、検証調書・実況見分調書中の立会人の現場供述部分、酒気帯び・酒酔い鑑識カード中の被疑者との「問答」欄、「飲酒日時」欄、「飲酒動機」欄など非常にさまざまな書面が3号書面にあたる。

　■ 要　件■　供述不能＜必要性＞＋必要不可欠性＜必要性＞＋絶対的特信情況＜許容性＞＋署名・押印（柱書）

　供述不能は、1号2号と同様、例示列挙である。

　必要不可欠性（**犯罪事実の存否の証明に欠くことができない**）は、その供述を証拠とするか否かによって事実認定に著しい差異を生じさせる可能性がある場合とか、当該事案の解明に実質的に大きく役立つと考えられる場合をいうと解されている。日本語の意味での**必要不可欠**よりは緩和された意味であり、必ずしもその供述によって有罪か無罪かが決まる場合でなくてもよい。

　絶対的特信情況は、供述がなされた際の外部的・付随的事情に基づいて判断されなければならないが、副次的に外部的事情を推認する資料として、供述の内容自体を考慮することは許される。なぜなら、絶対的特信情況は、証明力ではなく、証拠能力の要件だからである。

　2号書面とは異なり、その特信情況は2つの供述を対比するという相対的なものではなく、供述を単体としてみた場合の絶対的特信情況でなければならない。

◆ **絶対的特信情況のあてはめ** ◆

大きな基準としては、

当該供述を単体としてみた場合に、信用に値するような外部的・付随的事情がある場合

そして、当該書面の作成状況が一般に真実を記載することを要求され、または期待されるものかどうか、真実を記載しなければ自分自身の事後の行動に支障をきたす、相手に真意を伝える必要がある、絶対に他人に知られない記載という意識で書いたかなどの事情から判断される。

たとえば、新聞社に対する匿名の投書は、それが匿名であってその記載内容に責任を負うものでないなどとして、特信性が否定されることが多いであろう。

オ）**公判準備・公判期日の供述録取書（刑訴 321 条 2 項前段）、裁判所・裁判官の検証調書（同項後段）**

要件は無条件である。その理由は、すでに供述時に反対尋問権が保障されているためである。

(5) 321 条 3 項（伝聞例外その 2）

321 条 3 項は、捜査機関の検証調書に関する伝聞例外である。

ア）**要件、書類の性質**

| 要 件 | **真正作成供述**[22]

真正作成供述とは、間違いなく自分が作成したという供述（作成名義の真正）と、検証したところを正しく記載したという供述（記載内容の真正[23]）の両方を意味する。

| 趣 旨 |

①　専門的訓練を受けた捜査官によるもので、しかも検証は物の形状や位置関

---

[22]　もし、供述者が死亡等の事情により、真正作成供述が不可能になった場合には、検証調書の伝聞例外は、原則規定である 321 条 1 項 3 号によることになる。

[23]　記載内容の真正の意味合いについて誤解をしている人も多いのでここで指摘しておく。

「記載内容の真正」を字義どおり捉えると、検証調書の記載内容が真実であることを公判廷で証言すること、と思われがちである。しかし、この理解は誤っている。というのも、「記載内容の真正」をこのような意味のものと捉えるならば、それは伝聞証拠が不同意とされた結果、証人が公判廷で過去の事実を供述してそれが証拠とされる場合と何ら変わりないことになる。そうすると、321 条 3 項は何らゆるやかな要件で伝聞例外を認めたわけではない（もっといえば伝聞例外ですらない）ことになり、3 項の存在意義が失われることになる。

ここで、「記載内容の真正」というのは、検証者においてみずからが五官の作用によって見分したところを書面にそのまま記載した（見分した内容とは異なる記載などしていない）ということについて反対尋問を受けることを意味している。それゆえ、見分した内容が実際に真実であるかどうかは、「記載内容の真正」には含まれず、見分内容の真実性については公判廷で反対尋問を受ける必要は**理論的にはない**ことになる。

もっとも、実務的には、反対尋問を保障するため、真正作成供述の立証においては、単に作成名義の真正や正確に記載した旨の形式的な供述を得るだけではなく、調書の内容についての実質的な反対尋問の機会が与えられている。

係といった客観的な対象に関するものであって、検証者の主観が入りにくい。

　②　検証による結果は口頭で供述するよりも書面による報告に親しみやすい。

　実況見分調書も 321 条 3 項の「書面」に含まれる。検証と実況見分との差は強制処分であるかどうかだけで、実際に行う活動の内容性質に相違はないからである（最判昭和 35 年 9 月 8 日〔判例シリーズ刑訴 82 事件・刑訴百選 A38 事件〕）。

　検証調書、実況見分調書という標題の書面でなく、「捜査報告書」、「写真撮影報告書」、「遺留品発見報告書」、「現場指紋採取報告書」といった標題であったとしても、その内容が検証、実況見分の性格をもつものについては、321 条 3 項の「書面」に含まれる。

　標題がどのようなものであれ、その実質が検証、実況見分の性格をもつものである以上、321 条 3 項がゆるやかな要件で伝聞例外を認めた趣旨が妥当するからである。

　収税官吏（税務職員）、消防職員等の公務員が作成した書面については、321 条 3 項の準用が認められる。

　弁護士、土地家屋調査士等の私人が作成した書面については、321 条 3 項の準用は認められない。なぜなら、321 条 3 項が作成主体を「検察官、検察事務官又は司法警察職員」と明示したのが、法律上捜査の職権と職務とを有する公務員であって、作成された書面の内容を信用できるだけの制度上の保証を備えた者が作成した書面に限定する趣旨であると考えるならば、収税官吏（税務職員）、消防職員等といった公務員については、その作成した書面の内容を信用できるだけの制度的保証が認められるが、他方、弁護士、土地家屋調査士等の私人については、その作成した書面の内容を信用できるだけの制度的保証が認められないからである。判例（最決平成 20 年 8 月 27 日〔刑訴百選 83 事件〕）は、私人作成の燃焼実験報告書について、3 項の準用を否定した。

イ）真正立証

　検察官が証拠調べ請求をした検証調書に対し、弁護人が作成の真正を争って不同意の証拠意見を述べた場合、検察官としては、当該検証調書の作成の真正が認められることの立証（実務上、真正立証とよばれる）を行うことになる。

　具体的には、当該検証調書の作成者（通常は警察官）の証人尋問請求を行い、作成者の証人尋問が実施されることになる。その結果、真正作成供述が認められると裁判所が判断した場合には、321 条 3 項により当該検証調書に証拠能力が認められる。なお、実況見分調書や 321 条 4 項の鑑定書等の場合も、同様の真正立証が行われる。

ウ）現場指示、現場供述

　実況見分調書では、現場状況を見分するうえで有益であることから、立会人（被疑者や被害者の場合などもある）の指示説明が記載されることがある。この指示説明

には、現場指示と現場供述の２種類があるとされている。

　現場指示と現場供述は、指示説明の仕方によって区別されるものではなく、あくまで実況見分の本体のみを罪証の認定に供する場合なのか（現場指示）、それとも、それを超えて、立会人の指示説明を、犯罪事実を認定するための資料として供する場合なのか（現場供述）による区別である。

　総論的にはこのように理解できても、実際のあてはめとなると、判断は容易でないこともある。その際には、次のような思考方法をとるのがよいであろう。すなわち、両者の区別を考える際に重要なことは、供述内容の真実性を度外視すると何らの証拠価値も有さない場合（現場供述）なのか、それとも、供述内容の真実性を度外視しても、当該実況見分調書が証拠としての意味（価値）を有する場合（現場指示）なのかを考えればよい。

◆ **現場指示** ◆

　立会人の指示説明部分が、実況見分すべき地点あるいは物自体を確定する必要からなされる説明であり、この場合は、当該指示説明は、立会人がその地点を指示したので、その地点を対象とする実況見分を実施したという趣旨の記載であって、その指示説明は実況見分の動機または手段にすぎない[24]。

　実況見分調書と一体となって証拠能力が認められる。

◆ **現場供述**[25] ◆

　立会人の指示説明部分が、実況見分すべき地点あるいは物自体を確定する必要からなされる説明を超えて、現場を利用しての過去の事実の供述である場合、まさに当該指示説明（供述）の内容の真実性が問題となるので、伝聞法則が適用される。

　321条３項の要件とは別に、伝聞例外の要件をみたす必要がある。

　署名・押印も当然要求される（写真を除く）。そのため、立会人の現場供述が実況見分調書に記載されている場合には、立会人の署名・押印がないかぎりは証拠能力が否定される。

　①被告人の場合 —— 322条、②被告人以外の者の場合 —— 大抵は321条１項３号

---

24)　この場合、その指示説明部分を証拠として利用しようとしているのではない。証拠として利用したいのは、その実況見分の本体部分であり、典型的には、場所の地理的状況・位置関係等である。この場合には、立会人の指示説明部分の真実性は問題ではない。**立会人がその地点を指示したから、当該地点を見分したのだというのが実況見分の動機・手段になったにすぎないという意味である。**

25)　現場供述は、原則として調書に記載すべきでないとされている。犯罪捜査規範105条１項が「実況見分調書は、客観的に記載するように努め、被疑者、被害者その他の関係者に対し説明を求めた場合においても、その指示説明の範囲をこえて記載することのないように注意しなければならない」と規定しているのもその趣旨である。

エ）立証趣旨との関係

　以上のように被疑者、被害者、目撃者等を立会人とした実況見分調書が作成されることがあるが、この種の実況見分調書が、公判廷において、検察官によって証拠調べ請求（298条1項）される場合、その意図・趣旨としては次のような類型が考えられる。

a）　類　型

> ① 犯行状況、被害状況そのものを立証する趣旨　⇒　現場供述（伝聞）
> ② 実況見分において再現された現場の状況、位置関係等、犯行に関連する現場や人の状況そのものを立証する趣旨　⇒　現場指示（非伝聞）
> ③ 犯行の客観的・物理的な可能性や再現者の供述内容が信用できることを立証する場合　⇒　現場指示（非伝聞）[26]
> ④ 立会人が被疑者である場合には、被疑者が見分時において実際にそのような再現を行っていたことから、取調段階でなされた自白調書の信用性・任意性を補強する趣旨　⇒　非伝聞[27]

b）　立証趣旨の拘束力

　実況見分調書の利用の仕方としては、上記 a）の①から④までの利用の仕方が考えられる。そして、検察官によって実況見分調書の証拠調べ請求がされる場合、検察官によって立証趣旨が明示されることになる（刑訴規189条1項）。

　そして、現行法が当事者主義訴訟構造を採用していることから、裁判所としては、検察官の主張する立証趣旨に拘束されるのが原則である。

　もっとも、これには例外が存在することに注意する必要がある。つまり、検察官によって示された立証趣旨に拘束されると当該証拠がおよそ無意味であるような場合には、裁判所としては、証拠決定（刑訴規190条1項）の際に、その実質的な要証事実を考慮すべきであると理解されている（最決平成17年9月27日〔判例シリーズ刑訴90事件・刑訴百選82事件〕）。

> ◆ 用語法 ◆ ── 言葉を区別できるようにする
> 　立証趣旨　犯行再現状況；単に実況見分の結果を立証する趣旨のもの

---

26)　犯行の客観的・物理的な可能性や再現者の供述内容が信用できることを立証する場合というのは、たとえば、マンション横に生えている木をよじ登って2階のベランダから室内に侵入して窃盗したというような事案において、一般論として、被告人にそのような犯行が可能であったのかどうか？ を確認するために行われる実況見分の場合である。つまり、犯行に一定程度の困難さを伴うような場合がこの類型に該当する。
　逆にいうならば、犯行に困難性がないような場合（だれでも難なくできるような犯行の場合）には、検察官による③を立証趣旨とする証拠調べ請求は嘘くさいことになる。この場合には、後述のとおり、実質的な要証事実を吟味する必要がある。
27)　この場面では、被疑者の再現行為は、その真実性を要証事実としているのではなく、実況見分時にそのような再現行為を行っているということ自体から、自白の信用性・任意性を補強しようとするものであるため、その再現内容の真実性は問題とならない。それゆえ、非伝聞と考えうる。

オ）写真の証拠能力

　写真には、①現場写真、②説明写真、③供述写真（再現写真）の3種類が考えられる。

◆ **写真の種類** ◆

① **現場写真**：犯行の状況そのものまたはこれに接着した前後の状況を撮影した写真　⇒　**非供述証拠**

∵　写真における撮影、現像、焼き付けなどの一連の過程は、機械的化学的方法によって行われるもので、人の知覚・記憶・叙述の過程を経ない。

② **説明写真**：検証（実況見分）において、立会人による指示説明を明らかにするために、検証（実況見分）に添付された写真など

指示説明を補完するものであり、供述と一体をなしているので、検証調書（実況見分調書）の証拠能力を検討すれば足りる。

③ **供述写真**：検証（実況見分）等において、立会人が犯行状況を再現したところを撮影した写真（再現写真）

刑事訴訟法321条3項の要件に加えて、別個の伝聞例外の要件（被告人であれば322条、その他の者であれば、321条1項3号）の充足が必要。ただし、再現者の署名・押印は不要。

∵　写真の記録の過程自体は機械的になされるもので人の知覚・記憶・叙述の過程を経ないが、その撮影対象とされるものについては、犯行再現状況であって、言葉で供述する代わりに、身体の動作（行動）で表現するものであるから、人の知覚・記憶・叙述の過程を経る点で、伝聞証拠にあたる。もっとも、署名・押印は、録取の際の伝聞過程を払拭する趣旨から要求されるものであるところ、再現写真においては、録取は機械的に行われ、人の知覚・記憶・叙述の過程を経ない。

(6)　321条4項（伝聞例外その3）

　321条4項は、鑑定人の作成した鑑定書に関する伝聞例外である。

ア）要件、書類の性質

要件　真正作成供述

321条3項と同じである（(5)ア）参照）。

趣旨

①　裁判所・裁判官が命じた鑑定人は、人選も公正であり、かつ宣誓のうえ、

鑑定をしている（166条）。

② 鑑定の内容は一般的に詳細で複雑であるので、鑑定による結果は書面による報告に親しみやすい。

鑑定受託者の作成した鑑定書に321条4項が準用される。鑑定受託者による鑑定の場合にも上記の趣旨が妥当するからである。

e.g. DNA鑑定の結果報告書面、その他の鑑定書（声紋鑑定書、筆跡鑑定書）、ポリグラフ
　　検査結果回答書、臭気選別結果回答書など

私人（たとえば、弁護士）による嘱託を受けた者が作成した鑑定書にも321条4項を準用できる（最決平成20年8月27日〔刑訴百選83事件〕）。

医師が作成した診断書にも、321条4項を準用できる。鑑定書の場合のように、結果（鑑定結果）のみならず、経過が記載されるわけではないものの、鑑定人によって行われる鑑定と同様の客観性・高度の信用性が認められるからである。

(7) 322条1項（被告人の供述代用書面）

322条1項は、被告人の供述代用書面に関する規定である。

ア）要件、書類の性質

要 件

① その供述が被告人に不利益な事実の承認を内容とするものであるとき（1項本文前段）[28]

自白調書が典型である。319条を準用し、任意性が要求されるのみである（1項ただし書）。被告人供述に、被告人による反対尋問の機会を与える必要はなく、伝聞法則不適用の場合だからである。

② その供述が被告人に不利益な事実の承認を内容とするものでないとき（1項本文後段）

特に信用すべき情況（絶対的特信情況）を要する。被告人に有利な供述の場合、検察官による反対尋問の利益に配慮する必要があるからである。

供述録取書の場合には、被告人の署名または押印が必要である点に注意する。また、必要共同被告人や共犯者は、ここでいう**被告人**に含まれない点にも注意しておきたい。

---

28) この場合の承認とは、自己に不利益な事実を認める被告人の供述であり、犯罪事実を推認させる間接事実の承認や、犯罪事実を認定する証拠の証明力に関する不利益な供述を含む。他方、自白とは、自己の犯罪の全部または主要な部分を認める被告人の供述をさす。したがって、承認は、そのなかに自白を包摂する自白よりも広い概念である。

このように、不利益な事実の承認と自白とは区別されるが、自白でない承認であれ、自白であれ、いずれにしても、任意性が要求されるので、両者の区別を明確にする意味はそれほどない。ただ、任意性を要求する根拠規定（条文引用の仕方）が、322条1項ただし書による準用を経由するか（自白でない承認の場合）、319条1項がストレートに適用されるか（自白の場合）という点で異なるだけである。要するに、322条1項ただし書の趣旨は、自白法則の趣旨を自白以外の不利益事実の承認全般にまで拡大し、同様に任意性を要求する点にある。

イ）自白調書の争い方

　自白調書が検察官により証拠調べ請求された場合、弁護人が不同意の証拠意見を述べたとしても、検察官は322条1項本文前段を根拠に証拠調べ請求をすることが多い。この場合において、弁護人が自白調書を争う場合には、偽計自白や約束自白等の事情があった旨を主張して任意性（憲38条2項、刑訴319条1項）を争うか（証拠能力レベル）、供述の信用性を争うことになる（証明力レベル）。

　自白調書の任意性が争われた場合には、検察官において、任意性を証明する必要が生じる。実務では、任意性立証とよばれる。任意性は訴訟法的事実であるものの、自白調書は裁判の争点との関係で証拠としての重要性が高いことにかんがみ、実務上では厳格な証明を要するという理解のもとで運用されている。そのため、任意性の有無が真偽不明となった場合には、任意性が認められないとして自白調書の証拠能力は否定される。

　任意性立証の方法としては、取調べが録音・録画されている場合には、その映像を証拠として用いる。裁判員裁判対象事件を中心とする重大事件では、映像の取調べ請求を行うことは義務とされている（301条の2第1項柱書本文）。一方、取調べが録音・録画されていない場合には、取調官の証人尋問請求や被告人質問によることになる。ただし、録音・録画がない場合には取調官の供述と被告人の供述が真っ向から食い違い、水掛け論になることが多い。

(8)　324条（伝聞供述）

ア）意　義

　324条1項は、伝聞供述に関する規定である。

> **被告人以外の者の公判準備または公判期日における供述で、**
> **①1項は322条を準用する；被告人の供述をその内容とするもの**
> **②2項は321条1項3号を準用する；被告人以外の者の供述をその内容とするもの**

　いずれも形式的には又聞き供述にあたる。もっとも、ここでの被告人以外の者の供述は、「公判準備又は公判期日における供述」であるから、その者の供述部分については、公判廷で反対尋問にさらされる。

　それゆえ、その者の供述部分についての伝聞性は払拭されているから、伝聞法則の適用が問題になるのは、原供述者の供述にかぎられることになる。したがって、原供述者が**被告人**の場合には、322条を準用し、原供述者が**被告人以外の者**の場合には、伝聞例外の原則規定である321条1項3号が準用されることになる。

　なお、録取の点の伝聞性については、公判廷での反対尋問が可能であるから、322条や321条1項3号を準用する際には、同条項に規定されている署名・押印要件の充足は不要である。

イ）被告人の供述の場合

324条は、公判準備または公判期日における供述を行った者が**被告人**である場合について定めていない。すなわち、「被告人の公判準備又は公判期日における供述で、被告人以外の者の供述をその内容とするもの」について、どのように扱うべきかという問題である。

これについては、伝聞部分が被告人に不利な内容の場合、被告人との関係では、反対尋問を放棄したとみてよいから、326条1項の同意があったのと同じに扱ってよく、後は、被告人供述に任意性（319条1項）が認められれば足りる。他方、伝聞部分が被告人に有利な内容の場合、検察官との関係では検察官による反対尋問のテストが必要であるから、324条2項類推適用・321条1項3号の要件をみたす場合にかぎり、証拠能力が認められるとされる。

> 被告人に不利な内容 ── 任意性のみ要求（319条1項）
> 被告人に有利な内容 ── 324条2項類推適用・321条1項3号の要件が必要

ウ）その他の再伝聞

その他の再伝聞の場合についても明文規定を欠くものの、伝聞の各過程に、321条から324条までの要件が具備されていれば、証拠能力を肯定してよいと考えられている（最判昭和32年1月22日〔判例シリーズ刑訴88事件・刑訴百選86事件〕）。再々伝聞以下についても同様である。

その理由としては、①再伝聞を排斥する文理上の根拠に乏しく、実質的にも各供述過程に伝聞例外の要件が具備されていれば、供述内容の真実性は担保されること、②公判廷外の供述が321条等によって証拠能力を認められる場合には、これを公判廷における供述と同視することができるため、324条を類推適用できることなどがあげられる。

◆ 再伝聞の条文操作 ◆

たとえば、検察官PがBを取り調べた際、Bが原供述者Aの供述を含む供述を行い、検面調書が作成された場合で検討する。

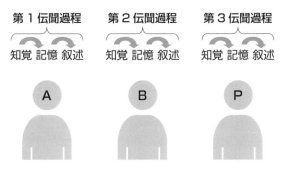

まず、第3伝聞過程については、検面調書中のBの署名または押印によってその伝聞性が払拭される。次に、Bの検面調書が署名または押印以外の伝聞例外（321条1項2号）の要件をみたせば、第2伝聞過程の伝聞性は払拭される。

そして、Bの検察官面前調書が伝聞例外（321条1項2号）の要件をみたせばBの供述部分は、公判期日における供述と同等の証拠能力をもつので、324条の類推適用が可能となる。

それゆえ、Aの供述部分（第1伝聞過程）については、Aが被告人以外の者である場合には、324条2項類推適用・321条1項3号を適用することになる。

第1伝聞過程——324条2項類推適用・321条1項3号
第2伝聞過程——321条1項2号
第3伝聞過程——321条1項柱書【署名・押印】

そして、再々伝聞、再々々伝聞であっても、同様に条文操作を行えばよい。

再々伝聞の場合

第1伝聞過程——324条○項類推適用・○○条
第2伝聞過程——324条○項類推適用・○○条
第3伝聞過程——321条1項2号
第4伝聞過程——321条1項柱書【署名・押印】

---

(9)　326条1項（同意書面）

326条1項は、同意書面に関する規定である。伝聞証拠については、まずもって本条項の同意の有無が確認されることになる。当事者が証拠とすることに同意した書面・供述につき、相当性が認められる場合には、伝聞法則は不適用となり、証拠とすることができる。全部同意、全部不同意のほか、一部不同意の証拠意見を述べることも可能である。

要　件　　同意＋相当性

同意の法的性質については、証拠に証拠能力を付与する訴訟行為と理解するのが実務の立場である（証拠能力付与説）。条文上、相当性が要件とされているものの、相当性を欠くとして、証拠能力が否定される場合はほとんどない。

(10)　327条（合意書面）

327条は、合意書面に関する規定である。検察官と被告人または弁護人が合意したうえで、文書の内容や証人として公判に出頭すれば供述することが予想される供述の内容を記載して作成した書面については、無条件に証拠とすることがで

きる。

要件 合意があれば無条件

一般的な公判で用いることはまれであるが、裁判員裁判で用いられることがある。すなわち、裁判員裁判において、裁判員が膨大な量の証拠を読むことは現実的には困難であり、証拠の量を圧縮する必要がある。また、検察官請求証拠につき、弁護人が一部不同意の証拠意見をだした場合に、その不同意部分が検察官の立証上、重要な意味をもたないこともある。このような場合、捜査機関側が、当事者間に争いのない事実関係の内容を整理して記載した統合捜査報告書その他の合意書面を作成してこれを証拠とする方法（327 条）や、争いのない事項に絞った書面を作成して弁護人側がこれに同意する方法（326 条 1 項）が用いられている（刑訴規 198 条の 2 参照）。

(11) 328 条（証明力を争う証拠、弾劾証拠）

ア）要件、書面の性質

要件 自己矛盾供述の存在

328 条は弾劾証拠に関する規定である。同一人の不一致供述によって供述の証明力を争う場合には、供述内容の真実性ではなく、不一致供述をしたという事実の存在自体を理由に、供述の信用性を弾劾・減殺することができる。弾劾証拠とすることができるのは、自己矛盾供述にかぎられ、328 条は伝聞法則不適用の場合といえる。

328 条の弾劾証拠に回復証拠は含まれるが、増強証拠は含まれないと考えるべきである。

また、争いはあるものの、328 条の弾劾証拠は、弾劾対象となる供述よりも前になされたものに限定されないとするのが判例の立場である（最判昭和 43 年 10 月 25 日〔刑訴百選 A52 事件〕）。

イ）厳格な証明

自己矛盾供述をしたという事実の存在の証明には、厳格な証明を要する（最判平成 18 年 11 月 7 日〔刑訴百選 85 事件〕）。その結果、自己矛盾供述は、同人の供述書、供述を録取した書面（刑事訴訟法が定める要件をみたすものにかぎる）、同人の供述を聞いたとする者の公判期日の供述またはこれらと同視しうる証拠のなかに現れている場合にかぎられる。

また、不任意自白（319 条 1 項）や違法収集証拠（違法収集自白）を 328 条の弾劾証拠として利用することは許されないと考えるべきである。

(12) 写しの証拠能力

原本こそが最良証拠であり、写しは原本に比べて信用性が劣ることから、写しの提出は認められないのが原則である（310 条ただし書参照）。もっとも、①原本が存在しまたは存在したこと、②写しが原本を正確に転写したものであること、③原

本を提出することが不可能または著しく困難であること（通説）の要件をみたす場合には、写しの証拠能力を認めてよい。なお、①と②の要件で足り、③要件は不要とする裁判例もある（東京高判昭和58年7月13日〔判例シリーズ刑訴92事件・刑訴百選A42事件〕）。

4　訴因変更　Ⓐ

　訴訟の進展過程において、起訴状記載の訴因と異なる事実が判明し、そのままでは裁判所によって訴因事実が認定される見込みが得られない場合がある。このような場合に、検察官は、有罪判決を得るため（無罪判決を避けるため）訴因の変更を請求することができる（312条1項）。

　そして、裁判所は、検察官からの訴因変更請求があれば、公訴事実の同一性が認められるかぎり、訴因変更を許可する。

　訴因変更には、その要否の問題と可否の問題があり、以下では分けて検討する。

◆　**訴因変更の要否と可否が問題となる場面**　◆

　　訴因変更には、要否の問題と可否の問題があるところ、両者がどのような場面で問題となるかをまずもっておさえておく必要がある。

　　●訴因変更の要否

　　要否の問題とは、訴因変更が必要であるか？である。

　　具体的には、①裁判所が判決において事実認定をしようとする場合に、訴因事実とは異なる事実を判決において認定することができるか、もしくは、②裁判所が、訴因事実とは異なる事実を判決において認定した場合に、それが控訴理由になるかというかたちで問題となってくる。

　　②の場合において、訴因変更が必要であるにもかかわらず、訴因変更をせずに裁判所が事実認定をした場合、それは不告不理の原則に反し、訴因逸脱認定として、絶対的控訴理由（378条3号）となる[29]。

　　●訴因変更の可否

　　可否の問題とは、訴因変更が可能であるか？である。順序としては、先に要否、その後に可否となる。つまり、訴因変更が必要とされた場合に、次に当該事案において訴因変更が可能なのか、が問題となる。

　　具体的には、検察官が訴因変更請求（312条1項）をした場合に、裁判所が検察官の訴因変更請求を許可することができるかというかたちで問題となる。

29）　後述のとおり、平成13年判例にいう①審判対象画定のために必要な事実（訴因の記載として不可欠な事項）に変動があるにもかかわらず、訴因変更を経ずにそのまま認定した場合には、不告不理の原則に反し、絶対的控訴理由となる（378条3号）。他方、①審判対象画定のために必要な事実（訴因の記載として不可欠な事項）に変動はないものの、②被告人の防御の利益の見地から訴因変更が必要な場合に、訴因変更を経ずにそのまま認定した場合には、訴訟手続の法令違反として相対的控訴理由（379条）となるにとどまることには注意が必要である。

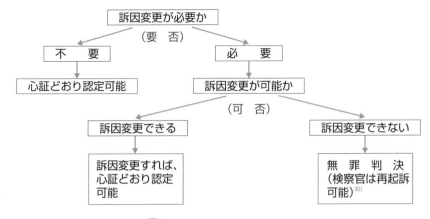

(1) 訴因変更の要否

ア) 訴因の意義、機能

まず、訴因変更の要否を理解する前提として、刑事訴訟における審判対象が何かを確定する必要がある。

当事者主義訴訟構造のもとにおいては、刑事訴訟における審判対象は、訴因であるとされ[31]、裁判所がいかなる事実について審判するかについては、検察官が起訴状に記載した訴因に拘束される（不告不理の原則、378条3号）。

そして、訴因の設定および変更については検察官の専権とされ（256条3項、312条1項）、検察官が起訴するにあたっては、訴因の特定が要求される。

このように、訴因の特定が要求されている趣旨は、裁判所に対し審判対象を明示するとともに（識別機能）、被告人に対して防御の範囲を明示する（告知機能または防御機能）点にある。

◆ **訴因の機能** ◆
① **構成要件を画する**（構成要件に該当する具体的事実の記載を前提として）
② **裁判所に対して審判対象を明示**（他の犯罪事実との識別を通じて） ⇒ **識別機能**
③ **被告人に対して防御の範囲を明示** ⇒ **告知機能または防御機能**

---

30) この場合は、認定事実と訴因事実が「公訴事実の同一性」（312条1項）の範囲内にないということであるから、一時不再理効（337条1号）は生じない。
31) **公訴事実**は、大陸法に由来する旧法下の判例学説上で用いられていた概念である。現行法は、過去の反省から、英米法的な法となっており、英米法の概念である**訴因**という言葉を法文中に加えた。しかし、従来から用いられていた概念である**公訴事実**を捨て切れなかったがゆえに、法文中に、**公訴事実**という概念と**訴因**という概念が混在する結果となってしまっている。もっとも、現行法が当事者主義訴訟構造を基本としていることには争いがなく、審判対象が**訴因**であることは当然の前提として理解されている。
そして、現行法上の**公訴事実**という文言は、訴因変更の限界を画する機能的概念であるにすぎないと理解されている。

イ）訴因変更の要否の基準

　審判対象を、一方当事者である検察官による具体的**事実**の主張としての訴因であると理解すると、訴因事実と認定事実との間に事実の変動がある場合に訴因変更が必要となる。

　そこで、いかなる場合に訴因変更が必要であるかという問題については、一般論としては、一定の重要な事実に変動がある場合（＝事実が実質的に異なる場合）に訴因変更が必要であるとされる。

　そして、具体的には、判例（最決平成13年4月11日〔判例シリーズ刑訴43事件・刑訴百選46事件〕）の枠組みによって訴因変更の要否は判断される。

◆ **平成13年判例の枠組み** ◆

　① 変動する事実が、**審判対象画定のために必要な事項（訴因の記載として不可欠な事項）**か

　　○の場合には、**訴因変更が常に必要。**

　　×の場合には、

　　　　↓

　② **被告人の防御にとって一般的に重要な事項**か

　　○の場合、原則として訴因変更が必要。

　　もっとも、例外的に、

　③ **審理過程から、被告人に不意打ちがなく、かつ不利益といえない場合**には、訴因変更不要。

　　×の場合、訴因変更不要。

　∵　審判対象設定の側面における当事者主義の見地より、第1次的には識別機能を重視すべきである。もっとも、訴因の機能には識別機能のみならず、告知機能（防御機能）もあるので、告知機能にも配慮する必要がある。

　職権主義訴訟構造を否定し、原則として当事者主義訴訟構造を採用する現行法のもとにあっては、訴因の第1次的な目的（本来的機能）は、**裁判所に対し、審判対象を明示する点**にある。審判対象の設定という側面における当事者主義化を示す識別機能がとりわけ重要である。一件記録による嫌疑の承継を切断して起訴状一本主義（256条6項）を採用した現行法のもとにおいては、検察官が**何を審理してほしいのか？**を裁判所に知らせることが必要となり、このようにして裁判所に示された訴因事実（訴因を特定するために不可欠な事項）が審判対象となり、裁判所を拘束する（不告不理の原則、378条3号）。

　したがって、第1次的には、審判対象を画定するために必要な事項（訴因の記載として不可欠な事項）について変動があれば、訴因変更が必要となり、これには例外はない。

　そして、審判対象を画定するために必要な事項について変動がない場合にはじ

めて、第2次的に、被告人の防御の利益（告知機能・防御機能）を検討することになる。

　具体的には、被告人の防御にとって一般的に重要な事項に変動があれば、原則として訴因変更が必要であるが、このような場合でも、被告人の防御の具体的状況等、審理の経過に照らし、(a)被告人に不意打ちがなく、かつ(b)認定が訴因と比べて被告人にとってより不利益とはいえない場合には、例外的に訴因変更は不要とされる。

　この第2次的視点（被告人の防御の観点）は、審判対象の画定の見地（訴因の特定の要請のミニマムライン）からは必要な記載ではないが、争点の明確化、被告人の防御の利益の見地からは訴因に明示することが望ましい事実であり、このような事実に変動があった場合の話である。その意味では、訴因変更（審判対象の変更）の本来的場面ではなく、何ら訴因変更手続によらなくても、公判審理のなかで争点が明確化されれば足りるとされるはずの事実である。争点逸脱認定の場面と同様である。

　しかし、その事実（本来は書かなくても許される事実）を起訴時または訴因変更手続時に**訴因**として掲げた以上は、その事実を変更する際にも、同レベルの厳格な手続（訴因変更手続）によらなければならないとしたものであると考えられる。**訴因**として掲げられた以上、それに向かって被告人の防御が尽くされるわけであるから、被告人の不意打ちを防止するためにも、それを変更する際には、政策的に同レベルの重い手続によるべきだ、という発想に立つものと考えられる。

◆ **平成13年判例の判断基準の意味するもの ── その1** ◆

　審判対象を画定するために必要な事項（訴因の記載として不可欠な事項）とはいかなる事項をさすか。

　① 犯罪の行為、結果など犯罪の構成要件に該当する具体的事実

　② 同じ構成要件に該当する他の犯罪事実と区別するに足りる事項

　　（通常は、犯罪の日時、場所および方法をもって特定することになるが、常に日時、場所および方法の記載が必要なわけではない[32]）

　これらの事実以外のもの（たとえば、殺人、放火などの動機犯における動機など）は、訴因の特定のために必要不可欠な事項ではなく、被告人の防御の利益に資するなどの理由で記載されるにとどまる。したがって、これらの事項は次の段階の判断（平成13年判例にいう②以下の判断）に移ることになる。

---

32)　識別機能を強調するならば、理論的には、たとえば、殺人罪、傷害致死罪のような場合には、人の死亡が1回しかありえないことからして、日時・場所・方法の記載が訴因の特定上必ずしも不可欠であるとはいえないということになろう。これに対し、窃盗罪であれば、日時、場所を異にする2つの窃盗がありうるため、日時、場所等をもって訴因を特定しなければ、別の窃盗事件との区別ができなくなる可能性がある。

● 被告人の防御にとって一般的に重要な事項

　平成 13 年判例により、共同正犯における実行行為者がだれであるかはこれにあたる。また、共謀の日時、場所や犯行の日時、場所および方法もこれにあたると考えられる。

　過失犯における一定の注意義務を課す根拠となる具体的事実もこれにあたると思われる（後述のとおり）。

　犯罪の動機、計画はこれにあたらないだろうと思われる。

● 不意打ちではなく、かつ不利益とはいえない場合

　不意打ちかどうかは、事案の審理経過（検察官による釈明、裁判官から検察官に対する求釈明およびこれに対する検察官の釈明等）を勘案して判断すればよい。

　不利益かどうかは、(a)主として法定刑を基準に抽象的・類型的に判断せざるをえないと思われる。もっとも、犯罪の対比において法定刑を基準にした結果、認定が訴因と比べてより不利益となる場合は、それ以前の問題として、審判対象画定の見地から訴因変更が必要な場合に該当するであろうし、少なくとも被告人の防御にとって一般的に重要な事項に変動がある場合に該当すると思われる。そうだとすれば、この要件は実質的には無意味となる。

　そこで、この要件に意義を見出すとするならば、(b)犯情の点を比較対照することになろうかと思われる。

　たとえば、共同正犯の事案において、実行行為を被告人が 1 人で担当した場合のほうが、実行共同正犯または他の共犯者が実行行為を 1 人で担当した場合に比べて、犯情としては悪いとみることができるため、前者の訴因で後者の認定をすることは許されると考えることが可能である。

e.g. 実行行為を被告人が
すべて 1 人で遂行 ＞
他の共犯者と分担
or
他の共犯者が実行行為を 1 人で遂行[33]

ウ）**具体例**

変更の内容	訴因変更の要否
窃盗の共同共犯 ↓ 窃盗幇助	**不　要** 　被告人が関与した行為自体に変化（事実に変動）はなく、行為に対する評価が変わっただけといえるのであれば、①審判対象画定の見地から訴因変更は不要。また、共同正犯よりも幇助のほうが有利なので、②被告人の防御にとって一般的に重要事項の変動はない。

---

33) すべての場合において、前者のほうが犯情は悪いといえるかについては議論の余地があろう。たとえば、組織的な共犯事件や組織の黒幕の指示に基づく事件などを考えると、実行担当者のほうが共謀のみに参加した共犯者よりも犯情が悪いとは必ずしもいえず、かえって犯情がよいこともあるからである。

窃盗の幇助 ↓ 窃盗の共同正犯	**必　要** 　幇助の訴因には含まれていない実行行為または共謀の事実を新たに認定しなければならないため、①審判対象画定の見地から訴因変更が必要。また、かりに事実に変動はなく、行為に対する評価が変わっただけといえる場合であったとしても、法定刑が重くなるので、②一般的に被告人の防御にとって重要な事項となる。そして、3段階目の判断に落ちた場合でも、③認定事実が訴因事実よりも不利益となるから、やはり訴因変更が必要。
収賄共同正犯 ↓ 贈賄共同正犯	**必　要** 　構成要件が変わっており、実行行為（構成要件該当事実）に変動があるため、①審判対象画定の見地から訴因変更が必要。
強　盗 ↓ 恐　喝	**不　要** 　いわゆる縮小認定[34]（大なる事実が小なる事実を完全に包含）のケースであるが、縮小認定の場合は、両者の間に変更は生じていない（当初訴因からはみでた事実を認定する必要があるわけではない）ので、①審判対象画定の見地から訴因変更は不要。 　また、縮小認定の事案においては、大なる事実についての防御によって、一般的に小なる事実の防御も尽くされていると考えられるから、被告人の防御にとって一般的に重要な事項に変動はない。
酒酔い運転 ↓ 酒気帯び運転	**不　要** 　酒酔い運転における「アルコールの影響により正常な運転ができないおそれがある状態」は、通常は、「身体に政令で定める程度（呼気1リットルにつき0.25ミリグラム）以上にアルコールを保有する状態」を包含しているから、①審判対象画定の見地からは訴因変更が不要。 　また、実質的に縮小認定が可能と考えるのであれば、被告人の防御にとって一般的に重要な事項に変動はない。

エ）過失犯の場合

　過失犯の構成要件は開かれた構成要件とよばれ、新過失論からは、具体的な注意義務違反の行為をもって実行行為を観念する。

　そして、過失犯の訴因においては、①注意義務を課す根拠となる具体的事実、②注意義務の内容、③注意義務違反の具体的行為（注意義務違反の態様）が掲げられるのが一般的である。

◆ 過失運転致傷罪の訴因を分解した具体例 ◆

　被告人は、普通乗用自動車を運転し、時速30から35キロメートルで進行中、

34）　強盗→恐喝、横領→占有離脱物横領、殺人→同意殺人、既遂→未遂は縮小認定の適用場面であるとされる。もっとも、縮小とはあくまで事実の縮小であって、刑事責任の縮小ではないから、刑の軽い犯罪を認定するからといって、それがただちに縮小認定の適用場面になるわけではないことには注意が必要である。それゆえ、強制わいせつ→公然わいせつ、殺人→重過失致死、傷害致死→過失致死などの場合には、当初訴因からはみでた事実を認定する必要がある場合であって、縮小認定の適用場面ではないことには留意すべきである。

①前方道路は付近の石灰工場の粉塵等が路面に凝固していたところへ、当時降雨のためこれが溶解して車輪が滑走しやすい状況にあったから、
　──注意義務を課す根拠となる具体的事実
②対向車を認めた際、不用意な制動措置をとることのないよう、あらかじめ減速して進行すべき自動車運転上の注意義務があるのに、
　──注意義務の内容
③これを怠り、前記の速度で進行した過失により、対向車を認め急制動して自車を道路右部分に滑走進入させ、折から対向してきた普通乗用自動車に自車を衝突させ、
　──注意義務違反の具体的行為（注意義務違反の態様）
対向車の運転者に傷害を負わせたものである。

　そして、過失犯の構成要件においては、③注意義務違反の具体的行為は、故意犯における実行行為と同様に重要なものであることから、故意犯における実行行為と同様、訴因の不可欠記載事項であるとされる。
　したがって、③注意義務違反の具体的行為に変動があった場合には、故意犯において実行行為に変動があった場合と同様に、審判対象画定の見地から必要な事項に変動があったといえるので、訴因変更が必要となる。

◆ 平成13年判例の基準と過失犯 ◆
　①注意義務を課す根拠となる具体的事実
　②注意義務の内容
　③注意義務違反の具体的行為（注意義務違反の態様）
　③に変動があった場合には、審判対象を画定するために必要な事項に変動があったとして訴因変更が必要となる。
　　e.g. 訴因事実であるクラッチペダルの踏み外しと認定事実であるブレーキのかけ遅れはまさに注意義務違反の具体的行為（過失の態様）の変動であるから、訴因変更が必要（最判昭和46年6月22日〔判例シリーズ刑訴44事件・刑訴百選A16事件〕）。
　　また、②注意義務の内容が変動する場合には、③注意義務違反の具体的行為も変動するため、訴因変更が必要となる。
　　他方で①の事実は、注意義務違反の具体的行為を導く事情にすぎず、訴因の記載として不可欠な事項ではないため、2段階目の判断（被告人の防御にとって一般的に重要な事項か）に移ると考えられる[35]。そして、注意義務を課す根拠となる具体的事実の変動は、被告人の防御にとって一般的に重要な事項の変動にあたると考えられる（最決昭和63年10月24日参照）。

---

35) もっとも、この具体的事実が大きく変わってくれば、当然、②注意義務の内容がずれ、③注意義務違反の具体的行為にもずれが生じてくることになるから、訴因変更が必要となる場合はでてこよう。

オ）争点の変更

　争点とは、訴訟において当事者が争う主要な論点をいう。審判対象および被告人の防御の対象は訴因であるが、通常は訴因のなかの一定事実が争点となる。

　そこで、手続上も、争点の明確化が要請されている（316条の5第4号、316条の2、316条の28、刑訴規178条の6第3項1号等）。実務的にも、①争点整理を経て、争点の顕在化をする、②任意的訴因変更を請求する、③検察官が釈明により、争点として顕在化させるなどの対応がとられる。

　たとえ訴因事実に包含されていても、当事者間における具体的な攻防過程において顕在化した争点から外された事実が認定された場合であれば、それは当事者（とりわけ被告人）にとって不意打ち認定となり、被告人の争う権利を侵害するものといえる。

　そして、争点逸脱認定がなされた場合、適切な訴訟指揮を欠くなどの訴訟手続の法令違反（刑訴379条）があったものとして、相対的控訴理由となる。

　訴因は、被告人の防御権の外枠を確定するものであるが、争点はそのなかで更に被告人の防御権の保障を実質化し、被告人の争う権利を保障するものといえるから、争点を逸脱した認定は、訴因逸脱認定ではないからといって適法とされるものではない。

カ）**訴因変更の要否と争点逸脱認定**

a）　両者の違い

　訴因変更の要否については、前述のとおり、平成13年4月11日決定において、①審判対象画定の見地から必要な事項（訴因の記載として不可欠な事項）について変動があるかどうか、②①の観点からは訴因変更が不要でも、被告人の防御にとって一般的に重要な事項に変動があるかどうか、③被告人の防御の具体的状況等、審理の経過に照らし、被告人に不意打ちがなく、かつ認定が訴因と比べて被告人にとってより不利益といえない場合かどうかという基準で判断される。

　そして、訴因逸脱認定（不告不理の原則違反〔378条3号〕）として、絶対的控訴理由となるのは、①の審判対象画定の見地から必要な事項について変動がある場合のみである。

　他方、②③の観点から訴因変更が必要な場合には、訴因逸脱認定ではなく、訴訟手続の法令違反として相対的控訴理由（379条）にとどまると解される。従来は、訴因変更が必要な場合＝訴因逸脱認定という図式が一般的な理解であったが、厳密な意味において訴因変更が必要な場合（訴因逸脱認定）というのは、あくまで①の場合のみであると考えられている。不告不理の原則違反というのは、審判の請求を受けていない事件について判決をした（そもそもの審判対象とずれてしまっている）場合をさすから、それは、訴因の記載として不可欠な事項に変動があった場合をさす。

訴因変更，争点顕在化のフローチャート

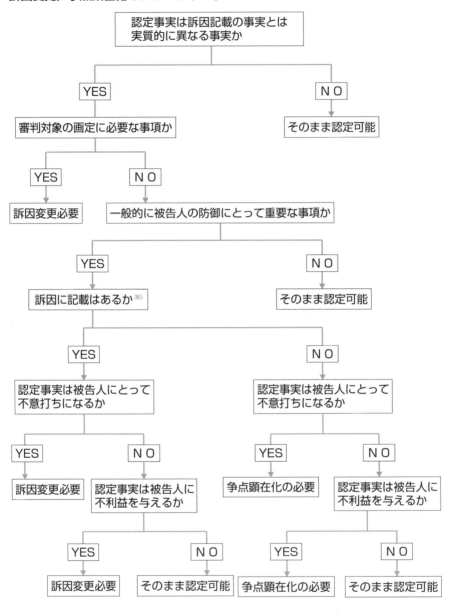

36) 訴因に記載があれば（YES の場合）、訴因変更の問題となる。他方、訴因に記載がない場合（NO の場合。検察官の口頭での釈明による場合）は、前頁以降の問題となる。

そうすると、②③の観点というのは、訴訟手続の法令違反として相対的控訴理由（379条）にとどまる点で、争点逸脱認定の場合と同じ結論となる。②③の観点というのは、形式的には訴因変更が必要な場面ではあるものの、実質的には争点逸脱認定といってよい。以下では、争点逸脱認定の場合と訴因変更が必要な場合（②③の観点）がどのように区別されるのか、また、争点逸脱認定の場合には訴因変更が不要であるにもかかわらず、②③の観点の場合には、なぜ訴因変更が必要ということになるのかという点について説明しておく。

b）　具体例

　争点逸脱認定の場合と訴因変更が必要な場合（②③の観点）の区別を共謀共同正犯の事例に沿って説明する。

パターン1

当 初 訴 因　「共謀の上」
検察官の釈明「令和7年3月6日午後10時ころ、喫茶店白鳥においてXと
　　　　　　　共謀の上」
裁判所の認定「令和7年3月5日午後10時ころ、喫茶店白鳥においてXと
　　　　　　　共謀の上」

　この場合は、**裁判所の認定**は、幅をもって記載されている**当初訴因**に包含されている。また、かりに、**検察官の釈明**が訴因を構成する場合には、裁判所の認定は当初訴因に包含されないことになるが、単に「共謀の上」という記載も訴因の特定を欠くことにならないというのが実務の立場であるから（識別説）、**検察官の釈明**は訴因を構成しないとされる。

　そうすると、やはり、**裁判所の認定**は、**当初訴因**に包含されているため、訴因と認定事実のズレが生じていない。したがって、訴因逸脱認定にはなりえず、争点逸脱認定（訴訟手続の法令違反）にとどまる。

パターン2

当 初 訴 因　「共謀の上」
変更後の訴因「令和7年3月6日午後10時ころ、喫茶店白鳥においてXと
　　　　　　　共謀の上」
裁判所の認定「令和7年3月5日午後10時ころ、喫茶店白鳥においてXと
　　　　　　　共謀の上」

　この場合、**変更後の新訴因**と**裁判所の認定**のズレが生じている。そのため、パターン1のような純粋な争点逸脱認定ではない。

　もっとも、**変更後の訴因**において具体化された事実（共謀の日時、場所等）は、訴因

の記載として不可欠な事項ではない。そのため、本来的な訴因逸脱認定（不告不理の原則違反）ではない。そのため、訴訟手続の法令違反にとどまる。

パターン1と異なっている点は「令和7年3月6日午後10時ころ……」という具体化された事実が、**検察官の釈明**ではなく、訴因変更の手続に乗せて行われている点である。

すなわち、**変更後の訴因**において具体化された事実（共謀の日時、場所等）は、訴因の記載として不可欠な事項ではないにせよ[37]、検察官があえて争点の明確化のために**訴因変更**という重い手続に乗せて、書面をもって事実を具体化した以上は、そこに記載した事実と異なる事実を認定するためには、同様に重い手続（訴因変更という手続）に乗せて事実を変更したうえでなければ、訴因に記載された事実と異なる事実を認定することは許されないというわけである。

変更後の事実につき、検察官が単に口頭で釈明したのみの場合と、訴因変更手続を踏んだ場合とでは、後者の場合のほうがより被告人の防御対象として明確化されることになる（防御を集中させる対象となる）わけであるから、被告人の不意打ちを防止すべく、いわば政策的に同じレベルの重い手続に乗せる必要があるとされる。

キ）**罰条の変更**

起訴状記載の罰条と異なる罰条を適用するには、罰条の変更を要するかについては、被告人の防御に実質的な不利益が生じないかぎりは罰条変更の手続をとる必要はないとされている。

その理由は、①法律の適用は裁判所の専権に属すること、②罰条の記載の意義は2次的なもの[38]だからである。

検察官が罰条変更手続（312条1項）をとらない場合、裁判所は罰条変更命令（312条2項）を発することができる。そして、法律の適用は裁判所の職責であることから、罰条変更命令には原則として義務性が認められ、かつ、その命令には形成力があると考えられる。この点で、後述の訴因変更命令と異なる。

(2) 訴因変更の可否 **B⁺**

ア）**訴因変更の可否の判断基準**

訴因変更が必要となり、検察官が訴因変更請求をした場合に裁判所がこの請求を許可することができるためには、旧訴因事実と新訴因事実が**公訴事実の同一性**（312条1項）の範囲内になければならない。

そして、**公訴事実の同一性**（広義の同一性）があるといえるためには、一般的には、①公訴事実の単一性と②狭義の同一性が認められることが必要であると考えられ

---

37) それゆえ、検察官としては口頭で釈明すれば足り、訴因変更の手続を踏む必要は必ずしもない。
38) 公訴事実の記載がまさに被告人の防御の観点から1次的な意義を有する。

ている。まず、①単一性とは、実体法上の罪数論上一罪の関係にあることをいい、単純一罪、包括一罪、科刑上一罪にある事実は単一性が認められる。

次に、②狭義の同一性が認められるためには、両訴因の基本的事実関係が共通している必要がある。判例は、①両事実の事実的共通性を1次的な基準とし、補完的に②一方の事実が認められる場合には他方の事実は認められないという非両立関係を基準に判断しているのではないかと考えられている。

> ◆ **狭義の同一性（基本的事実関係同一説）** ◆
>
> 両訴因の基本的事実関係が社会通念上共通している必要がある。
>
> 具体的には、
>
> ① 両事実の事実的共通性を1次的な基準とし（共通性基準）、
>
> 補完的に
>
> ② 一方の事実が認められる場合には他方の事実は認められないという非両立関係を基準に判断する（非両立性基準）[39]。
>
> 共通性基準については、法益侵害または結果の同一性、行為自体の共通性、日時・場所の近接性、被害者・被害品の同一性などから総合的に判断する。
>
> 非両立性の有無は、新旧両訴因に記載された事実のみならず、検察官による釈明、冒頭陳述、証拠調べの結果等をも考慮して判断してよい。
>
> 判例は、日時・場所の共通性が多少弱くても被害物件が同じなら同一性を肯定する傾向にある。

イ）具体例

単一性	実体法上の罪数を基準とする	否定例	・窃盗幇助と盗品等有償譲受　併合罪 ・車両の無謀操縦の罪と自動車運転過失致死罪　併合罪 ・賭博開帳図利と常習賭博　併合罪
共通性基準	両事案の事実的共通性を基準とする──基本的事実関係の接着性（日時・場所等）、密接関連性（被害者・被害品等）、共通性（態様・方法等）から同一性を肯定する	肯定例	・同一日時・場所の窃盗と盗品等運搬 ・詐欺と盗品等収受 ・同一物件についての窃盗と詐欺 ・詐欺と占有離脱物横領（信用組合の事務員が誤って手渡した払戻金を誤信に乗じて詐取 　→受領して帰宅後財布の内容を尋ねられながら返還を拒んで着服　同一財物・同一被害者に対する領得罪 ・恐喝と収賄 　→不正な金銭の授受という点で同じ。金銭移転の原因が恐喝か賄賂かという点の違いのみ

---

39) 非両立性基準においても、基本的事実関係にある程度の共通性が認められることが前提である点には注意が必要である。具体的には、たとえば、被告人Xが過失運転致傷罪で起訴されたときに、その後にXが身代わりであったことが判明した場合、過失運転致傷罪の訴因から、犯人隠避罪の訴因に変更することは認められない。たしかに、両訴因は非両立の関係にあるものの、自動車運転過失傷害の行為と犯人隠避とは、行為・結果等の共通性がそもそも認められないため、**公訴事実の同一性**は認められない。このように、非両立性基準は、公訴事実の同一性が認められるための必要条件ではあっても、十分条件ではない。

共通性基準		肯定例	・犯行方法が密接に関連している詐欺と横領 ・放火幇助と失火 ・詐欺による寄附金集め（詐欺）と無許可・無届けの寄附募集（条例違反）
非両立性基準	両事実の非両立性を基準とする——事実関係に明白な重なりがないので共通性基準からはただちに同一とはいえないが、非両立関係があるときは、1つの事実しかありえないので同一性があるとする	肯定例	・同じ背広1着についての静岡県での窃盗と東京都内での盗品等有償処分あっせん（被害品が同一物件であることを前提） ・馬の売却代金の着服横領と馬そのものの窃盗 　→一方が有罪になれば、他方が不可罰的事後行為として不可罰になる関係（判例） ・AとBは共謀してCから賄賂を収受したという加重収賄とAはCと共謀してBに賄賂を供与したとの贈賄（判例） ・2つの覚醒剤自己使用行為につき使用時間、場所、方法において多少の差異があるものの、いずれも被告人の尿から検出された同一覚醒剤の使用行為に関するもの

(3) 訴因変更命令

　検察官が不注意のため訴因変更請求をしないこともあり、これを放置して無罪にするのは、実体的真実発見に反し、相当でない場合がある。

　そこで、裁判所は後見的見地から訴因変更命令を発する権限を有している（312条2項）[40]。

　もっとも、現行法は当事者主義訴訟構造を採用しているため、訴因変更命令に義務性が認められるのはあくまで例外的であり、①犯罪の重大性と、②証拠の明白性が認められる場合にのみ義務性が認められる。

　訴因変更命令があった場合、当然に訴因が変更されることにはならず（形成力は否定）、検察官による訴因変更請求があってはじめて訴因が変更されることになる。

ア）訴因変更命令の義務性

■ 要 件 ■　①犯罪の重大性＋②証拠の明白性

　①犯罪の重大性は、法定刑が参考となるが、これにかぎらない。重過失致死罪でも、それが人命を奪う点で重大性は肯定される。

　2つの要件をみたす場合であっても、裁判長の求釈明に対して検察官が訴因変更請求の意思はないなど釈明しているような場合には、義務性は否定されうる。

　訴因変更命令に形成力はない。

　ここまで、Ⅳとして証拠調べ手続についてみてきた。次に、弁護人や検察官が実際に利用している書類や書式のサンプルをまとめてあげておく。該当する箇所

40）　もっとも、実務的には裁判所がいきなり訴因変更命令をだすことはほとんどなく、検察官に対して求釈明（刑訴規208条）をして、訴因変更を促している。

に遡って実務のイメージを強めるとともに、ここまでの理解を更に深めるために役立ててほしい。

冒頭陳述要旨（検察官）のサンプル —— 自白事件の場合

冒 頭 陳 述 要 旨

覚醒剤取締法違反
被告人　□□□□

第1　身上経歴等
　1　○○市で出生。大学卒業後、会社員。
　2　婚姻しており、妻子と同居。
　3　罰金前科1犯。

第2　犯行状況等
　犯行状況は、各公訴事実記載のとおり。
　令和7年△月○日任意提出した尿から、覚醒剤成分が検出された。
　同日に実施された被告人宅の捜索差押えにおいて、本件覚醒剤が発見された。

第3　情状その他関連事実
　……

証拠等関係カード（甲号証）のサンプル

請求者等　検　察　官	令和 6 年（わ）第 ○○ 号

<table>
<tr><td colspan="8" style="text-align:center">証 拠 等 関 係 カ ー ド （甲）</td></tr>
<tr><td colspan="8">（このカードは、公判期日、公判前整理手続期日又は期日間整理手続期日においてされた事項については、各期日の調書と一体となるものである。）</td></tr>
<tr>
<td rowspan="2">番号</td>
<td rowspan="2">請求</td>
<td colspan="2">意　見</td>
<td colspan="3">結　果</td>
<td rowspan="2">備　考</td>
</tr>
<tr>
<td>標　目
〔供述者・作成年月日、
　住居・尋問時間等〕
立 証 趣 旨
（公 訴 事 実 の 別）</td>
<td></td>
<td></td>
<td></td>
<td></td>
</tr>
</table>

番号／標目	請求 期日	意見 期日	意見 内容	結果 期日	結果 内容	取調順序	備考 編てつ箇所
1　　任 〔(被)　　　6.○.○〕 被告人の尿の任意提出 （　　　　　）			同 意		決 定		
2　　領 〔(員)△△△　6.○.○〕 被告人の尿の領置 （　　　　　）			同 意		決 定		
3　　鑑 嘱 (謄) 〔○警察署長　6.○.○〕 被告人の尿の鑑定嘱託 （　　　　　）			同 意		決 定		
4　　鑑 〔△△△　6.○.○〕 被告人の尿に覚醒剤成分が含有すること等 （　　　　　）			同 意		決 定		
5　　報 〔(員)△△△　6.○.○〕 犯行場所の特定等 （　　　　　）			同 意		決 定		

（被告人　□　□　□　□）

証拠等関係カード（弁号証）のサンプル

| 請求者等　弁　護　人 | | | | | | | 令和 6 年 （わ）第 ○○ 号 | |

証 拠 等 関 係 カ ー ド （弁）

（このカードは、公判期日、公判前整理手続期日又は期日間整理手続期日においてされた事項については、各期日の調書と一体となるものである。）

番号	請求	意　見		結　果			備　考
標　　目〔供述者・作成年月日、　住居・尋問時間等〕⋯⋯⋯⋯⋯⋯⋯立 証 趣 旨（公訴事実の別）	期日	期日	内　容	期日	内　容	取調順序	編てつ箇所
1　　示談書〔△△△　　6.○.○〕⋯⋯⋯⋯⋯⋯⋯⋯⋯被害者との間で示談ができていること（　　　　　　）							
2　　反省文〔△△△　　6.○.○〕⋯⋯⋯⋯⋯⋯⋯⋯⋯被告人の反省（　　　　　　）							
3　　証人　甲野一郎〔○市○町○番地　10分〕⋯⋯⋯⋯⋯⋯⋯⋯⋯被告人に対する今後の監視・監督の意向等（　　　　　　）							
〔　　　　　　　　〕⋯⋯⋯⋯⋯⋯⋯⋯⋯							
〔　　　　　　　　〕⋯⋯⋯⋯⋯⋯⋯⋯⋯							

（被告人　□　□　□　□）

V —— 公判段階における弁護活動　B⁺

1　公判期日に向けた準備

　捜査段階においては、事件に関する情報を被疑者から聴取することになる。もっとも、捜査段階において、捜査機関が捜査に関わる資料を弁護人に提供してくれることはないので、弁護人にとって情報源となるのは、基本的には被疑者の供述のみである。

　これに対し、起訴後は、検察官の請求予定証拠について弁護人に閲覧の機会が与えられるから（刑訴規178条の6第1項1号）、この時点においてはじめて、捜査段階においては知りえなかった事件の客観面（全体像）を知ることができる。

　そのうえで、検察官請求証拠につき、事実関係として聴取すべき事項をピックアップし、被告人と接見・面談のうえ、事実関係を確認したり、場合により犯行現場に足を運ぶなどしたうえで、①罪状認否における被告人の意見、②検察官の請求予定証拠に対する証拠意見を確定していくことになる。

　また、弁護人側の証拠を収集し、証人尋問が必要である場合には、証人と接触のうえ、さらに事実関係を聴取する（いわゆる証人テスト、刑訴規191条の3）。つまり、公判期日においては、①冒頭手続、②証拠調べ手続、③弁論手続と順に手続が進行することになるため、それに備えたあらゆる準備を行うことになる。自白事件であり、かつ、被害者がいる事件においては、被害弁償を行うべく被害者と示談交渉などを行う。

　なお、起訴後は保釈請求が可能であるから、保釈金の目処が立っている場合には、保釈請求を行い、被告人の身体の解放を図る。

2　公判期日における弁護活動

　公判期日においては、被告人の代理人（また、保護者）として、手続のさまざまな場面において陳述を行う。

　具体的には、①冒頭手続においては、弁護人の事件についての陳述を行う（刑訴291条5項）。

　次に、②証拠調べ手続においては、(a)検察官の請求証拠に対する証拠意見、(b)検察官の請求した証人に対する反対尋問（不当、違法な主尋問に対する異議を含む）、(c)証拠決定に対する異議（309条1項）、(d)弁号証（証拠書類、物および証人）の証拠調べ請求（298条1項）、(e)被告人質問における主質問（311条3項）などを行う。

　最後に、③弁論手続においては、最終弁論を行う（293条2項）。

Ⅵ ── 弁論手続

1 論告、弁論

証拠調べ手続が終わると、弁論手続に移行する。弁論手続は、審理の総まとめといえるもので、検察官、弁護人がそれぞれの立証活動の締めくくりとして、事件に対する意見を述べる手続である。

手続としては、まず、検察官による論告および求刑が行われ（293条1項、168頁の論告要旨のサンプル参照）、次に弁護人による弁論が述べられる（293条2項、169頁の弁論要旨のサンプル参照）。そして、被告人に最終陳述の機会が与えられる（293条2項）。そして、これで審理が終結する（いわゆる「結審」）。

即日に判決がだされることはほとんどなく、判決期日として次回公判期日が指定される。

2 意見陳述、被害者参加

犯罪被害者が刑事裁判に関与する手段としては、被害者による意見陳述（292条の2）と被害者参加（316条の33以下）の制度が重要である。

意見陳述の制度は、被害者やその遺族が、被害に関する心情その他の被告事件に関する意見を陳述するものであり、**心情等の意見陳述**とよばれる。この意見陳述は量刑上の参考にされるものの、陳述内容を犯罪事実認定のための証拠として用いることはできない（292条の2第9項）。心情等の意見陳述は、実務上、検察官による論告の直前に行われることが多い。

被害者参加ができるのは、心情等の意見陳述の場合と異なり、故意の犯罪行為により人を死傷させた罪など316条の33第1項各号所定の被告事件の場合に限定されている。被害者はもちろん、被害者の法定代理人、被害者の遺族や被害者等から委託を受けた弁護士も刑事裁判に関与することができる[41]。

裁判所が参加を認めた場合には、被害者参加人または被害者参加弁護士は、公判期日に出席したうえで（316条の34第1項）、①一般情状に関する事項についての証人尋問（316条の36第1項）、②被告人質問（316条の37第1項）および③事実または法律の適用に関する意見陳述（316条の38第1項）ができる。③事実または法律の適用に関する意見陳述は、実務上、**被害者論告**とよばれ、検察官による論告および

---

41) 犯罪被害者等の権利利益の保護を図るための刑事手続に付随する措置に関する法律第11条により、一定の資力要件をみたせば、被害者参加弁護士を裁判所が選定して国がその費用を負担する、いわゆる国選被害者参加弁護士制度も認められている。また、被害者保護に有用な制度として、損害賠償命令の制度が認められている（同法24条以下）。対象となる被告事件に限定がかけられているもの、刑事裁判を行った裁判所と同じ裁判所が損害賠償の審理を行い、刑事裁判終了後におおむね4回以内の審理で結論をだすことになっているため、通常の民事裁判に比べて簡易・迅速に解決しうるメリットがある。

求刑後に行われる。被害者論告による意見陳述の内容は、検察官の論告や弁護人の弁論と同様、意見にとどまるため、証拠とはならない（316 条の 38 第 4 項）。

裁判官：「弁護人。立証は以上になりますか」

弁護人：「はい」

裁判官：「検察官も立証は以上でよいですか」

検察官：「はい」

裁判官：「それでは、検察官。論告をどうぞ」

検察官：「公訴事実の立証は、当公判廷で取り調べられた証拠によって証明十分です。次に、情状について述べます。被告人は 20 歳のころから覚醒剤の使用をしており、覚醒剤との常習性、親和性は強いといえます。（略）」

「以上の諸事情を考慮し、求刑です。被告人に対しては 3 年の拘禁刑に処し、覚醒剤 1 袋を没収するのを相当と思料します」

裁判官：「弁護人。弁論をどうぞ」

弁護人：「はい。弁護人も本件犯行について争うものではありません。もっとも、被告人には以下のとおり酌むべき事情があります。まず、……（略）

以上のように、被告人には酌むべき事情が多々あることを考慮し、社会内での更生の機会を与えて頂きますようお願い申し上げます」

裁判官：「それでは、被告人は証言台の前に立ってください。最後に何か言っておきたいことがあれば述べてください」

被告人：「本当に反省しています。もう二度とやりません」

裁判官：「それでは、審理はこれで終わります。次回に判決を言い渡します。弁護人、3 月 5 日の午前 10 時はご都合いかがですか」

弁護人：「差し支えます。午後であれば」

裁判官：「それでは、午後 1 時でどうですか」

弁護人：「はい。お請けします」

裁判官：「それでは、次回判決期日は 3 月 5 日の午後 1 時に指定します。被告人は必ず出頭するようにしてください。それでは、本日の審理はこれで終わります」

c o l u m n

検察官は暇人なの？

　前掲の「弁論手続の流れ　自白事件バージョン」のやりとりにおいて、次回公判期日を調整する際、裁判官は弁護人には予定を尋ねるものの、検察官には

予定の確認をしないことが多い。これは、検察官が暇で予定が入っていないからではない。

　公判立会いの検察官は、裁判所の裁判官に対応させるかたちで配属されている。つまり、A裁判官の事件についてはB検察官、C裁判官の事件についてはD検察官というように対応している。そして、裁判官の開廷日（刑事裁判を行う日）は、たとえば、月曜日と木曜日というように決められている。

　したがって、A裁判官の開廷日には、B検察官は常に立ち会っていることになり、A裁判官の公判期日の予定は、B検察官の公判期日の予定ともなる。

　そのため、わざわざB検察官の予定を確認する必要はなく、弁護人にのみ予定を確認して公判期日を指定することになるのが通常である。

論告要旨サンプル

論 告 要 旨

覚醒剤取締法違反
被告人　□□□□

第1　事実関係

　　本件各公訴事実は、当公判廷で取調べ済みの各証拠によりいずれも証明十分。

第2　情　状

　　覚醒剤の所持量は、微量とはいえない。
　　20歳頃から覚醒剤を使用していることからして、覚醒剤に対する親和性、依存性は大きく、再犯のおそれは大きい。

第3　求　刑

　　以上、諸般の事情を考慮し、相当法条を適用の上、被告人を
　　　3年の拘禁刑
　に処し
　　　覚醒剤1袋（令和6年領第○号符号1）
　を没収するを相当と思料する。

令和6年（わ）第○号
被告人　□□□□

弁 論 要 旨

令和6年○月○日

○○地方裁判所　第△刑事部　御中

弁護人　山 本 悠 揮

上記被告人に対する頭書被告事件について、弁論の要旨は下記のとおりである。

第1　本件各犯行について

弁護人も、本件各犯行について争うものではない。しかし、以下に述べるとおり、被告人には酌むべき事情が存在する。

第2　情　状

1　犯情について

(1)大麻、覚醒剤との親和性はないこと

被告人の覚醒剤の使用歴は、数回程度にとどまる（乙○）。

このとおり、被告人に大麻、覚醒剤との親和性は低く、常習性もない。

同種前科がないこともこれを補強する。

(2)所持していた覚醒剤が少量であること

また、被告人が所持していた覚醒剤は少量（1パケ分）にとどまる。

2　一般情状について

(1)前科がないこと

被告人には、同種前科はなく、罰金前科を有するのみである。

(2)被告人の反省と自覚

（略）

(3)妻の監督と支え

（略）

このように、被告人については、妻からの監督と支えが十分に期待できる。

第3　結　語

以上のとおり、被告人には酌むべき事情が多々あることを考慮し、社会内での更生の機会を与えていただきたくお願い申し上げる次第である。

以　上

Ⅶ ── 裁判、上訴　Ⓑ

1　裁判の種類　Ⓑ
◆ 判決、決定、命令 ◆
判決：裁判所による裁判であり、原則として口頭弁論に基づいてすること
　　　を要するもの（43条1項）
　　　不服申立ての方法は、控訴（372条）、上告（405条）。
決定：裁判所による裁判であり、口頭弁論に基づいてすることを要しない
　　　もの（43条2項）
　　　不服申立ての方法は、抗告（419条）。
命令：裁判官による裁判であり、口頭弁論に基づいてすることを要しない
　　　もの（43条2項）
　　　不服申立ての方法は、準抗告（429条）。

◆ 公訴棄却判決（338条4号）の具体例 ◆
① 起訴状の方式違背；訴因不特定の場合、起訴状一本主義違反（256条6項）
　　　　　　　　　の場合など
② 親告罪において告訴なく起訴がなされた場合
③ 公訴権濫用の場合

2　有罪判決　Ⓑ⁺

(1)　意　義
　有罪判決は、**犯罪の証明があったとき**に言い渡される（333条1項）。**犯罪の証明があったとき**とは、訴因について合理的な疑いを容れない程度の証明がなされた場合をいう。

　有罪判決においては、「罪となるべき事実」（335条1項）を示さなければならないところ、「罪となるべき事実」とは、犯罪構成要件に該当する具体的事実をいい、起訴状において訴因を特定する際の「罪となるべき事実」（256条3項）と同義であるとされている。

　「罪となるべき事実」（335条1項）の判示の程度としては、構成要件に該当すべき事実を当該構成要件に該当するか否かを判定するのに足りる程度に具体的に記載すればよいとされている。

◆「罪となるべき事実」の判示 ◆
「罪となるべき事実」（256条3項、335条1項）：犯罪構成要件に該当する具
　　　　　　　　　　　　　　　　　　　　　　　　　　体的事実

「罪となるべき事実」の判示の程度

構成要件に該当する事実を当該構成要件に該当するか否かを判定するの
に足りる程度に具体的であればよい[42]。

(2)　択一的認定

ア）意　義

　異なる構成要件[43]にわたって、A罪またはB罪であることにつき合理的疑いを
超える心証を得ているが（すなわち、第3の可能性はない）、そのいずれであるか判明
しない場合に、**AまたはBのいずれかである**（真正の択一的認定または明示的択一的認
定）、あるいは軽いほうの**Bである**（黙示的択一的認定）と事実認定できるかという
問題である。

イ）異なる構成要件間（異なる訴因間）の択一的認定の可否

　真正の択一的認定（明示的択一認定）は許されないとされる。

　なぜなら、①A罪についてもB罪についても証明されていない以上、「**疑わし
きは被告人の利益に**」の原則（利益原則）に反するし、②**A罪またはB罪**という合
成的構成要件を設定したことになり、罪刑法定主義に反するからである。

　他方で、秘められた択一的認定が許されるかについては争いがある。学説は否
定的であるものの、実務的には、A罪とB罪とが論理的択一関係にあれば、軽い
ほうの罪について択一的認定が許されるとする例もある。

　たとえば、保護責任者遺棄か死体遺棄かが明らかでないものの、被害者がその
時点において生きていたか死んでいたかのいずれかである以上、軽いほうの死体
遺棄の事実を認定することが許されるとする（札幌高判昭和61年3月24日〔判例シ
リーズ刑訴97事件・刑訴百選91事件〕）。

　その理由としては、論理的択一関係にある場合には、重いほうの罪の構成要件
要素となる事実の証明につき、利益原則を適用する結果、その事実は**存在しなかっ
た**と認定されることになり、それにより、残った軽いほうの構成要件要素となる
事実が認定できるからである。

◆ 異なる構成要件間（異なる訴因間）の択一的認定 ◆

　①「保護責任者遺棄罪または死体遺棄罪」との認定（明示的択一的認定）⇒

---

42)　要するに、「罪となるべき事実」としての不可欠記載事項（訴因の特定の場面における不可欠記載事
　項と同じ）を構成要件にあてはめつつ判示すれば足りる。

43)　従来からの考え方はこのように、同一構成要件か異なる構成要件かをメルクマールとする。
　　このメルクマールは罪刑法定主義との関係では、合成的構成要件の創設となるかどうかという点で実
　益を有するが、利益原則との関係では、犯罪（訴因事実）の証明があったかどうかが決定的であるから、
　メルクマールとしては、**同一構成要件かどうかは本質的ではなく、同一訴因内かどうかが重要となる**。
　　たとえば、過失運転致傷罪において、過失の態様を異にする択一的認定は、同一構成要件内ではある
　ものの、態様Aおよび態様Bのいずれの訴因事実の証明もないことになるから、許されないことにな
　る。このように、択一的認定の問題において、罪刑法定主義のみならず、利益原則をも問題とする以上
　は、**同一構成要件内かどうかは決定的なメルクマールではなく、厳密には、異なる訴因間にまたがるか**
　が問題である。

認められない
　　②軽い「死体遺棄罪」を認定（秘められた択一的認定）⇒　認められるとする
　　裁判例あり

●秘められた択一認定が許されるか
　　秘められた択一認定が許されるかは、次の2つの場面で問題になりうる。まず、
①AとBとが、論理的択一関係にない場合（たとえば、窃盗罪と盗品等有償譲受罪
の場合）である。この場合に、軽い盗品等有償譲受罪で処罰することが許されるか
という問題であるが、これは許されないという理解が一般である。というのも、論
理的択一関係にない場合には、かりに重い窃盗について利益原則を適用したとして
も、なお第3の可能性がある以上、軽い盗品等有償譲受けについても合理的疑いを
超える程度に証明されたとはいえないからである。
　　次に、②AとBとが、論理的択一関係にある場合（たとえば、上記の保護責任者
遺棄罪と死体遺棄罪の場合）である。この場合については、肯定説と否定説が真っ
2つに割れている状況にある。

ウ）同一構成要件間（同一訴因間）の択一的認定の可否
　　たとえば、被告人がAと共謀してBを殺害したという殺人罪の共同正犯の被
告事件において、実行行為者の明示に関し、Aまたは被告人あるいはその両名と
認定するような場合である。
　　この場合の択一的認定の可否は、その択一的に認定された部分が訴因の記載と
して不可欠な事項であるか否かで判断され、それが訴因の特定にとって不可欠な
事項であれば択一的認定は認められないが、そうでない場合には認められる。
　　上記の例でいうと、被告人が共謀をしたことが肯定されれば、その実行行為者
がだれであれ、被告人は殺人の共同正犯として処罰されることになるため、実行
行為者は訴因の特定において不可欠記載事項ではない。
　　したがって、上記の択一的認定は認められる（最決平成13年4月11日〔判例シリー
ズ刑訴98事件・刑訴百選46事件〕）。

◆　同一構成要件間（同一訴因間）の択一的認定　◆
　　①共同正犯の事案において、実行行為者を「Aまたは被告人あるいはその
　　　両名」と記載　⇒　認められる
　　②「単独でまたは○○と共謀のうえ」との認定　⇒　認められるとする裁判
　　　例あり（東京高判平成4年10月14日）

無罪の喜び

　違法収集証拠であることを主張し、無罪を争った事件（覚醒剤自己使用罪）。否認事件であったことに加え、保釈金の準備ができなかったため、約半年間の公判審理の間、被告人（Aさん）は勾留されたままであった。

　第一審の判決は、無罪。主張どおりに違法収集証拠であるとの認定。判決直後、私がたまたま別件の刑事事件で拘置所に向かい、拘置所前の横断歩道で信号待ちをしていると、「先生ー!!」という声が。振り向くとAさんだった。無罪判決を受けて、釈放されたところだったらしい。しばしの時間ではあるが、2人で喜びを分かち合う。ただ、判決が確定したわけではない。私はAさんに「まだ、検察官が控訴してくるかもしれませんから」と釘を刺す。

　結局、検察官からの控訴があり、原判決破棄、差戻しの判決。これに対する上告を行うも上告棄却。第一審に事件が戻ってくる。第2次第一審は逆転有罪。控訴するも、第2次控訴審も有罪。上告をするも、最終的には被告人の意向もあり、第2次上告を取り下げるかたちで終わった。ただ、第1次控訴審以降、裁判係属中は、被告人が本件で勾留されることはなかった。

3　控　訴　Ⓑ

(1)　意　義

　第一審の判決に対する高等裁判所への不服申立てを控訴という（372条）。原審である第一審裁判所に、控訴申立書を提出することによって行われる（374条）。

　控訴の提起期間は、判決宣告日を含めて15日以内である。判決宣告日から進行するが、初日不算入により、判決宣告日の翌日を初日として14日間（373条）である。

(2)　控訴理由の種類

　控訴理由には、①訴訟手続の法令違反（377から379条まで）、②法令適用の誤り（380条）、③事実誤認（382条）、④量刑不当（381条）、⑤再審事由その他（383条）がある。このうち、①訴訟手続の法令違反には、絶対的控訴理由（377、378条）と相対的控訴理由（379条）とがある。

◆ **訴訟手続の法令違反** ◆

　絶対的控訴理由：当該事由があるだけでただちに控訴理由となる（377、378条）。

　相対的控訴理由：①当該事由＋②その違反が判決に影響を及ぼすことが明らかな場合に控訴理由となる（379条）。

左の事由があることを理由として控訴の申立をした場合には、控訴趣意書に、その事由があることの充分な証明をすることができる旨の検察官又は弁護人の保証書を添附しなければならない。
一　法律に従つて判決裁判所を構成しなかつたこと。
二　法令により判決に関与することができない裁判官が判決に関与したこと。
三　審判の公開に関する規定に違反したこと

左の事由があることを理由として控訴の申立をした場合には、控訴趣意書に、訴訟記録及び原裁判所において取り調べた証拠に現われている事実であつてその事由があることを信ずるに足りるものを援用しなければならない。
一　不法に管轄又は管轄違を認めたこと。
二　不法に、公訴を受理し、又はこれを棄却したこと。
三　審判の請求を受けた事件について判決をせず、又は審判の請求を受けない事件について判決をしたこと。
四　判決に理由を附せず、又は理由にくいちがいがあること。

前2条の場合を除いて、訴訟手続に法令の違反があつてその違反が判決に影響を及ぼすことが明らかであることを理由として控訴の申立をした場合には、控訴趣意書に、訴訟記録及び原裁判所において取り調べた証拠に現われている事実であつて明らかに判決に影響を及ぼすべき法令の違反があることを信ずるに足りるものを援用しなければならない。

(3)　その他の控訴理由

ア）法令適用の誤り（380 条）

┃要件┃　法令適用の誤り＋その誤りが判決に影響を及ぼすことが明らかな場合

　法令違反のうち、訴訟手続に関するものが控訴理由となる場合については377条から379条までに定めがあることから、ここにいう「法令の適用」の誤りとは、もっぱら実体法規の適用の誤りを意味する。

イ）事実誤認（382 条）

┃要件┃　事実誤認＋その誤認が判決に影響を及ぼすことが明らかな場合

　誤認の対象となる事実は、実体法適用の前提となる事実をいう。

　事実誤認をどのように判断するかについては、原判決に示された心証あるいは認定と控訴審裁判官のそれとが一致しないことをいうとする立場もあるが、判例は、原判決の事実認定に論理則・経験則違反がある場合にかぎる。

(4)　控訴審の構造

　控訴審の構造としては、①覆審（前審の審判を御破算にして事件についてまったく新たに審判をやり直す形態）、②続審（前審における判決前の審理手続を引き継ぎ、更に新たな証拠資料を補充して事件につき審判を行う形態）および③事後審（事件そのものではなく、原判決

の当否を審査する形態。続審のように**事件を裁く**のではなく、いわば**裁判を裁く**）とがある。

刑事訴訟における控訴審の構造は、原則として**事後審**と理解されている。なお、民事訴訟における控訴審の構造は**続審**である。もっとも、原判決を破棄して自判する場合には、例外的に**続審**になると理解されている。

(5) 控訴審が行う裁判の種類

控訴審が行う裁判には、①控訴棄却と②原判決破棄（397条）とがある。そして、①控訴棄却には、(a)控訴棄却決定と(b)控訴棄却判決とがある。また、②原判決破棄には、(a)差戻し・移送と(b)自判とがある。

- **●控訴棄却**
  - **控訴棄却決定**：控訴申立てや控訴趣意書の提出にあたって違法がある場合（375条、385条、386条）
  - **控訴棄却判決**：適法な控訴申立てや控訴趣意書の提出はあったものの、口頭弁論を経て、控訴理由にあたる事由がない場合
- **●原判決破棄**
  - 控訴理由に該当する事由が認められる場合等
- **●差戻し・移送**
  - 不法に管轄違いを言い渡し、または公訴を棄却したことを理由として原判決を破棄するときは、事件を原裁判所に差し戻す（398条）。
  - 不法に管轄を認めたことを理由として原判決を破棄するときは、判決で事件を管轄第一審裁判所に移送しなければならない（399条）。
  - これらの理由以外によって原判決を破棄する場合には、原則として、事件を原裁判所に差し戻して、または原裁判所と同等の裁判所に移送する（400条本文）。
- **●自判**
  - 控訴裁判所は、訴訟記録ならびに原裁判所および控訴裁判所において取調べた証拠によって、ただちに判決をすることができる状態に達した場合には、みずから判決すること（＝自判）ができる（400条ただし書）。

4 抗 告　B

裁判所の決定・裁判官の命令に対する不服申立てを抗告という（419条以下）。抗告には、①一般抗告、②特別抗告および③準抗告（429条、430条）がある。

- **●一般抗告**
  - 裁判所の決定に対する不服申立方法であり、通常抗告と即時抗告がある。
  - **通常抗告**：抗告の原則形態。特別の規定はなく、いつでもこれをすることができる。対象となるのは、裁判所の決定のうち、①即時抗告をすることができる旨の規定がある場合、②この法律に特別

の定めがある場合を除いたもの（419条）。

即時抗告：裁判所の決定に対し、特に法律の規定がある場合に許される。迅速かつ独立に決着をつける必要がある事項に認められている。即時抗告の提起期間は、3日である（422条）。

●特別抗告

最高裁判所を管轄裁判所とする特別の抗告。刑事訴訟法により不服を申し立てることができない決定・命令に対して、405条に規定する事由があることを理由とする場合にかぎって認められる。

●準抗告

裁判官の命令に対する準抗告（429条）と検察官等の処分に対する準抗告（430条）とがある。

●裁判官の命令に対する準抗告（429条）

e.g. 勾留に対する準抗告、保釈請求却下の裁判に対する準抗告など[44]

●検察官等の処分に対する準抗告（430条）

e.g. 差押えに対する準抗告、不当な接見制限に対する準抗告など

---

44) 第1回公判期日後については、主体が**裁判官**から**裁判所**（受訴裁判所）に変わるため、準抗告ではなく、抗告による。

Ⅲ

実践編

答案作成にあたって

　論文試験では、4頁、90分間という枠のなかで答案を作成しなければならない。民事実務基礎と同様に、これはかなり大変で、時間に追われることは必至である。民事実務基礎との時間配分にも注意しなければならない。

　問題文の読み方としては、まず先に設問を読んだうえで事案の概要を読むのがよいだろう。犯人性が問われているのか、それとも犯罪の成否が問われているか、刑事手続として何が問われているのかを先に確認しておくことによって、事案を読む際に設問を意識したメリハリの効いた読み方が可能となる。

　答案においては、メリハリづけが重要になってくる。もちろん配点を意識する必要がある。配点の少ない問題に時間、答案の分量を割くことは無益である。

　出題テーマとしては、①事実認定、②刑事手続、③法曹倫理の3つである。このなかで、配点の比重が高いのは①事実認定であるから、ここに力点をいれて答案構成および答案作成を心掛ける必要がある。

　②刑事手続については、ある意味で知っているか知らないかだけの問題も多い。知らなければ書けないし、知っていれば書ける。手続問の解答において答案の分量は必要ではないから、端的に記述することが大事になってくる。知識を披露して長々と書いても、点数に反映されないことが多い。配点の比重は **I　理論編　第1章Ⅳ3** で述べたとおり、①事実認定であり、②刑事手続は的を射てピンポイントに書けていれば点数は付く。点数の稼ぎどころでもあるから、点数をしっかり確保したい。

　なお、出題テーマである犯人性、犯罪の成否、手続問題、法曹倫理につき、思考の道筋を追うのに適した題材として、予備試験論文問題のうちから、サンプルと平成25年をあげた。それとともに、具体的な答案の書き方について指標を示す。

〔問〕下記【事案の概要】を読んで、後記の各設問に答えなさい。

【事案の概要】

1　A（男性）とC（女性）は、同じ県立○○高校の同級生同士として交際しており、平成18年3月に高校卒業後、Aは東京の大学に、Cは地元の大学にそれぞれ進学した後も交際を続けていた。他方、AとCの高校の同級生であるV（男性）は、以前からCに好意を抱いていたところ、平成21年5月に開かれた高校の同窓会で再会したCに対し、しつこく交際を迫るようになった。困ったCは、同年8月上旬にそのことをAに相談し、AがVに話をつけることにした。Aは、Vに電話で「Cが困っているから、彼女に付きまとうのをやめろよ。」と言ったところ、逆にVから「お前何様のつもりだ。お前には関係ないだろ。」と一方的に言われたため、その言動に立腹し、「何だ、その言い方は。覚えておけよ。」と言って電話を切った。

2　Aは、平成21年8月13日に夏休みで地元に戻った際、Vに対する腹立ちが収まらなかったため、高校の先輩であったB（男性）にVのことを相談することにした。Bは、他の高校の生徒や暴走族などとすぐにけんかをする有名な暴れん坊であったが、同じ中学出身であった後輩のAのことはかわいがり、Aにとっては頼りになる兄貴分のような存在であった。そこで、Aは、高校時代から名うての暴れん坊であったBが出てくれば、さすがのVも、Bを怖がって言うことをきくだろうと考えた。Bは高校卒業後、地元の会社に就職したが、まじめに働かなかったためクビになり、そのうち覚せい剤を使用するようになった。そのため、Bは、平成19年7月に、覚せい剤を自己使用した覚せい剤取締法違反の罪により、懲役〔拘禁刑〕1年6月、執行猶予3年の有罪判決を受けた（なお、判決は確定済み）。その後、Bは、日雇のアルバイトで生計を立てながら、アパートで一人暮らしをしていた。

　Aは、前同日、自宅で、Bに「CがVから付きまとわれて嫌がっているんです。俺も直接Vに付きまとうのをやめるようVに言ったのですが、逆にVから言い返されてしまいました。BさんからもCに付きまとうのをやめるようVに言ってくれませんか。Bさんから言われればVもすぐにやめると思いますから。」と言ったところ、Bは、「わかった。おれが話をつけてやる。それでも聞き入れなければ痛い目に合わせてやる。お前は見張りだけでいい。」と言った。その後、AとBで相談し、AからCに、詳しいことを知らせずに、Vを夜間、人気のない港町公園に呼び出すよう依頼すること、Aがレンタカーを借りてBを乗せて港町公園まで運転すること、BとVが公園にいる間、Aは車の中で待機しながら見張りを

することなどを決めた。

3　8月23日夜、AとBは、Aが借りて運転するレンタカーで港町公園まで行き、午後9時前ころから、公園入口の近くにとめた車両内で待機していた。午後9時ころ、Cからの呼び出しに応じてやって来たVが公園に入って行ったのを見て、Bが車から降り、Vの方に近づいていった。Aは、車の運転席から、公園に入って来る人がいないかを見張っていた。Vは、公園内をきょろきょろしながら、Cの姿を捜していたが、Bが近づいて来たのを見て、一瞬ぎょっとした様子をしたものの、すぐに平静を装い「あれ、Bさんお久しぶりです。お元気でしたか。こんな時間にどうしたのですか。」と言って、わざと親しげに話しかけてきた。Bは、「お前、Cに付きまとうのやめろよ。」と言ったところ、Vは、平然とした様子で「何を言い出すかと思えばそんなことですか。恋愛ざたに口を出すとBさんの株が下がりますよ。」と言い返してきた。それを聞いたBは、Vに対し「お前、だれに向かって口をきいてるんだ。」と言いながら、いきなりVの顔面を平手で2回殴った。Vは、Bが高校のときから有名な暴れん坊であることを知っていたので、これ以上逆らうと何をされるかわからないと思い、「わかりました。もうCには連絡しません。」と言った。Bはそれを聞いて「二度と連絡するなよ。」と念を押して、Vに背を向け公園の出口に向かおうとした。Vは、Bが立ち去ろうとしたので一安心し、小声で「格好つけやがって。前科持ちの癖に。」とつぶやくように言った。それを聞いたBは憤激し、「お前、今何て言った。」と怒鳴りながら、腰に隠し持っていた三段伸縮式の特殊警棒を取り出し、Vの頭部、両上腕部、腹部等を多数回にわたり殴打した。

4　公園の入口近くにとめた車の中で見張りをしていたAは、公園の中でのBとVのやり取りは見えなかったものの、犬を連れて散歩する男が公園に入ろうとするのを見て、車から降りて、Bに向かって「人が行ったから。」と伝えた。Bは、公園から駆け足で戻って車の助手席に乗り込み、すぐにAが車両を発進させてその場から離れた。特殊警棒を手に持って車に戻ったBは、Aに「あいつ、ふざけたことを言うから、やきを入れてやった。」と言ったところ、Aは「あれ、そんなの持っていたのですか。Vは本当に生意気なやつだったでしょう。」と返答した。

　公園を散歩していたWは、うずくまりけがをしているVを発見し、警察と救急隊に連絡した。Vは、救急車で病院に搬送され、入院加療約3か月を要するろっ骨骨折、左上腕部複雑骨折、頭部打撲と診断された。

5　警察官は、Vの事情聴取から犯人がBであることが判明したため、8月27日、Vの供述などを疎明資料として、傷害の被疑事実でBの逮捕状を請求し、同日その発付を受けた。しかし、Bは、事件後、友人宅を転々と泊まり歩く生活を送るようになっており、Bのアパートに赴いた警察官は、Bの身柄を確保することができなかった。Bの所在捜査を続けていたところ、9月1日、Bの友人宅の近くのパチンコ店でBを発見し、Bを逮捕したが、犯行に使用した特殊警棒については押収することができなかった。その後、V・B・Cの各供述からAの関与も判明した

ため、同月4日、Aも逮捕され、所要の捜査を遂げた後、A及びBは、以下の【公訴事実】で公判請求された。

　第1回公判期日において、被告人Aは、公訴事実記載の「共謀」を争い、被告人Bは公訴事実を認めたため、裁判所は、AとBの審理を分離した。

【公訴事実】

　被告人両名は、共謀の上、平成21年8月23日午後9時ころ、○○県○○市○○町1丁目2番3号港町公園において、V（当時21歳）に対し、平手でその顔面を殴打し、特殊警棒で頭部、両上腕部、腹部等を多数回殴打するなどの暴行を加え、よって、同人に入院加療約3か月を要するろっ骨骨折、左上腕部複雑骨折、頭部打撲の傷害を負わせたものである。

〔設問1〕　検察官は、逮捕されたBの送致を受け、Bを勾留請求するかどうかを検討することとした。そこで、その検討に際し、勾留請求の実体的要件が認められるかどうかにつき、それぞれ具体的事実を指摘しつつ論じなさい。ただし、勾留の理由（罪を犯したことを疑うに足りる相当な理由）と必要性については論じる必要はない。

〔設問2〕　上記【事案の概要】の4までの事実が、裁判所において証拠上認定できることを前提に、Aが本件傷害の共同正犯の罪責を負うかどうか検討するに当たり、「共謀」を肯定する方向に働く事実と否定する方向に働く事実を挙げて、それぞれの事実がなぜ共謀を肯定し、又は否定する方向に働くかの理由とともに示しなさい。

〔設問3〕　仮に、以下の【手続】がなされたとした場合、弁護人はどのような対応を取ることができるか、条文上の根拠とともに論じなさい。

【手続】

　Bは、捜査段階において、「私が港町公園に行くとき、特殊警棒を隠し持っていたことをAは知っていました。というのも、Aの自宅でAから相談されたとき、『そんな生意気なやつはこれでボコボコにしてやる。』と言って、Aにこの特殊警棒を見せたということがあったからです。」という供述をし、その旨の検察官面前調書が作成された。他方、Aは「Bが特殊警棒を持っていることは知りませんでした。」と供述したため、Aの弁護人は、検察官が証拠請求したBの上記供述が記載された検察官面前調書を不同意にした。Aの公判期日において、Bの証人尋問を実施したところ、Bは、上記の点について、「よく考えてみるとAは知らなかったと思います。」と証言した。そこで、検察官はその証言と相反する記載のあるBの検察官面前調書を、前の供述と相反し、前の供述を信用すべき特別の情況があるとして、刑事訴訟法第321条第1項第2号により証拠請求した。裁判所は、その調書の証拠採用を決定したが、弁護人は、検察官面前調書中の供述には信用す

べき特別の情況が欠けていると考えた。

〔設問4〕 ABの高校時代の教師が、AB両名が逮捕勾留されたことを知り、AB両名に対し、知人の弁護士Dを紹介した。弁護士Dが、AB両名の弁護人として事件を受任することの問題点を論じなさい。

Ⅰ──── 思考の筋道

1 設問1について

60条1項（207条1項本文準用）の各号の該当性を検討するよう求められている。

Bは友人宅を転々と泊まり歩く生活を送っていたというのであるから、住居不定であって1号に該当することは明らかである。

罪証隠滅のおそれ（60条1項2号）については、罪証隠滅行為の①対象、②態様、③客観的可能性および実効性、④主観的可能性を検討することになる。

本問では、罪証隠滅の態様としては、物的証拠（特殊警棒）の隠滅とBへの威迫が考えうる。まず、傷害事件に関する凶器である特殊警棒を押収できていないため、これを隠滅する客観的可能性がある。また、被害者Bに対する威迫のおそれもないわけではないが、威迫したところでろっ骨骨折等の結果発生については動かしようがないため、その実効性は低いといえるだろう。

そして、④主観的可能性としては、Bは自白している（捜査段階における供述が問題文から明らかではないが、公判段階では事実を認めているため、おそらく捜査段階でも自白しているのではないか）と思われるため、主観的可能性は低いといえるだろう。

罪証隠滅のおそれが肯定されるか否定されるかは微妙なところであろう。

最後に、逃亡のおそれ（60条1項3号）については、Bが若年であること、日雇いのアルバイトであって職業も安定していないこと、事件後に住居を安定させていないこと、本件が執行猶予中の犯行であって実刑判決の可能性が高いことなどから、肯定されよう。軽微な傷害事件であれば罰金や再度の執行猶予の可能性もありうるが、本問は入院加療約3か月の傷害という重い傷害結果といえるから、やはり実刑判決の可能性が高いといえる。

以上のとおり、少なくとも1号および3号の要件をみたす。

2 設問2について

共謀は「実行行為時における犯罪の共同遂行の合意」であり、①犯意の相互認識（意思の連絡）と②正犯意思が必要である。これが認められるかについて、肯定、否定の事実を丁寧に抽出し、かつその評価を加える必要がある。

(1) 肯定する方向

　共謀を肯定する方向にはたらく事実としては、AがBに話をもち掛けた際に(a)Bが「それでも聞き入れなければ痛い目に合わせてやる」と告げている事実および(b)Bが有名な暴れん坊であることをAにおいて認識していた事実がある。これは、Aにおいて(a)Bが単に話をつけるだけなく、暴行に及ぶ可能性を認識していたこと、(b)Bが暴行に及ぶ可能性が高かったことを認識していたことを意味するから、共謀を肯定する方向にはたらくといえる。

　(a)だけでは、Bが暴行に及ぶかどうかは、抽象的な可能性にとどまる。そこで、Bが有名な暴れん坊である事情が意味をもつ。Aがあえて有名な暴れん坊であるBに話をもち掛けたのは、単に話をつけるにとどまらず、Bによる暴行を期待していたのではないかということをうかがわせる。

　次に、(c)AがBに対し、自動車内で「Vは本当に生意気なやつだったでしょう」と返答し、やきを入れたことについてBをとがめる言動をしていない事実がある。もしBによる暴行を想定していないのであれば、「やきを入れてやった」というBの発言に対して、たとえBがAの先輩であったとしても「なんでそんなことをしたんですか」などととがめる発言や驚いた発言をするのが通常であるから、そのような言動をすることなく、かえって「Vは本当に生意気なやつだったでしょう」とやきを入れたことを追認するかのような発言をしていることは、Bによる暴行を容認していたことを意味し、共謀を肯定する方向にはたらくといえる。

　また、正犯意思を基礎づける事実として、(d)AからBにVに話をつけるという相談をもち掛けていること、(e)BによるつきまといをやめさせることはAにとって利益になることがあげられる。これらの事実は、本件の動機はAにあり、他人の犯罪の加功ではなく、自己の犯罪を行う意思であったことを意味するから、共謀（正犯意思）を肯定する方向にはたらくといえる。

　さらに、正犯意思を基礎づける事実として、(f)Aは見張りを行い、犬を連れて散歩する男を見てBに「人が行ったから」と伝え、戻ってきたBを乗せてその場から離れた事実があげられる。この事実は、本件においてAの果たした役割が重要であったことを意味するから、共謀（正犯意思）を肯定する方向にはたらくといえる。

(2) 否定する方向

　他方、共謀を否定する方向にはたらく事実としては、(a)BがVを特殊警棒で殴打したのは、「格好つけやがって。前科持ちの癖に」というVの発言に憤激したからであること、(b)殴打行為の前にはBはVに背を向けて出口に向かおうとしていたことがあげられる。

　(a)の事実は、特殊警棒での殴打があくまでBの個人的な憤激に基づく行為であって、Aとの共謀に基づくものではないことを推認させるといえる。また、(b)

の事実は、Ｖの挑発する発言がなければ、ＢはＡの待つ自動車に戻っていたといえる事情であり、Ａとの間では特殊警棒での殴打は想定されていなかったことを推認させる。したがって、これらの事実は共謀を否定する方向にはたらくといえる。

また、(c)ＡがＢに対し、自動車内で「あれ、そんなの持っていたのですか」と発言している事実がある。これはＢが特殊警棒を持っていたことをＡにおいて認識していなかったことを意味するから、共謀を否定する方向にはたらくといえる。

なお、ＡがＢに相談をもち掛けた際に「Ｂさんからも C に付きまとうのをやめるよう Ｖ に言ってくれませんか」と告げているにすぎない事実は否定方向にはたらきうる。もっとも、「話をつける」＝「暴行を含まない」とは必ずしもいえず、「話をつける」という言葉は暗に暴行を示唆するものとみることができる。したがって、この事実は共謀を否定する方向にはたらくとまではいえないだろう。

Point

① 事実の抽出（積極、消極ともに）　　答案に示す！
② 事実のもつ意味合いの吟味　　　　（これは頭のなかでやればよい）
③ 抽出した事実の評価　　　　　　　答案に示す！

3　設問 3 について

相対的特信情況は証拠能力の要件であるから、特信情況が認められない場合には、これを証拠として利用することはできない。そうすると、裁判所がこの検面調書を証拠採用（刑訴規 190 条 1 項）することは許されない。

したがって、弁護人としては、証拠決定に対して異議（刑訴 309 条 1 項）を申し立てることができる。なお、証拠決定に対する異議は、相当でないことを理由に行うことができないとされているが（刑訴規 205 条 1 項ただし書）、証拠能力のない証拠を採用することは法令違反にあたるから（同項本文）、異議申立ての対象となる。

4　設問 4 について

共犯者の共同受任は、利益相反の可能性がある。共犯者間では、責任転嫁、引っ張り込みの可能性があるとされるため、ＡとＢの間で利害衝突が生じるおそれがあるといえる。

弁護士職務基本規程 28 条 3 号は、「依頼者の利益と他の依頼者の利益が相反する事件」について職務を行うことを原則として禁止している。本問は同号に該当する場面であるため、ＡＢ両名の弁護人として事件を受任するのは認められない。

なお、ＡＢいずれもが共同受任に同意した場合にはこの禁止が解除されうるが

（弁護士職務基本規程 28 条柱書ただし書）、Ａ がＢ との共謀を否認している本問においては、現実的な利害衝突が起こるであろうことは目にみえている。そのため、そもそもＡ およびＢ が共同受任を同意することはないと思われるが、かりにＡ およびＢ の同意があったとしても、弁護人としては共同受任を差し控えるべきであろう。

Ⅱ ── 答案例

第1　設問1について
　刑事訴訟法 207 条 1 項本文の準用する 60 条 1 項各号の要件について検討する。

　1　Ｂ は本件逮捕当時、友人宅を転々と泊まり歩く生活を送っていたのであるから、住居不定といえる（1 号）。

> 1 号（住居不定）は明らか。

　2　次に、本件では凶器として利用された特殊警棒をいまだ押収できていないため、これを隠滅する客観的可能性がある。

　　Ｂ の逮捕段階における供述が明らかではなく、Ｂ による罪証隠滅の主観的可能性ははっきりしないが、犯行に使われた凶器を明らかにすることは重要であることにかんがみ、罪証隠滅を疑うに足りる相当な理由が認められる（2 号）。

> 客観的可能性と主観的可能性の双方を吟味する。本問では、特殊警棒の押収ができていない以上、客観的可能性はある。

> Ｂ が自白していれば、主観的可能性は低いとみるべきだが、本問ではＢ の供述が明らかでない。

　3　また、Ｂ が事件後に住居を安定させていないこと、若年で日雇いのアルバイトという安定した職業ではないこと、執行猶予中の犯行であって実刑判決の可能性が高いことからすれば、逃亡すると疑うに足りる相当な理由が認められる（3 号）。

> 傷害結果は軽微でないので、罰金刑または再度の執行猶予の可能性も低い。

　4　以上より、60 条 1 項 1 号から 3 号までの勾留請求の実体的要件が認められる。

第2　設問2について
　共謀は、実行行為時における犯罪の共同遂行の合意であり、共謀が認められるためには、①犯意の相互認識（意思の連絡）と②正犯意思が必要である。

> 本問の主眼は、「意思連絡があったかどうか」。正犯意思はサブ。

　1　「共謀」を肯定する方向にはたらく事実

　(1)　まず、Ａ がＢ に相談をもち掛けた際に[a]Ｂ が「それでも聞き入れなければ痛い目に合わせてやる。」とＡ に告げている事実および[b]Ｂ が有名な暴れん坊であることをＡ において認識していた事実があげられる。

　　これは、Ａ において[a]Ｂ が単に話をつけるだけなく、暴行に及ぶ可能性を認識していたこと、[b]Ｂ が暴行に及ぶ可能性が高かったことを認識していたことを意味するから、共謀を肯定する方向にはたらく。

> [a]は暴行に及ぶ可能性、[b]はその程度が高いこと。合わせることでより共謀を肯定しうるため、あえて合体させた。

> 大事なのは 2 段落目（評価、経験則の記述）。ここをがんばって、自分の言葉で説明する。問題文でも「理由」（＝評価）を示すことを要求している。

　(2)　次に、[c]Ａ がＢ に対し、自動車内で「Ｖ は本当に生意気なやつだったでしょう。」と返答し、やきを入れたことについてＢ

をとがめる言動をしていない事実があげられる。

　　もしBによる暴行を想定していないのであれば、「やきを入れてやった。」というBの発言に対して、「なんでそんなことをしたんですか。」などととがめる発言や驚いた発言をするのが通常である。それにもかかわらず、そのような発言をすることなく、かえって「Vは本当に生意気なやつだったでしょう。」とやきを入れたことを追認するかのような発言をしていることは、Bによる暴行をAにおいて容認していたことを意味するから、共謀を肯定する方向にはたらく。

ここも2段落目（評価、経験則の記述）を自分の言葉で書くことが求められている。

(3)　また、正犯意思を基礎づける事実として、(d)Aのほうからに対して、Vに話をつけるという相談をもち掛けていること、(e)Vによる付きまといをやめさせることはA自身にとって利益になることがあげられる。

　　これらの事実は、本件の動機はAにあり、Aが自己の犯罪を行う意思であったことを意味するから、共謀を肯定する方向にはたらく。

動機および利益の帰属。

(4)　さらに、正犯意思を基礎づける事実として、(f)Aが見張りを行い、犬を連れて散歩する男を見てBに「人が行ったから。」と伝え、戻ってきたBを乗せてその場から離れた事実があげられる。このような事実は、本件においてAの果たした役割が重要であったことを意味するから、共謀を肯定する方向にはたらく。

役割の重要性。

2　「共謀」を否定する方向にはたらく事実

(1)　まず、(a)BがVを特殊警棒で殴打したのは、「格好つけやがって。前科持ちの癖に。」というVの発言に憤激したからであること、(b)殴打行為の前にはBはVに背を向けて出口に向かおうとしていた事実があげられる。

　　これは、(a)特殊警棒での殴打は、あくまでBの個人的な憤激に基づく行為であること、(b)Aとの間では特殊警棒での殴打は想定されていなかったことを意味するから、共謀を否定する方向にはたらく。

ここも合体させて抽出している。単に「前科持ち」との発言に触発されたというだけでなく、この発言がなければ実際に帰ろうとしていたことは重要な事実であろう。

(2)　次に、(c)AがBに対し、自動車内で「あれ、そんなの持っていたのですか。」と発言している事実があげられる。これは、AにおいてBが特殊警棒を持っていたことを認識していなかったことを意味し、共謀を否定する方向にはたらく。

問題文からは、共同正犯にあたるかという最終結論は求められていないと読むのが素直であろう。

第3　設問3について

　　相対的特信情況は証拠能力の要件であるから、特信情況が認められないにもかかわらず、裁判所がこれを証拠として採用（刑事訴訟規則190条1項）することは法令違反となる。

　　そこで、弁護人としては、裁判所が証拠採用を決定した措置に対して、それが法令違反であることを理由に異議を申し立てるという対応をとることができる（刑事訴訟法309条1項）。

特信情況が証拠能力要件であるため、法令違反となる。特信情況が証明力の問題にすぎないとすれば、法令違反にならない。

第4　設問4について

　弁護士職務基本規程（以下「規程」という）28条3号は、「依頼者の利益と他の依頼者の利益が相反する事件」について職務を行うことを原則として禁止している。その趣旨は、依頼者間に利益相反関係がある場合には、一方の依頼者にとっての利益は他方の依頼者にとって不利益を意味するため、依頼者に生じる不利益を防止するとともに、弁護士の職務執行の公正を図る点にある。

　本問において、Dが共犯者であるAB両名の弁護人として共同受任することは、AB間に利益相反の可能性があり、規程28条3号に反するという問題点がある。

　なお、ABいずれもが共同受任に同意した場合にはこの禁止が解除されうるが（規程28条柱書ただし書）、AがBとの共謀を否認している本問において利害衝突が起こるのは明白であるから、やはり共同受任を差し控えるべきと考える。　　　　　　　　　　　　以上

次の【事例】を読んで、後記〔設問〕に答えなさい。

【事例】

1 V（男性、27歳）は、平成25年2月12日、カメラ量販店で、大手メーカーであるC社製のデジタルカメラ（商品名「X」）を30万円で購入した。同デジタルカメラは、ヒット商品で飛ぶように売れていたため、販売店では在庫が不足気味であり、なかなか手に入りにくいものであった。

2 Vは、同月26日午後10時頃から、S県T市内のQマンション405号室のV方居室で、テーブルを囲んで友人のA（男性、25歳）とその友人の甲（男性、26歳）と共に酒を飲んだが、その際、上記「X」を同人らに見せた。Vは、その後同デジタルカメラを箱に戻して同室の机の引き出しにしまい、引き続きAや甲と酒を飲んだが、Vは途中で眠ってしまい、翌27日午前7時頃、Vが同所で目を覚ますと、既に甲もAも帰っていた。Vは、その後外出することなく同室内でテレビを見るなどしていたが、同日午後1時頃、机の引き出しにしまっていた同デジタルカメラを取り出そうとしたところ、これが収納していた箱ごと無くなっていることに気付いた。Vは、前夜V方で一緒に飲んだAや甲が何か知っているかもしれないと考え、Aに電話をして同デジタルカメラのことを聞いたが、Aは、「知らない。」と答えた。また、Vは、Aの友人である甲については連絡先を知らなかったため、Aに聞いたところ、Aは、「自分の方から甲に聞いておく。」と答えた。

　VがV方の窓や玄関ドアを確認したところ、窓は施錠されていたが、玄関ドアは閉まっていたものの施錠はされていなかった。Vは、同デジタルカメラは何者かに盗まれたと判断し、同日午後3時頃、警察に盗難被害に遭った旨届け出た。

3 同日午後3時40分頃、通報を受けたL警察署の司法警察員Kら司法警察職員3名がV方に臨場し、Vは上記2の被害状況を司法警察員Kらに説明した。なお、司法警察員KがVに被害に遭ったデジタルカメラの製造番号を確認したところ、Vは、「製造番号は保証書に書いてあったが、それを入れた箱ごと被害に遭ったため分からない。」と答えた。

　司法警察員Kらは、引き続き同室の実況見分を行った。V方居室はQマンションの4階にあり、間取りは広さ約6畳のワンルームであり、テーブル、机及びベッドは全て一室に置かれていた。同室の窓はベランダに面した掃き出し窓一つのみであり、同窓にはこじ開けられたような形跡はなく、Vに確認したところ、Vは、「窓はふだんから施錠しており、昨日の夜も施錠していた。」と申し立てた。また、鑑識活動の結果、盗難に遭ったデジタルカメラをしまっていた机やその近くの

テーブルから対照可能な指紋3個を採取した。

　さらに、司法警察員Kらがvと共にQマンションに設置されている防犯ビデオの画像を確認したところ、同月26日午後9時55分にV、甲及びAの3人が連れ立って同マンション内に入ってきた様子、同日午後11時50分にAが一人で同マンションから出て行く様子、その後約5分遅れて甲が一人で同マンションから出て行く様子がそれぞれ撮影されていた。Aや甲が同マンションから出て行った際の所持品の有無については、画像が不鮮明なため判然としなかった。なお、甲が一人で同マンションを出て行って以降、同月27日午前7時20分まで、同マンションに人が出入りする状況は撮影されていなかった。また、同マンションの出入口は防犯ビデオが設置されているエントランス1か所のみであり、それ以外の場所からは出入りできない構造になっていた。

　司法警察員Kは、同日、盗難に遭ったデジタルカメラの商品名を基に、L警察署管内の質屋やリサイクルショップ等に取扱いの有無を照会した。また、司法警察員Kは、A及び甲の前歴を確認したところ、Aには前歴はなかったが、甲には窃盗の前科前歴があることが判明した。

4　同年3月1日、L警察署に対し、T市内のリサイクルショップRから、「甲という男からC社の『X』1台の買取りを行った。」旨の回答があった。そこで、司法警察員KがリサイクルショップRに赴き、同店店員Wから事情を聴取したところ、店員Wは、「一昨日の2月27日午前10時頃、甲が来店したので応対に当たった。甲の身元は自動車運転免許証で確認した。甲から『X』1台を箱付きで27万円で買い取った。甲には現金27万円と買取票の写しを渡した。」旨供述した。そのときの買取票を店員Wが呈示したため、司法警察員Kがこれを確認したところ、2月27日の日付、甲の氏名、製造番号SV10008643番の「X」1台を買い取った旨の記載があった。司法警察員Kは甲の写真を含む男性20名の写真を貼付した写真台帳を店員Wに示したところ、店員Wは甲の写真を選んで「その『X』を持ち込んできたのはこの男に間違いない。」と申し立てた。

　司法警察員Kは、同店店長から、甲から買い取った「X」1台の任意提出を受け、L警察署に持ち帰って調べたところ、内蔵時計は正確な時刻を示していたが、撮影した画像のデータを保存するためのメモリーカードが同デジタルカメラには入っておらず、抜かれたままになっていた。司法警察員Kは、同デジタルカメラを鑑識係員に渡して、指紋の採取を依頼し、同デジタルカメラの裏面から指紋1個を採取した。この指紋及び同年2月27日にV方から採取した指紋をV及び甲の指紋と照合したところ、同デジタルカメラから採取された指紋及びV方のテーブルから採取された指紋1個が甲の指紋と合致し、V方の机から採取された指紋1個がVの指紋と合致し、それ以外の指紋は甲、Vいずれの指紋とも合致しなかった。

5　司法警察員Kは、甲を尾行するなどしてその行動を確認したところ、甲が消費者金融会社Oに出入りしている様子を目撃したことから、甲の借金の有無をO社に照会したところ、限度額一杯の30万円を借り、その返済が滞っていたこと、

同月27日に27万円が返済されていることが判明した。

　さらに、司法警察員Kは、同年3月4日、AをL警察署に呼び出して事情を聞いたところ、Aは以下のとおり供述した。

(1)　Vは前にアルバイト先で知り合った友人で、月に1、2回は一緒に飲んだり遊んだりしている。甲は高校時代の同級生であり、2か月くらい前に偶然再会し、それ以降、毎週のように一緒に遊んでいる。甲とVは直接の面識はなかったが、先月の初め頃、自分が紹介して3人で一緒に飲んだことがあった。

(2)　今年の2月26日は、Vに誘われて甲と共にV方に行って3人で酒を飲んだ。その際、Vからデジタルカメラを見せられた記憶がある。しかし、Vが先に眠ってしまい、自分も終電があるので甲を誘って午後11時50分頃V方を出て帰った。その後、Vから「カメラが無くなった。」と聞かされたが、自分は知らない。甲にも聞いてみたが、甲も知らないと言っていた。ただ、思い出してみると、あの日帰るとき、甲が「たばこを一本吸ってから帰る。」と言うので、Vの部屋の前で甲と別れて一人で帰った。その後甲がいつ帰ったかは知らない。

6　司法警察員Kは、裁判官から甲を被疑者とする後記【被疑事実】での逮捕状の発付を得て、同年3月5日午前8時頃、甲方に赴いた。すると、甲が自宅前で普通乗用自動車（白色ワゴン車、登録番号「T550よ6789」）に乗り込み発進しようとするところであったことから、司法警察員Kは甲を呼び止めて降車を促し、その場で甲を通常逮捕するとともに同車内の捜索を行った。その際、司法警察員Kは同車内のダッシュボードからちり紙にくるまれたメモリーカード1枚を発見したので、これを押収した。なお、同車は甲が勤務するZ社所有の物であった。

7　その後、同日午前9時からL警察署内で行われた弁解録取手続及びその後の取調べにおいて、甲は以下のとおり供述した。

(1)　結婚歴はなく、T市内のアパートに一人で住んでいる。兄弟はおらず、隣のU市に今年65歳になる母が一人で住んでいる。高校卒業後、しばらくアルバイトで生活していたが、平成23年8月からZ社で正社員として働くようになり、今に至っている。仕事の内容は営業回りである。収入は手取りで月17万円くらいだが、借金が120万円ほどあり、月々3万円を返済に回しているので生活は苦しい。警察に捕まったことがこれまで2回あり、最初は平成19年5月、友人方で友人の財布を盗み、そのことがばれて捕まったが、弁償し謝罪して被害届を取り下げてもらったので、処分は受けなかった。2回目は、平成22年10月換金目的でゲーム機やDVDを万引き窃取して捕まり、同事件で同年12月に懲役〔拘禁刑〕1年、3年間執行猶予の有罪判決を受け、今も執行猶予期間中である。

(2)　今年の2月26日夜、AとV方に行った時にVからカメラを見せられた。そのカメラを盗んだと疑われているらしいが、私はそんなことはしていない。私はその日はAと一緒に帰ったから、Aに聞いてもらえれば自分が盗みをしていないことが分かるはずだ。

8　司法警察員Kは、甲が乗っていた自動車内から押収したメモリーカードを精

査したところ、同カードはデジタルカメラで広く使われている規格のもので「X」にも適合するものであった。そこで、その内容を解析したところ、写真画像6枚のデータが記録されており、撮影時期はいずれも同年2月12日から同月25日の間、撮影したデジタルカメラの機種はいずれも「X」であることが明らかとなった。司法警察員Kは、同年3月5日午後6時頃、VをL警察署に呼んで上記データの画像をVに示したところ、Vは、「写っている写真は全て自分が新しく買った『X』で撮影したものに間違いないので、そのメモリーカードは『X』と一緒に盗まれたものに間違いない。」旨供述した。さらに、Vがその写真の一部は自分がインターネット上で公開していると申し立てたので、司法警察員Kがインターネットで調べたところ、メモリーカード内の画像のうち3枚が、実際にVによって公開された画像と同一であることが判明した。

　また、司法警察員Kは、同月6日午前9時頃、甲の勤務するZ社に電話をして、代表者から同社が所有する車両の管理状況について聴取したところ、同人は、「会社所有の車は4台あり、うち1台は私が常時使っている。残りの3台は3人の営業員に使わせているが、誰がどの車両を使っているかは車の鍵の管理簿を付けているのでそれを見れば分かる。登録番号『T550よ6789』のワゴン車については、今年の2月24日から甲が使っている。」旨供述した。

9　司法警察員Kは、同年3月6日午前9時30分頃から再度甲の取調べを行ったところ、甲は以下のとおり供述した。
　⑴　Vのデジタルカメラは盗んでいない。
　⑵　自分が今年の2月27日にリサイクルショップにデジタルカメラを持ち込んだことはあるが、それは名前を言えない知り合いからもらった物だ。
　⑶　車の中にあったメモリーカードのことは知らない。
　⑷　自分が疑われて不愉快だからこれ以上話したくない。
10　司法警察員Kは、同年3月6日午前11時頃、後記【被疑事実】で甲をS地方検察庁検察官に送致した。甲は、同日午後1時頃、検察官Pによる弁解録取手続において、「事件のことについては何も話すつもりはない。」と供述した。
11　検察官Pは、同日午後2時30分頃、S地方裁判所裁判官に対して、甲につき後記【被疑事実】で勾留請求した。S地方裁判所裁判官Jは、同日午後4時頃、甲に対する勾留質問を行ったところ、甲は被疑事実について「検察官に対して話したとおり、事件のことについて話すつもりはない。」と供述した。

【被疑事実】
　被疑者は、平成25年2月26日午後11時55分頃、S県T市内所在のQマンション405号室V方において、同人が所有するデジタルカメラ1台（時価30万円相当）を窃取したものである。

〔設問〕
　上記【事例】の事実を前提として、本件勾留請求を受けた裁判官Jは、甲を勾留す

べきか。関連条文を挙げながら、上記事例に即して具体的に論じなさい。ただし、勾留請求に係る時間的制限、逮捕前置の遵守及び先行する逮捕の適法性については論じる必要はない。

なお、甲が罪を犯したことを疑うに足りる相当な理由について論じるに当たっては、具体的な事実を摘示するのみならず、上記理由の有無の判断に際してそれらの事実がどのような意味を持つかについても説明しなさい。

Ⅰ───思考の筋道

1　総　論

出題の形式としては、被疑者勾留の可否であるが、その実質は犯人性の検討である。通常の犯人性の出題が念頭においているのは判決段階であるところ、本問では被疑者勾留段階である。判決段階では合理的疑いを超える程度の証明が必要になるのに対し、勾留段階ではそれより低い嫌疑で足りるとされるが、本問の事情からは下記のとおり、かりに判決段階であったとしても犯人性を肯定できる事案であろう。

メインはもちろん犯人性なので、これについてきっちりと検討することが肝要である。これに加え、罪証隠滅のおそれ（207条1項本文・60条1項2号）、逃亡のおそれ（同3号）の充足、更には勾留の必要性（207条1項本文・87条）について検討することになる。勾留の必要性は落としてもそこまでダメージはないように思われるが、60条2号および3号の要件検討については落とすと痛い。

問題の印象

勾留請求とは予想外であった。しかし、やることは変わらないだろう。事実を読んだところ、甲は怪しすぎる。犯人性は肯定だろう。勾留段階では、合理的な疑いを容れない程度までの証明は不要だからなおさら犯人性アリ。判決段階でも有罪にできそう。ただ、Aとの共同正犯？　という可能性がありそう。もしくはAをかばうとか。A甲間の通謀の可能性は否定できないような気がする。60条各号もあるが、メインはもちろん犯人性。ここを中心に書かないと。

マンションの出入りは、Aと甲だけ。メモリーカードが決定的だな。メモリーカードの同一性は肯定できそう。でも、近接所持としては、7日ほど空いているしなあ。リサイクルショップは犯行の翌朝なので、なんとかこの時点の近接所持にもっていけないかな。ここが腕の見せどころか。デジカメXについて同一認定にもっていきたいところだが、同種どまりか。同一認定をめざすとすると、間接事実の組立てが難しいな。前科前歴はタブー、ひっかけだ。でも、ラリーはして

おくか。27万円の返済も無関係だ。これらは推認力が乏しすぎる。

2 各 論

(1) 被疑者勾留の実体的要件

　被疑者勾留の実体的要件は、①勾留の理由（207条1項本文・60条1項）と②勾留の必要性（207条1項本文・87条1項）である。

　そして、勾留の理由は、(a)罪を犯したと疑うに足りる相当な理由（60条1項柱書）＋(b)60条1項各号のいずれかの充足である。

　勾留の必要性については、勾留による捜査機関側の利益と被疑者が勾留によって受ける不利益を比較衡量した結果、後者の不利益が著しく、被疑者を勾留することが相当でない場合には、勾留の必要性が欠けるとされる。これは、事案の軽重、逮捕期間中の処理の可能性、被疑者の心身状況、社会生活上の支障（結婚、就職、試験等）、家族・勤務先に与える影響等を考慮して判断される。

(2) 60条1項各号

　まず、甲は住居不定ではないから、1号は充足しない。

　次に、2号（罪証隠滅のおそれ）は、①罪証隠滅の客観的可能性と②罪証隠滅の主観的可能性から判断される。

　本問では、①甲がAとの間で口裏合わせをする可能性や、Aを威迫するおそれがありうる。具体的には、甲の弁解（Aと一緒に帰った）と異なり、「先に帰った」と供述しているAに対し、甲の弁解に沿うように誘導するおそれや威迫するおそれが否定できず、甲とAが友人であることから、Aが甲をかばう行動にでることもありうる。

　そして、甲が犯行を否認していることおよびその供述態度にかんがみれば、②罪証隠滅の主観的可能性も肯定できる。否認することそれ自体が罪証隠滅につながるわけではないが、逆に自白している場合に罪証隠滅の主観的可能性は低いといえることとの関係で、相対的には否認の事実が罪証隠滅の可能性を肯定する事情になりうる。

　さらに、3号（逃亡のおそれ）については、①甲が独身であり、一人暮らしであることが意味をもつ。家庭がある場合と比べて、独り身の場合には、逃亡することによるデメリットが少ないため、逃亡のおそれが肯定されうる。

　また、②甲に前科があり、執行猶予中であることが意味をもつ。これは、同種前科、異種前科を問わない。実刑判決の可能性がきわめて高い場合には、逃亡のおそれがある。他方、初犯であれば、執行猶予判決が見込まれることから、逃亡のおそれは低いといえる。

(3) 勾留の必要性（87条1項）

　甲が職に就いており、社会生活上の支障があるが、結婚しておらず、親と同居している事情もない。他方で、前述の罪証隠滅の可能性等も考慮すると、身体拘束した状態で捜査を続ける必要性は高い。そうすると、甲が被る不利益が、捜査機関側の利益に比して特に著しいとはいえず、勾留の必要性は認められる。

(4) 罪を犯したと疑うに足りる相当な理由（60条1項柱書）＝犯人性

ア）証拠構造

　犯人性を基礎づける直接証拠はない。よって、間接事実型である。

イ）間接事実

a）メモリーカード

　最初に注目すべきはメモリーカードである。

(i) 　Vが持ち去られたデジタルカメラ（以下「デジカメ」という）内のメモリーカードと、甲が自動車内で管理していたメモリーカードは、次のとおり同一と認められる。なお、同一と認定できるか、同種にとどまるのかは厳に区別する必要がある。いずれであるかによって大幅に推認力が異なってくるからである。本問では同一であると認定できる。

　　　まず、メモリーカード内の写真はXで撮影されたものである。そのうえで、メモリーカード内の画像は、Vが撮影したもので間違いないといえる。なぜなら、インターネット上で公開している画像と同一であり、撮影時期が2月12日から25日の間で、VがXを購入した日から本件犯行日までであって、客観的事実とも整合するからである。整理すると、

【犯人側の事情】

　　　平成25年2月26日午後10時以降にV方からデジカメX（メモリーカード入り）が持ち去られた事実

【被疑者側の事情】

　　　平成25年3月5日午前8時ころ、甲が管理する自動車内に被害品に入っていたものと同一のメモリーカードがあった事実

　　∵　「甲の管理する自動車」については、当該自動車はZ社所有の自動車であるものの、Z代表者供述からは、2月24日から甲が管理している事実が認められる（客観性のある管理簿に基づくものであり、信用できる）。

　　　被疑者側の事情をもっと絞り込むのであれば、自動車の事実を抜いて「平成25年3月5日午前8時ころ、甲が被害品に在中していたものと同一のメモリーカードを所持していた事実」となろう。

　　　ちり紙でくるまれたメモリーカードを第三者が持ち込んだ可能性（反対仮説）を排除できれば、このような絞り込みが可能である。

(ii) 　次に、日にちを意識する。犯人がメモリーカードを持ち去った日時と、被疑

者が当該メモリーカードを所持していたと認められる日時との間隔は約7日弱の期間であり、近接所持にあたる。

(iii) 約7日間の短期間に、犯人から譲り受けるなどして、犯人以外の者が被害品を所持している可能性は低いため、推認力は強い。少なくとも相当程度の推認力がある。

b）デジカメ

次に注目すべきはデジカメ本体である。Vが持ち去られたデジカメと、甲がリサイクルショップに持ち込んだデジカメが**同一**と認められれば、甲の犯人性はほぼ決定的になる。

V所有デジカメの製造番号がわからないため、製造番号からデジカメの同一性を認定することはできない。

もっとも、製造番号以外の事情から、**同一**といえればよいのだが、無理であれば、**同種**にとどめる。強引な認定をしてはいけないのが事実認定の鉄則である。

【犯人側の事情】

平成25年2月26日午後10時以降にT市内のV方からデジカメXが持ち去られた事実

【被疑者側の事情】

平成25年2月27日午前10時ころ、甲が、T市内のリサイクルショップRに被害品と**同種**のデジカメXを持ち込んだ事実

リサイクルショップRにXを持ち込んだのが甲であることの認定根拠については、買取票に記載された氏名と店員Wの供述。Wは、①利害関係のない第三者であること、②免許証で人物確認しており、意識的に観察していること、③人定まで2日しか経っていないこと、④20枚の写真から面割りしていること等からし

"同一"までのハードル

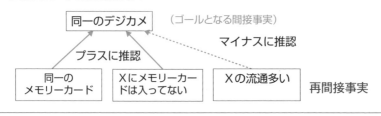

て、信用性は認められる。

c）犯行の機会があったこと

【犯人側の事情】

① 犯行は、平成25年2月26日午後10時以降、翌日午前7時ころまでの間に Qマンション内のV宅で行われた事実

② 同時間内に、A、甲以外にQマンションに出入りした者はいない事実

③ V宅の窓は施錠されており、こじ開けられたような形跡はない事実

【被疑者側の事情】

① 甲は、上記時間内にV宅にいた事実

② 甲は、Aがマンションを後にした午後11時50分から約5分間、Vが寝ているV宅内にいた事実

甲が誰にも気づかれずに犯行可能であったことが認められる。犯人をAと甲の2人に絞り込むことができれば、Aの後にV方を出た甲のみに犯行の機会があったということもできなくはない。ここで、「できなくはない」という微妙な表現をしているのは、Aと甲が共犯で、Aが実行犯という可能性も否定できないからである。

もっとも、反対仮説として、マンションの出入りがないといっても、Qマンションの住人または犯行時点での来訪者による犯行の可能性が残るため（V方の玄関ドアは施錠されていなかったのであり、V宅に立ち入ることは可能である）、推認力は弱い。

d）前科前歴

【犯人側の事情】

犯行は、デジカメを持ち去るというもの

【被疑者側の事情】

甲には、窃盗の前科前歴がある

同種前科前歴は、公判段階では、法律的関連性を欠くとして、原則として証拠能力が否定される。悪性格を介在させた二重の推認過程を経るものであって、その推認力は微弱であるからである。

なお、捜査段階では、推認力の弱い事実であっても、間接事実たりうると考えることもできないではないが、それでも、二重の推認過程いずれもその推認力に乏しいことからすれば、捜査段階においても推認力をもった間接事実たりえないとみるべきであろう。

e）動　機

【犯人側の事情】

犯行は、入手困難なデジカメを持ち去るというもの

【被疑者側の事情】

① 甲には、借金が120万円ほどある事実

② 甲にはO社から限度額目一杯の30万円を借り、返済が滞っていたこと

③ O社への27万円の返済

④ Rでの27万円での売却

①の認定根拠は、甲供述（不利な内容であるため信用できる）であり、②の認定根拠は、O社への照会である。

窃盗は、殺人、放火等と異なり、動機犯ではない。借金がある（お金に困っている）人は世の中にたくさんいる。かつ、お金に困っているからといってみなが窃盗に及ぶわけではないから、犯人の絞り込みにならず推認力はない。

なお、③と④は、金額が27万円と一致しており、これに着目することが考えられる。しかし、甲は自分がRにデジカメを持ち込んだことは認めている。③と④はいずれも被疑者側（甲側）の事情であって、犯人性の推認力はゼロである。犯人性の間接事実たりうるためには、その間接事実に犯人側の事情と被疑者側の事情の双方が含まれていなければならない。

f）指　紋

デジカメから甲の指紋が検出されている事実がある。もっとも、甲は自分がRにデジカメを持ち込んだことは認めているから、Rに持ち込まれたデジカメから甲の指紋が検出されるのは当然であって、何ら意味をもたない。

もし、Rに持ち込まれたデジカメからVの指紋が検出されていれば、デジカメの**同一性**（b））を認定することができ、非常に強い近接所持になってくる。

なお、V方テーブルの甲の指紋も、甲がV宅に行ったことは明らかであるから、これも何ら意味をもたない。

ウ）**間接事実の総合**

おきまりのフレーズでいえば、「これら複数の間接事実が偶然に重なることは考えづらいから、Aが犯人であることは合理的疑いを超えて認定することができる」ということになるが、可能であれば個々の間接事実に着目した犯人の絞り込みの思考過程を示せれば加点となる。

本問では、犯行機会があったのは、甲、A、犯行時刻にいたQマンション居住者またはその来訪者である。そして、これらの者のうち、甲が被害品と**同一**のメモリーカードを犯行から約7日後の時点で所持しており、その推認力は上記のとおり強いこと、甲が被害品と同種のデジカメを犯行から約12時間以内の時点で所持していたことからすれば、甲が犯人であると疑うに足りる相当な理由がある。なお、デジカメの同一性も肯定できるのであれば、被害品と同一のデジカメを犯行から約12時間以内の時点で所持しており、その推認力は更に強くなる。

◆「デジカメの同一性」に関する反対仮説◆

甲が、犯行翌日にメモリーカードの入っていないV所有とは別の「X」を

所持し、かつ犯行から約7日後にV所有の「X」に入っていたメモリーカードを所持していた可能性がどの程度あるかを考えることになるが、その可能性は低いであろう。

エ）被疑者弁解

a）知り合いからもらったと言うものの、名前も言えないとの弁解をしている。知り合いからもらったというのが真実であるならば、具体的な入手経路を説明できるはずである。それにもかかわらず、何ら合理的な弁解をしない。弁解として不自然、不合理である。

b）メモリーカードを知らないというのは、甲が管理している自動車であることからすれば、不自然、不合理である。

c）Aと一緒に帰ったというのは、甲が「たばこを一本吸ってから帰る。」と述べたというAの供述、およびA供述と整合する防犯ビデオの映像と矛盾する。

　　よって、これら被疑者の弁解は不合理であり、また客観的事実にも矛盾するものであり、甲が犯人であると疑うに足りる相当な理由があることは揺るがない。

Ⅱ ── 答案例

1　裁判官Jは、①甲が罪を犯したことを疑うに足りる相当な理由があり（刑事訴訟法207条1項本文・60条1項柱書。以下法名省略）、②60条1項各号のいずれかに該当し、かつ③勾留の必要性（207条1項本文・87条）が認められる場合には、甲を勾留すべきである。以下、上記各要件の該当性について検討する。

要件の頭出し。マストではない。
条文をきっちりあげる。

2　①嫌疑の相当性について

　　本件において、甲の犯人性を基礎づける直接証拠はないため、間接事実を総合して嫌疑の相当性が認められるかどうかを検討する。

まずは、証拠構造から。

(1)　メモリーカード

　ア　まず、平成25年2月26日午後10時以降にV方からメモリーカードの在中するデジカメ「X」が持ち去られた事実が認められる。

メモリーカードから。
犯人側の事情（ア）。

　イ　他方、自動車内から押収されたメモリーカード内の写真は「X」で撮影されたものであり、Vの供述からは、メモリーカード内の画像は、Vが撮影したものと認められる。なお、Vの供述の信用性は、メモリーカード内の画像がネット上で公開している画像と同一であること、撮影時期が2月12日〜25日というVがXを購入した日から本件犯行日までであって、客観的事実とも整合することから認められる。

　　　　また、メモリーカードは自動車内から発見されているところ、Zの代表者の供述からは、同自動車は2月24日から甲が

次に、甲側の事情（イ）。
V供述の信用性。
客観的事実との整合性。
甲による所持までをきっちり書く。

管理していることが認められ、また、ちり紙でくるまれたメモリーカードを第三者が自動車内に持ち込んだとはおよそ考えづらいから、自動車内のメモリーカードは甲が所持していたと認められる。なお、Z代表者供述の信用性は、客観的資料である管理簿に基づく供述であることから認められる。

反対仮説の排除。

　　以上より、平成25年3月5日午前8時ころ、甲が被害品に在中していたものと同一のメモリーカードを所持していた事実が認められる。

甲側の間接事実（まとめ）。同一の認定がポイント。

ウ　上記事実からは、甲が犯行からわずか約7日後に、被害品と同一のメモリーカードを所持していた事実が認められるところ、約7日間の短期間の間に、犯人から譲り受けるなどして、犯人以外の者が被害品の一部を所持している可能性は低く、甲の犯人性は強く推認される。

出題趣旨にいう意味づけの結論は、①推認力の結論（強い、弱い等）、②経験則の中身の2つ。

(2)　デジカメ「X」

　ア　買取票に記載された氏名と店員Wの供述からは、平成25年2月27日午前10時ころ、甲がリサイクルショップRに被害品と同種のデジカメ「X」を持ち込んだ事実が認められる。なお、店員Wの供述は、Wが利害関係のない第三者であること、人定まで2日しか経っていないこと、20枚の写真から面割りしていること等から信用性が認められる。

(1)と一緒なので、犯人側は省略している。甲側のみ。

同種が限界か。
W供述の信用性。

　イ　上記事実からは、甲が犯行から約12時間も経たない時点で被害品と同種のデジカメ「X」を所持していた事実が認められる。もっとも、「X」は入手困難とはいえ、飛ぶように売れており、その流通量が多いといえることからすれば、推認力は弱い。

自分の価値判断で意味づけをしっかり。

(3)　犯行の機会があったこと

　ア　犯行は、平成25年2月26日午後10時以降、翌日午前7時ころまでの間にQマンション内のV宅で行われたところ、同時間内にA、甲以外にQマンションに出入りした者はおらず、V宅の窓は施錠されており、こじ開けられたような形跡はないことが認められる。

絞り込みに役立つ事実はできるかぎり盛り込む。「出入りなし」「施錠」

　イ　他方、甲は、上記時間内にAがマンションを後にした午後11時50分ころから約5分間、Vが寝ているV宅内にいた事実が認められる。

甲側の事情

　ウ　このような事実からは、甲がだれにも気づかれずに犯行可能であったことが認められる。もっとも、マンションの出入りがないといっても、V方のドアは施錠されておらず、Qマンションの住人やその来訪者による犯行の可能性も否定できないから、甲の犯人性の推力は弱い。

意味づけ
マンション住人およびその来訪者による犯行可能性は残る。

(4)　前科前歴・動機

　ア　甲には、窃盗の前科前歴があるが、このような事実は甲の悪性格を介在させて犯人性を推認するものであり、しかもそのいずれの推認過程も推認力に乏しい。したがって、上記事実は甲

本来はあげることすらしなくてよいが、試験であること（ラリーすること）を考えると、あげたうえでの否定が戦略的である。

の犯人性を推認させない。

イ　甲には、借金が 120 万円ほどあるが、金銭に困っていたから
といって窃盗に及ぶとはいえないから、この事実も犯人性を推
認させない。

(5)　甲の弁解

甲は、知り合いから「X」をもらったと言うものの、知り合いの
名前は言えないとの弁解をしている。知り合いからもらったので
あれば、具体的な入手経路等を説明できるはずであるにもかかわ
らず、合理的な弁解ができておらず、不自然・不合理である。

本問はかなり不合理な弁解である。

また、A と一緒に帰ったという弁解も、甲が「たばこを 1 本吸っ
てから帰る。」と述べたという A の供述、この A の供述と整合す
る防犯ビデオの映像と矛盾する。

(6)　以上を総合すると、犯行可能な人物は、甲、A および Q マンショ
ンの住人等にかぎられるところ、甲が被害品と同一のメモリー
カードを犯行から約 7 日後の時点で所持しており、その推認力は
上記のとおり強いこと、甲が被害品と同種のデジカメを犯行から
約 12 時間後の時点で所持していたことからすれば、甲が犯人で
あると疑うに足りる相当な理由がある。

分析的に書いてみた。

3　60 条 1 項各号について

(1)　甲はアパート暮らしであり、1 号には該当しない。

(2)　次に、一緒に帰ったかどうかの点で A の供述と甲の弁解は整
合していないところ、甲が友人である A との間で口裏合わせを
する可能性もあり、A を威迫するおそれもありうる。

A との口裏合わせが一番怖い。

そして、甲が否認していることもあわせ考えれば、上記のよう
な罪証隠滅行為に及ぶおそれがある（2 号）。

否認それ自体ではダメだが（黙秘権がある）、自白の場合との比較で、相対的には罪証隠滅の不利益推認がされるのが実情である。

(3)　さらに、逃亡のおそれについてみると、たしかに、甲は定職に
ついている。しかし、甲には前科があり、実刑判決になる可能性
が高いこと（刑法 25 条 2 項）、甲は結婚しておらず、独り身であっ
て守るべき家庭がないことに照らすと、刑罰を避けるべく逃亡す
るおそれがある（3 号）。

前科、独身の事情をあげる。

4　勾留の必要性について

甲には罪証隠滅のおそれがあり、取調べなど甲の身体を利用した
捜査の必要性がある。他方で、甲は職についており、社会生活上の
支障があるが、結婚しておらず、親と同居している事情もない。

そうすると、甲が被る不利益が、捜査機関側の利益に比して特に
著しいというわけではなく、勾留の必要性は認められる。

5　以上より、勾留要件を充足するから、裁判官 J は甲を勾留すべき
である。　　　　　　　　　　　　　　　　　　　　　　　　　以上

法曹倫理

弁護士倫理

Ⅰ──総則

弁護士職務基本規程第1条（使命の自覚）

　弁護士は、その使命が基本的人権の擁護と社会正義の実現にあることを自覚し、その使命の達成に努める。

弁護士法第1条1項（弁護士の使命）

　弁護士は、基本的人権を擁護し、社会正義を実現することを使命とする。

　「基本的人権」とは、憲法11条、97条に定めるものと同義である。「正義」は多義的であるが、弁護士にとっての「正義」は、基本的人権の保障を中心とした憲法理念を職務上で具現化していくところにあるという認識をもって最大公約数とすると考えられる。

弁護士職務基本規程第5条（信義誠実）

　弁護士は、真実を尊重し、信義に従い、誠実かつ公正に職務を行うものとする。

弁護士法第1条2項（弁護士の使命）

　弁護士は、前項の使命に基き、誠実にその職務を行い、社会秩序の維持及び法律制度の改善に努力しなければならない。

弁護士職務基本規程第82条（解釈適用指針）

1　この規程は、弁護士の職務の多様性と個別性にかんがみ、その自由と独立を不当に侵すことのないよう、実質的に解釈し適用しなければならない。第5条の解釈適用に当たって、刑事弁護においては、被疑者および被告人の防御権並びに弁護人の弁護権を侵害することのないように留意しなければならない。
2　（略）

　弁護士職務基本規程5条（以下「規程」という）において「真実を尊重」することが求められている。もっとも、この文言が弁護士に対し、実体的真実発見に積極的に協力すべき真実義務を課したと解される余地がある点に問題があることをふまえ、規程82条1項後段は、刑事弁護人に対し「積極的真実義務」を課したわけではないことを明らかにしている。

1　真実義務

　真実義務とは、裁判所の真実発見に協力する義務をさす。

刑事弁護において弁護人は、積極的に実体的真実発見に協力する義務を負わない。弁護人は、被疑者・被告人との関係で誠実義務を負い（規程46条参照）、また秘密保持義務を負うから（規程23条）、これらの義務に背いてまで真実発見に協力することは許されない。挙証責任を負っているのは検察官であり、弁護人は被疑者・被告人の正当な利益を擁護する保護者としての役割を担っている。

　もっとも、弁護人が偽証教唆、証拠隠滅、犯人隠避、証拠偽造行為（規程75条）など法令違反行為を行うことは許されず、その意味で「消極的真実義務」を負っているといえる。

2　誠実義務（規程5条、弁護1条2項）

　弁護人が被疑者・被告人の防御の利益を擁護するために課されている義務である。国選弁護であれ私選弁護であれ、弁護人となった以上は誠実義務を負い、その一環として善管注意義務を負う。被疑者・被告人の意向を無視した弁護活動は、被疑者・被告人との関係での誠実義務に反する。

　たとえば、被疑者・被告人から「自分がやったが、無罪主張してほしい」と告げられた場合、誠実義務と真実義務とが矛盾・対立しうる。

　この場合、上記のとおり、弁護人は積極的真実義務を負わず、挙証責任を負うのは検察官であるから、有罪の立証がされるまでは有罪とされないという被疑者・被告人の正当な利益を擁護すべきである。

　他方で、被疑者・被告人が身代わり犯人であることを知った場合、たとえ被疑者・被告人が身代わりを望んでいたとしても、その意向に沿った弁護活動を行えば、冤罪を生むことになってしまう。このような場合には、被疑者・被告人に対し、翻意するよう説得することによって、無実の者が処罰されることのないように努力する必要がある。

　この場合において、弁護人として無罪主張をする方針をとった場合でも、被疑者・被告人が身代わりであることを捜査機関や裁判所に伝えることは許されない。弁護人としての秘密保持義務・守秘義務（規程23条、弁護23条）に反するからである。

3　ケース

ケース1

　P弁護士は、殺人被告事件の被告人Aの弁護人である。Aはアリバイがあるとして捜査段階から一貫して無罪を主張している。P弁護士がアリバイ証人の証人申請をしようという段階においてAと接見したところ、Aは「先生、実は私にはアリバイはありません。私が犯人です。アリバイ証人がうまく偽証してくれなければ、私

は有罪です。私はどうすればよいでしょうか」と述べた。

　P弁護士としては、どうすべきか。

　被告人が真犯人であることを知ってしまった場合、P弁護士がとる対応としては、Aに対して有罪を認めるよう勧めることが考えられる。Aが翻意して有罪を認める方針を希望する場合には、その意向に沿うかたちで公判での主張を変更し、情状弁護を行っていくことになろう。

　他方で、Aが翻意することなく、なおも無罪主張を貫く方針を希望する場合には、弁護人として有罪を前提とした主張を公判で行うことは許されない。Aの意思に反して有罪を認めることは、誠実義務違反（規程5条）、守秘義務違反（規程23条）の問題が生じてくる。

　もっとも、弁護人として、偽証教唆等の法令違反行為を行うことは許されないから（規程75条、弁護23条）、この場合における弁護活動は困難を強いられる（私選弁護であれば辞任するという選択肢が残されているが、国選弁護の場合にはより困難な課題に直面する。また、辞任という選択肢も、次の弁護人が同じ問題に直面するため、問題の先送りにすぎないともいえる）。

ケース2

　Q弁護士は、過失運転致傷被告事件の被告人Aの弁護人である。Q弁護士がAと3回目の接見を行った際、Aは「先生、実は私はBの身代わりなんです。運転していたのはBで、私は助手席に乗っていただけです。でも、Bには前科があって執行猶予中なので、身代わりになってあげました。このまま私が犯人として有罪になるような弁護活動をしてください」と述べた。

　Q弁護士としては、どうすべきか。

　身代わり犯人ケースは、弁護士倫理上、大変難しい問題であるといわれる。

　まず、消極的真実義務（無罪方向の真実を明らかにすべきとする義務）を否定するか、肯定するとしても誠実義務よりも劣位におく立場がある。このような立場からは、翻意するようAを説得したとしても、Aがなお身代わりを望む場合には、その自己決定は尊重されなければならず、Q弁護士はAの意向に沿った弁護活動をすべきことになる。

　もっとも、これとは異なり、身代わりを暴露しない限度において無罪主張をすべきであるという立場もある。この立場は、身代わり犯人として有罪となることは、被告人の正当な利益を実現するものではないから、たとえAが身代わりを望んでいたとしても、その意向に沿った弁護活動は冤罪を生むものであり許されないと考える。このような立場からは、説得に失敗し、Aがなお身代わりを望む場

合であっても、Ｑ弁護士としては、公判では無罪の立証をすべきことになる。

　もっとも、身代わりであることを捜査機関、裁判所に伝えることは秘密保持義務・守秘義務（規程23条、弁護23条）違反として許されないから、身代わりであることを暴露しない限度での無罪の主張・立証をすべきであるという考え方が有力である。

ケース3

　Ｒ弁護士は、覚醒剤自己使用罪で逮捕されたＡの弁護人となった。ＲがＡと接見したところ、「自宅のタンスの引き出しの奥に、覚醒剤、ガラスパイプ、注射器があるから、妻に電話してガサ入れが入る前にすぐに廃棄するよう言ってほしい」と依頼された。

　Ｒ弁護士としては、どうすべきか。

　弁護人が犯罪行為である証拠隠滅（刑104条）に加担することは許されない（規程75条）。Ｒ弁護士としては、依頼を断るべきである。

Ⅱ ── 依頼者との関係による規律

1　秘密保持

弁護士職務基本規程第23条（秘密の保持）

　弁護士は、正当な理由なく、依頼者について職務上知り得た秘密を他に漏らし、又は利用してはならない。

弁護士法第23条（秘密保持の権利及び義務）

　弁護士又は弁護士であつた者は、その職務上知り得た秘密を保持する権利を有し、義務を負う。但し、法律に別段の定めがある場合は、この限りではない。

(1)　意　義

　規程23条および弁護士法23条は、弁護士の守秘義務を定めている。

　弁護士・弁護人が職務上知り得た秘密を漏らすことは、依頼者の承諾がある場合は別として、原則として認められない。この守秘義務の趣旨は、依頼者が自分に有利だと思うこと、不利だと思うこと、あるいは合法だと思うこと、違法だと思うことを問わず、すべての事情を安心して打ち明けるのでなければ、依頼者にとって効果的な弁護ができないという点にあり、守秘義務は弁護士・弁護人の義務としてもっとも基本的かつ重要なものである。

(2)　解　釈

　「職務上知り得た」とは、弁護士・弁護人が職務を行う過程で知り得たことをいう。

また、「秘密」とは、一般に知られていない事実であって、本人が特に秘匿しておきたいと考える性質の事項（主観的意味の秘密）にかぎらず、一般人の立場からみて秘匿しておきたいと考える性質をもつ事項（客観的意味の秘密）をもさすと考えられる。依頼者の過去の犯罪行為、反倫理的行為、疾病、身分、親族関係、財産関係、遺言書の存否、居所その他依頼者の不利益となる事項などいやしくも依頼者が第三者に知られたくないと思われる事項はもちろん、社会通念上一般に知られたくないと思われる内容の事柄はすべて含まれる。

2 関連規定

弁護士が依頼者の秘密を漏らした場合、秘密漏示罪（刑 134 条 1 項）により、処罰を受ける可能性がある。また、刑事訴訟法 149 条および民事訴訟法 197 条 1 項 2 号は証言拒絶権を、刑事訴訟法 105 条は押収拒絶権を定めており、弁護士・弁護人の秘密を守る権利および義務を制度的に保障している。

弁護士職務基本規程第 34 条（受任の諾否の通知）

弁護士は、事件の依頼があったときは、速やかに、その諾否を依頼者に通知しなければならない。

弁護士法第 29 条（依頼不承諾の通知義務）

弁護士は、事件の依頼を承諾しないときは、依頼者に、すみやかに、その旨を通知しなければならない。

(1) 意 義

事件の依頼があった場合、事件処理が遅滞すると取り返しがつかない事態になるおそれがある。刑事事件においては、被疑者・被告人はその身体を拘束されていることも多く、身体解放を図るための手段を講じる必要があることも多いためなおさらである。

そこで、弁護士が受任をしない場合には、その通知をすみやかに行わなければならないとされている。

そして、この諾否の通知義務は、依頼者が弁護士と面識があるかどうか、事務所に来訪した際の依頼であるかどうかなどは問わない。したがって、警察署や拘置所に逮捕・勾留中のまったく面識のない被疑者・被告人からの手紙であっても、それが事件の受任依頼を含むものである場合には、すみやかに返事をする必要があり、たとえば手紙で受任できない旨の返答を早急に行わなければならない。

(2) ケース

ケース 4

拘置所にいる被告人 A（S 弁護士とは面識がない）からの手紙が S 弁護士の事務所

に届いた。Ｓ弁護士が手紙を読んでみると、「国選弁護人がついているが、検察や裁判官とグルになって私を有罪に陥れようとしている。国選弁護人は解任して、Ｓ弁護士に私選弁護で受任してほしい。一度面会に来てほしい」などと書かれていた。Ｓ弁護士が知り合いのＢ弁護士と話した際、Ｂ弁護士にも同じ内容の手紙が届いており、Ｂ弁護士以外にも、Ａの国選弁護人を除いた弁護士会の弁護士全員に対して同じ内容の手紙が送付されていた。

Ｓ弁護士としては、受任する意思はなかった。また、国選弁護人を除いた弁護士会の弁護士全員に対して送付している点で、真摯な手紙とは考えづらいと判断したため、手紙を放置した。

Ｓ弁護士の対応に問題はないか。

　たとえ面識がなかったとしても、また真摯な手紙ではないと考えられるものであったとしても、すみやかに諾否の通知をしなければならない。Ｓ弁護士としては、受任意思がない以上は、すみやかに受任できない旨の返答を行うべきであったにもかかわらず、これを怠った点で規程34条および弁護士法29条に違反する。Ｓ弁護士としては、接見に行く必要まではないが、手紙で受任できない旨の返答を早急に行うべきであった。

Ⅲ── 刑事弁護における規律

弁護士職務基本規程第46条（刑事弁護の心構え）
　弁護士は、被疑者及び被告人の防御権が保障されていることにかんがみ、その権利及び利益を擁護するため、最善の弁護活動に努める。

1　意　義

　弁護士が刑事弁護活動を行う際の基本的な心構えを明らかにしたものである。
　ここで、最善というのは、弁護士に不可能を強いる弁護活動を要求するものではないが、当該弁護士の主観的な最善では足りず、客観的にみて最善といえる弁護活動に努める必要がある。

2　ケース

ケース5

　Ｔ弁護士は、第一審で強盗殺人罪（3人を殺害）で死刑判決の言渡しを受けた被告人Ａについて、控訴審の国選弁護人に選任された。Ｔ弁護士は、第一審の記録を読んだうえでＡとの接見に赴いたが、Ａは第一審のときと同様、無罪を主張し、Ｔ弁

護士に対して無罪の控訴趣意書を書くよう強く求めた。しかし、Ｔ弁護士としては
Ａの犯行には弁護の余地がないとしか思われなかった。そこで、Ｔ弁護士は「控訴
理由はない」との控訴趣意書を提出した。

　Ｔ弁護士の弁護活動にはどのような問題があるか。

　Ｔ弁護士の弁護活動は、Ａの意向を無視した訴訟活動であって、Ａに対する誠
実義務（規程5条）違反にあたり許されない。Ａと接見し、直接話を聞くなかで突
破口を見出せる可能性も十分あるため、Ｔ弁護士の独断で有罪と決めつけてしま
う点も問題であろう。かりにこの点をおくとして、Ｔ弁護士において、記録上、
証拠上有罪とならざるをえないとの判断をしたのであれば、その旨をＡに伝え
たうえで、情状弁護にシフトすることによって死刑判決を回避する方法を模索す
るなど、Ａにとって最善といえる弁護活動を行うべきである。

　なお、ケース5に関しては、第一審で死刑判決を受けた被告人の控訴審の国選
弁護人が、被告人の行為は戦慄を覚えるもので、第一審判決が死刑としたのは当
然と思料されるとの控訴趣意書を提出したことが、控訴審の国選弁護人としての
義務を尽くしていないとして、損害賠償請求を認めた裁判例が参考となる（東京地
判昭和38年11月28日）。

弁護士職務基本規程第47条（接見の確保と身体拘束からの解放）

　弁護士は、身体の拘束を受けている被疑者及び被告人について、必要な接見の機会の確保及び
身体拘束からの解放に努める。

1　意　義

　刑事弁護活動において、弁護人が被疑者・被告人と接見を行うことは、被疑者・
被告人の防御権確保のために非常に重要であることにかんがみて設けられた規定
である。

　「接見の機会の確保」とは、弁護人と被疑者・被告人の接見のみならず、被疑者・
被告人が家族その他の者との間での接見の機会を確保することをも含む。

　そして、規程47条の弁護活動は、刑事事件を行う一般的な弁護人が合理的に判
断して必要と考える身体拘束からの解放のための活動をいう。

　被疑者・被告人の身体解放の手段としては、①勾留を阻止（勾留請求却下に向けた
活動）、②勾留に対する準抗告（429条1項2号）、特別抗告、③勾留理由開示請求（憲
34条前段、刑訴207条1項本文・82条から86条まで）、④接見等禁止の全部解除・一部解
除の申立て、⑤勾留取消請求（207条1項本文・87条）、⑥保釈請求（88条から91条ま
で）などがある。

　弁護人としては、事案の性質や捜査の進展状況などに応じて、これらの手段を

通じて、被疑者・被告人の身体拘束からの解放を図ることになる。

2 ケース

ケース6

U弁護士は、常習累犯窃盗罪で逮捕・勾留された被疑者Aの国選弁護人に選任された。起訴後、U弁護士はAから保釈の手続を要望されたため、Aの両親に連絡をとり、身元引受人になってもらうことや保釈金の準備についての協力を求めた。

しかし、Aの両親は「あの子には何度も手を焼いてきた。今回は反省させたいから、保釈金の準備はしない」と述べた。Aの両親のほかに身元引受人になってくれる者はおらず、保釈金を準備してくれる者もいなかった。

U弁護士は、保釈請求をしなくてもよいか。

U弁護士としては、Aの意向に沿って身体拘束からの解放を図る弁護活動をすることになるが、保釈を実現させるためには親族等の協力が不可欠であり、適切な身元引受人と保釈金の準備ができなければ、現実問題として保釈は認められないことになる。本ケースでは、両親に対してAの意向を伝えたうえで、両親の説得を図ることになろうが、それでも両親からの協力が得られなかった場合には、保釈請求は断念せざるをえないものと思われる。弁護人自身は保釈金を立て替える義務を負わない。

そして、U弁護士としては、両親の協力を得られないことをAに伝えて、保釈請求が困難であることにつき、Aの理解を得ることになろう。

弁護士職務基本規程第48条（防御権の説明等）

弁護士は、被疑者及び被告人に対し、黙秘権その他の防御権について適切な説明及び助言を行い、防御権及び弁護権に対する違法又は不当な制限に対し、必要な対抗措置をとるように努める。

1 意 義

被疑者・被告人の弁護活動を行う際の指針を明らかにし、弁護人の努力義務として規定したものである。

被疑者・被告人には、自己負罪拒否特権（憲法38条1項）、包括的黙秘権（刑訴311条1項）が保障されており、取調べに際しては黙秘権告知がされているが（198条2項）、被疑者・被告人がその意味を十分に理解していないことも少なくない。そのため、弁護人の立場から被疑者・被告人に対し、法律上保障された防御権の内容を理解できるように説明・助言を行う必要がある。

「対抗措置」とは、防御権および弁護権の違法または不当な措置に対し、防御権および弁護権を実効的に行使するために必要な措置を講ずることをいう。弁護人としては、接見等の禁止または制限の処分に対する準抗告、証人に対する誘導尋

問、誤導尋問など違法または不相当な尋問に対する異議申立てなどの対抗措置をとっていくことになる。

2 ケース

ケース7

　V弁護士は、傷害の共同正犯で逮捕・勾留された被疑者Aの国選弁護人に選任されたが、Aはアリバイを主張し、傷害の共同正犯の事実を否認していた。もっとも、V弁護士は取調べ担当の警察官から共犯者であるBが自白していること、被害者XはAとBが犯人であるとはっきり供述していることなどを聞かされた。そのため、V弁護士としても、AがBとともにXに暴行を加えたとの確信をもった。

　そこで、V弁護士は、Aと接見した際、「否認しても無駄である。潔く自白すれば、裁判でも情状がよくなりますよ」と述べた。

　V弁護士の行為に問題はあるか。

　V弁護士としては、まず、Aに対して、証拠上、無罪を求めることは困難である可能性が高いことを伝える必要があろう。そのうえで、否認を続けることが結果的にAにとって不利益な結果が生じる可能性があることを伝えて、それでもなお否認を貫くかどうかについては、Aの選択に委ねることとなろう。弁護人として、刑を軽くするという目的で、Aを一定程度説得することは許されると思われる。

　他方で、Aがそれでも否認を貫くという意思をもった場合、Aの意思に反することが明らかな状況下で自白を勧めることは、Aに対する誠実義務（規程5条）違反となろう。

弁護士職務基本規程第49条（国選弁護における対価受領等）

1　弁護士は、国選弁護人に選任された事件について、名目のいかんを問わず、被告人その他の関係者から報酬その他の対価を受領してはならない。
2　弁護士は、前項の事件について、被告人その他の関係者に対し、その事件の私選弁護人に選任するように働きかけてはならない。ただし、本会又は所属弁護士会の定める会則に別段の定めがある場合は、この限りではない。

1 意 義

　国選弁護制度の適切かつ健全な運用を図るために設けられた規定である。まず、前提として、国選弁護と私選弁護とで、弁護人としての任務に違いはなく、その範囲・弁護水準自体に差異が生じることは予定されていないというのが一般的理解である。

　国選弁護制度においては、その弁護士報酬は国庫から支払われることになる。

それにもかかわらず、これとは別に報酬その他の対価を受領することは、国選弁護人制度における職務の公正さを疑わせ（別途の報酬がないかぎり、本来国選弁護人として行うべき正当な職務を行わないなど）、ひいては国選弁護制度の公正さを害することから、規程49条1項が規定されている。したがって、保釈請求について、国選弁護料とは別に弁護料を受け取るような行為は許されないと考えられる。保釈請求は国選弁護人の任務そのものではないという理解もあるが、保釈請求も本体の刑事事件の処理と密接不可分または事件処理そのものの内容をなすといえよう。

2項は、1項の潜脱行為となる場面であり、1項と同趣旨から禁止される。

「対価の受領」は、金銭の受領にかぎらず、物品の受領、サービスの利用、権利の譲受けの形態をとる場合も含む。なお、手土産（お菓子）など社会的儀礼の範囲にとどまる贈答品の受領や金銭的に評価すれば少額のものであっても、対価性を有すると評価される場合もありうる。そのため、弁護人としては、かりに少額の手土産、贈答品であっても、受取りを拒否しておくのが無難である。

なお、2項ただし書は例外の余地を認めている。これは重大かつ複雑な事案などでは、国選弁護人のみでは十分な弁護活動を行うことが困難であって、複数の私選弁護人をもって対応すべきような場合もありうるため、例外を認めている。

2 ケース

ケース8

　W弁護士は、窃盗罪で逮捕された被疑者Aの国選弁護人に選任された。W弁護士がAの両親と連絡をとったところ、今後の見通しなどを聞きたいと言われたため、W弁護士は、日程調整のうえ、今後の手続の流れ、結果の見通しなどを伝えるためにAの両親の自宅を訪れた。

①　Aの両親から、国選弁護となって弁護士費用がかからないことに対する謝礼として、5万円を渡された場合、W弁護士は5万円を受け取ってよいか。また、被害者との示談交渉を積極的に行ってもらうことに関して5万円を受け取ってよいか。

②　Aの両親から、弁護士事務所から自宅までの往復交通費として、500円を渡された場合、W弁護士は500円を受け取ってよいか（なお、国選弁護費用として、交通費が別途支給されることはないため、交通費は本来W弁護士の自腹となる）。

③　Aの両親から、お茶とケーキがだされた場合、W弁護士はお茶を飲み、ケーキを食べてよいか。

まず、①前段の場合、5万円は本体の刑事事件と対価性があることが明らかであるから、V弁護士は絶対に5万円を受け取ってはならない。①後段については、示談交渉が独立の民事事件としても受任しうる案件である点で、本体の刑事事件

処理とは異なり、国選弁護人の任務外なのではないかが問題となる。しかし、刑事事件における被害者との示談交渉も、本体の刑事事件の処理と密接不可分な活動というべきであるから、国選弁護事件との対価性が認められよう。したがって、①前段と同様、5万円を受け取ってはならない。

次に、②の場合、交通費は実費であって、対価性がないことを重視すれば、電車賃として500円を受け取ることも許されると考えることも可能であろう。他方で、実費と日当（日当であれば対価性がある）との区別は曖昧なところもあるから、たとえ低額であったとしても、電車賃として500円を受け取ることは避けておくことが望ましいという理解もある。

最後に、③の場合、お茶の提供は社会的儀礼の範囲にとどまるから、飲んでよいと思われるが、ケーキについては手をつけないでおくのが無難な対応であろう。

ケース9

　X弁護士は、窃盗罪で逮捕された被疑者Aの国選弁護人に選任された。X弁護士がAの父Bと連絡をとったところ、国選弁護報酬の話になり、Bは「そんな安い費用で弁護してもらうのは忍びない。弁護士費用は私が払いますので、私選弁護人になってください」と述べた。これに対し、X弁護士は、「国選弁護であろうと私選弁護であろうと、最善の弁護活動をしますから、ご心配なく」とBに伝えた。その後も、X弁護士はBから再三にわたり、私選弁護への切り替えを求められた。

　X弁護士は、私選弁護人になってもよいか。

規程49条2項は、弁護人からの働き掛けを禁止しているため、本ケースとは異なり、X弁護士側からBに対して私選弁護への切り替えを働き掛けた場合には、同項違反となる。本ケースではX弁護士が働き掛けているわけではなく、もっぱらBから私選弁護への切り替えの依頼がされていることからすると同項違反にはあたらないとみることができるものの、X弁護士としては私選弁護人になるのは避けておくのが無難であろう。

X弁護士としては意識していなかったとしても、客観的にはX弁護士が私選弁護への切り替えを勧誘したものとみられる可能性があるからである。

Ⅳ——— 共犯者間の利益相反

弁護士職務基本規程第27条（職務を行い得ない事件）

　弁護士は、次の各号のいずれかに該当する事件については、その職務を行ってはならない。ただし、第3号に掲げる事件については、受任している事件の依頼者が同意した場合は、この限りでない。

一　相手方の協議を受けて賛助し、又はその依頼を承諾した事件

二　相手方の協議を受けた事件で、その協議の程度及び方法が信頼関係に基づくと認められるもの

三　受任している事件の相手方からの依頼による他の事件

四　公務員として職務上取り扱った事件

五　仲裁、調停、和解斡旋その他の裁判外紛争解決手続機関の手続実施者として取り扱った事件

弁護士職務基本規程第 28 条（同前）

弁護士は、前条に規定するもののほか、次の各号のいずれかに該当する事件については、その職務を行ってはならない。ただし、第 1 号及び第 4 号に掲げる事件についてその依頼者が同意した場合、第 2 号に掲げる事件についてその依頼者及び相手方が同意した場合並びに第 3 号に掲げる事件についてその依頼者及び他の依頼者のいずれもが同意した場合は、この限りではない。

一　相手方が配偶者、直系血族、兄弟姉妹又は同居の親族である事件

二　受任している他の事件の依頼者又は継続的な法律事務の提供を約している者を相手方とする事件

三　依頼者の利益と他の依頼者の利益が相反する事件

四　依頼者の利益と自己の経済的利益が相反する事件

弁護士法第 25 条（職務を行い得ない事件）

1　弁護士は、次に掲げる事件については、その職務を行つてはならない。ただし、第 3 号及び第 9 号に掲げる事件については、受任している事件の依頼者が同意した場合は、この限りでない。

一　相手方の協議を受けて賛助し、又はその依頼を承諾した事件

二　相手方の協議を受けた事件で、その協議の程度及び方法が信頼関係に基づくと認められるもの

三　受任している事件の相手方からの依頼による他の事件

四　公務員として職務上取り扱った事件

五　（以下略）

刑事訴訟規則第 29 条（国選弁護人の選任）

1～4　（略）

5　被告人又は被疑者の利益が相反しないときは、同一の弁護人に数人の弁護をさせることができる。

1　総　論

規程 27 条および 28 条は、弁護士が利益の相反する事件について職務を行ってはならない旨を規定し、弁護士法 25 条にも同様の規律がある。両条文の趣旨は、①当事者の利益保護、②弁護士の職務執行の公正の確保、③弁護士の品位の保持にある。

規程 27 条 1 号から 3 号までにいう「相手方」は、民事事件、刑事事件を問わない。

27条1号および2号における「事件」の同一性についても、民事事件、刑事事件を問わず、一方が民事事件、他方が刑事事件の場合もありうる。たとえば、交通事故の被害者Aから損害賠償事件の依頼を受けるとともに、過失運転致傷罪の被疑者・被告人Bの刑事事件を受任するような場合である。

27条1号および2号、28条1号は同一事件の場合の規律であるが、別事件の場合であっても、27条3号、28条2号に規定がある。27条3号および28条2号は「受任している」と規定しているところ、これは現に受任している事件をいい、過去に受任しすでに終了している事件は含まれない。

2　共犯者間

刑事事件において、共犯者双方の弁護人となることは規程28条3号により原則として禁止される（刑訴規29条5項参照）。その趣旨は、共犯者間においては、犯行への加功態様や情状に関して利害相反を生じる場合が多いため、このような場合に、①依頼者の利益を十分に保護できなくなり、②弁護士の職務執行の公正が害され、③弁護士の品位が害されることを防止する点にある。

なお、この禁止は共犯者双方の同意があれば解除されるが（規程28条柱書ただし書）、同意をした時点で共犯者間に利害対立がなかったとしても、その後の捜査、公判手続が進むにつれて、利害対立が生じてくることも少なくない。

そのため、共犯者双方の同意があるからといって安易に受任すべきではなく、はじめから共犯者双方の弁護人となることは回避しておくほうが無難といえる。

3　ケース

ケース10

被疑者Aと被疑者Bは、住居侵入および窃盗の共同正犯として、逮捕・勾留されている。Y弁護士は、AとBの両名から弁護人になってほしいという依頼を受けた。

① 　AとBの主張に食い違いがあるが、AもBも同時受任を承諾している。この場合、Y弁護士はAとBの両名の弁護人として受任してよいか。

② 　AとBの主張に食い違いがなく、AもBも同時受任を承諾している。Y弁護士はAとBの両名の弁護人として受任してよいか。

③ 　AとBの主張に食い違いがないとして同時受任したところ、その後になって、AとBの主張に食い違いが生じてきた場合、Y弁護士はどうすべきか。

まず、刑事訴訟規則29条5項は国選弁護人に関する規定であって、私選弁護人の場合を規律するものではないという理解もありうる。しかし、国選弁護であれ私選弁護であれ、被疑者・被告人間に利害対立がある場合には、被疑者・被告人の全員にとって最善を尽くした弁護活動を行うことは困難であろうから、同項の

趣旨は私選弁護の場合にも妥当すると考えるべきであろう。

　そして、①の場合、AとBにおいて、利害対立があることによる不利益を甘受していることを重視すれば、同時受任を認めるという結論もありえよう。しかし、AとBは、法律知識に乏しい素人であるのが通常であって、裁判制度や訴訟法を熟知しているわけではない。したがって、AとBが自身に生じうる不利益をすべて正確に理解したうえで、同時受任を承諾しているかどうかについては、おおいに疑問が残る。そうすると、自身の弁護のために最善を尽くせないことを十分に理解したうえで、同時受任を承諾しているとみることは困難ではないかと思われる。このように考えれば、かりにAとBが同時受任を承諾していたとしても、AとBの間に利害対立がある以上、Y弁護士としては同時受任をすべきではないといえる。

　次に、②の場合、利害対立がない点を重視すれば、①の場合とは異なり、同時受任をしてよいとも考えられる。もっとも、現在、利害対立が表面化していないとしても、後日、利害対立が顕在化してくることは往々にしてありうる。したがって、本問は、将来において利害対立の可能性がある場合において、共同受任ができるか、という問題設定とみることができる。そして、現時点において利害対立はなく、基本的部分についてAとBの主張が一致していたとしても、公判段階にいたると、共犯者の役割や犯情などに関して利害対立が生じることも多く、むしろ避けられないであろう。

　したがって、Y弁護士としては、そもそも共同受任を避けるのが無難な対応といえよう。また、かりに利害対立がないとして共同受任をする場合であったとしても、AとBに対し、少なくとも将来利害対立が顕在化した場合には、弁護人を辞任しなければならないことを十分に説明し、その場合に生じる不利益を甘受する旨の承諾をあらかじめ得ておく必要があろう。

　最後に、③の場合、Y弁護士としては、②で検討したとおり、弁護人を辞任することになる。そして、この場合には、AまたはBのいずれかの弁護人を辞任するのではなく、AとBの双方の弁護人を辞任すべきである。

第2章

検察官倫理

I ── 公益の代表者としての検察官

検察庁法第4条（検察官の職務）

　検察官は、刑事について、公訴を行い、裁判所に法の正当な適用を請求し、且つ、裁判の執行を監督し、又、裁判所の権限に属するその他の事項についても職務上必要と認めるときは、裁判所に、通知を求め、又は意見を述べ、又、公益の代表者として他の法令がその権限に属させた事務を行う。

1　意　義

　検察官は、刑事訴訟の一方当事者として、被告人の犯罪事実を主張・立証し、有罪判決を獲得して、刑罰権の適正な発動を実現すべき役割を担う。しかし、他方で、検察官は公益の代表者としての役割をも担っており、実体的真実を究明し、法の正当な適用・執行を図るべき立場にもある。

　検察庁法4条にいう「公益」には、被害者の正当な利益の実現、適正な裁判の実現のほか、被告人の正当な利益も含むものと考えられる。

　被告人が無罪となるべき決定的証拠が存在するにもかかわらず、そのような証拠を公判に提出することなく、有罪判決を求める訴訟活動を行うことは、当然であるが許されない。

2　ケース

ケース1

　検察官Pは、京都府迷惑防止条例違反被告事件（痴漢事件）の被告人Aの公判立会検察官である。Aは犯行を否認していたため、被害者Vの証人尋問が実施されることになった。ところが、Vは捜査段階における供述とは異なる証言をし、最終的には、弁護人の反対尋問に対して「Aを陥れてやろうと思って被害届を出したのであって、Aに痴漢されたというのはウソです」と証言した。そして、検察官PとしてもVの証言は真実であるとの心証を抱いた。

　検察官Pとしては、どのような対応をとるべきか。

　検察官Pは公益の代表者として、実体的真実を究明し、法の正当な適用・執行を図るべき立場を有している。検察官Pとしては、Aの無罪の心証をもつにいたったからには、これ以上の訴追は避けるべきであり、具体的には公訴を取り消

すか（刑訴257条）、無罪の論告をすべきである。

ケース2

　検察官Ｐは、介護に疲れて妻Ｖを殺害した被告人Ａに対する殺人被告事件の公
判立会検察官である。この事件にはＡに同情すべき事情が顕著に存在したことか
ら、弁護人がＶＡ間の子やその親族を情状証人として請求するなど適切な情状立証
を行えば、執行猶予判決になるであろうと予想するとともに、執行猶予判決が相当
であると考えていた。しかし、Ａの弁護人は、情状立証に不熱心で情状証人の申請
をしようともしない。

　検察官Ｐとしては、どのような対応をとるべきか。

　検察官は公益の代表者として、被告人の正当な利益を実現すべき役割も担うべ
きである。したがって、検察官Ｐは、ＶＡ間の子もしくはその親族を情状証人と
して請求し、被告人の有利な情状をも立証するための証人尋問請求を行うべきで
あろう。

Ⅱ ── 検察官の職権行使の独立性

検察庁法第12条（事務引取移転権）
　検事総長、検事長又は検事正は、その指揮監督する検察官の事務を、自ら取り扱い、又はその
指揮監督する他の検察官に取り扱わせることができる。

1　意　義

　上司である検事総長、検事長または検事正は、その指揮する部下の検察官が取
り扱っている事務を、みずから引き取ることができ（事務引取権）、または他の検察
官に扱わせることもできる（事務移転権）。

　検察官は、それぞれが独立した官庁として（いわゆる独任制の官庁）、各自の責任
において職務を行う。もっとも、検察官の権限行使を全国的に均斉化されたもの
とするため、検察官同一体の原則が採用されており、検察官は検事総長を頂点と
したピラミッド型の機能上の機構を形成しているとされる。それゆえ、独立の官
庁であるひとりの検察官の事務を、検事総長、検事長および検事正の有する事務
引取移転権を媒介として、別個の官庁である他の検察官が取り扱うことができる
とされている。

　このように、検察庁法12条の事務引取移転権は、検察官同一体の原則の現れと
いえる。

2　ケース

ケース3

　検察官Pは、X地方検察庁に勤務しており、昏睡強盗事件の被疑者Aの取調べを担当した。Aは当初から昏睡強盗の事実を否認しており、検察官Pが被害者Vから話を聞いたところ、Aの供述の裏づけをとることができた。そこで、検察官Pは公判維持が困難であると考え、上司である副部長Qに対し、嫌疑不十分で不起訴処分にしたい旨の報告をしたところ、副部長Qは、Vの供述に信用性はなく、有罪立証のための証拠は十分であるとして、Aを起訴するように検察官Pに命じた。
　検察官Pとしては、どうすべきか。

　このような場合、検察官Pとしては、まずは自身の考え方をQに伝えたうえで、相互に意見調整を図ることが重要である。このような意見調整の努力にもかかわらず、意見が一致せず、副部長Qが起訴する方針を堅持する場合には、検察官Pとしては、副部長Qに対して、事務引取移転権（検察12条）の発動を求めるべきであろう。

Ⅲ───職務の公正に対する信頼確保

ケース4

　検察官Pは、X地方検察庁に勤務しており、窃盗事件の被疑者であるAを取り調べた。取調べを進めていくうちに、被疑者Aが検察官Pの小・中学校時代の同級生であることが判明した。
　Pはどうすべきか。

　検察官Pとしては、小・中学校時代の同級生だからといって手心を加えることが許されないのは当然であり、職務に忠実に公正な事件処理をするべきといえる。もっとも、小・中学校時代の同級生という関係があることは、もし不起訴処分となったような場合、検察官Pが手心を加えたのではないかという検察官の公正らしさに対する信頼を損なう可能性を拭いきれない。
　そこで、検察官Pとしては、捜査の担当から外してもらうように、上司に対して事務引取移転権（検察12条）の発動を求めるべきであろう。

付録

― 口述試験 再現・要点CHECK ―

口述試験　再現

1　2022年1日目出題テーマ

- ★ひったくりと窃盗罪・強盗罪
- ★不可罰的事後行為
- ★証拠の関連性、必要性
- ★不法領得の意思
- ★被疑者勾留、勾留延長
- ★弁護士倫理

質　問 （主査・副査の動向）	回　答	内心の動き （思ったことや感じたこと） ◆解説とアドバイス
	刑事○室○番です。よろしくお願いします。	
（副査）お座りください。	失礼します。	主査は女性なのか、優しそうな人でよかったな。
（副査）本人確認をしますので、マスクをお取りください。はい、結構です。	はい。（一時的にマスクを外す）	
（以下主査）これから事案を読み上げますので、よく聞いてください。 Aは30代男性で、深夜人気のない道路をバイクで走っていました。すると、バッグを持った20代女性のVが歩いていたので、Aは背後から低速で近づき、バッグを奪って走り去っていきました。このときVは転倒しましたが、何ら怪我を負っていないものとします。Aはどのような罪責を負いますか？	はい。窃盗罪と暴行罪です。	ひったくりか、昨晩ちょうど基本刑法を読んでいた時に見たんだよな、窃盗罪と暴行罪だな。 ただそれらの罪数（観念的競合？牽連犯？併合罪？）がわからないから、それは聞かれたら困る。 ◆理論的には暴行も成立するが、回答として求められていたのは窃盗罪。
はい、なぜ強盗罪ではないのですか？	AはVの反抗を抑圧するに足りる暴行または脅迫を加えていないからです。	よし、罪数を聞かれなかった。 ◆この回答で正しい。
では、もしAは現金だけが欲しくて、バッグや財布、携帯電話は捨てるつもりだったとき、これらは窃盗の対象になりますか？	いいえ、なりません。	◆バッグ等は窃盗の対象にならないという考え方もありうるが、バッグ全体に対して窃盗罪が成立すると考えるほうが自然だろう。

それはなぜですか？	それらのものについては不法領得の意思がないからです。	◆バッグ全体に対して不法領得の意思があると考えることができる。
不法領得の意思とは何ですか？	権利者排除意思と利用処分意思です。	めんどうくさいし言い方を間違えると嫌だから、概念で言ってしまおう。 ◆この回答で正しい。
それぞれの内容を具体的に教えてもらえますか？	はい、前者は占有者、今回はVですが、窃盗の対象物の占有を占有者から自己に移転して占有者の占有を排除する意思であり、後者は窃取物をその経済的用法に従って利用処分する意思です。	やっぱり聞かれるか。 ◆この回答でおおむね正しい。
今はそのどちらが問題になっていますか？	利用処分意思です。	◆毀棄目的なので、利用処分意思が問題となる。
はい、では財布を盗んだけれど、財布の中には現金がいっさい入っていませんでした。このとき何罪が成立しますか？	えー、窃盗未遂罪です。	あってるよな？ ◆未遂ではなく、バッグや財布そのものに対する窃盗既遂罪が成立すると考えられる。
なぜ未遂なのですか？	実行の着手はしているものの、構成要件的結果、本件では現金の占有移転が生じていないからです。	◆主査からは、既遂罪への誘導がされていると思われる。
実行の着手とは何ですか？	構成要件的結果発生の現実的危険性がある行為のことです。	◆この回答で正しい。
でも、本件では財布にお金は入っていなかったのですから、危険性がないのではないですか？	いえ、危険性は一般人の観点から判断されますので（ここで主査頷く）、通常財布には現金が入っていると考えられるところ、本件でも危険性はあったといえます。	本人が特別に知っている事情も判断基底にするかという論点もあるけど、とりあえず省略しちゃおう。 ◆この回答で正しい。具体的危険説からの回答である。具体的危険説からは占有侵害の危険性が肯定される。
もし、あなたが検察官だとし	未遂であれ既遂であれ	◆ここでも、主査から既遂罪

て、被害者が未遂では嫌です と言ってきたらどうします か？	量刑の幅は変わらない と思いますので、特に 問題は生じないかと思 います。	への誘導がされていると思わ れる。
うーん、それでも被害者が「で も実際に財布が盗まれている のだから、未遂では納得でき ません」って言ってきたらど うしますか？	そうですね。まずは器 物破損罪との関係で不 法領得の意思が必要と されていることを説明 したうえで、被害者の 方の処罰感情をふまえ たうえで、犯行の悪質 性などをきちんと立証 していきます、と申し 上げます。	何を聞きたいんだ？よくわか らない。とりあえず被害者に 配慮した回答をしておこう。 ◆ここでも、既遂罪への誘導 がされていると思われる。
わかりました。		◆主査がいったん打ち切った 様子。
では少し事案を変えます。A はバッグや財布、携帯電話す べてを自分のものとする意思 をもって、それらをいったん 自分の家に持ち帰りました。 少し時間が経ったところで、 A は携帯電話を持っている とそこから自分の居場所がわ かってしまうのではないかと 思い、携帯電話を壊して川に捨 てました。この携帯電話を壊す 行為に犯罪は成立しますか？	えー、器物損壊罪にあ たるかどうかが問題と なりますが、窃盗罪に、 吸収されますので犯罪 にはなりません。	吸収って言葉は適切じゃない かなぁ、でも詰まるのは嫌だ から言ってしまおう。 ◆この回答でおおむね正し い。ただし、器物損壊罪は犯 罪として成立するものの、窃 盗罪に包括されると理解する ことができる。
吸収、とは具体的にどういう ことですか？	えーっと、もともと窃 盗罪は窃盗したものが その後犯人によって利 用処分されることも念 頭におかれて設定され ている罪ですので、窃 盗後に窃盗の対象を破 壊してもそれは窃盗罪 がもともと予定してい たものといえますので、 器物損壊罪は成立 しないです。	やっぱり聞かれるよなぁ。 ◆包括一罪となるとの回答を 求めていたと考えられる。
それを講学上、何というか	共罰的事後行為です。	◆この回答で正しい。不可罰

知っていますか？		的事後行為でもよい。
はい。（ペンで何か書く）		
（副査）それでは次は私から質問します。Aはその後窃盗罪で逮捕勾留されました。10日の勾留を終える段階で、検察官は10日の勾留期間では足りないと考え、裁判官に勾留延長請求をしました。このとき、裁判官は何を考えて判断しますか？	はい、10日間だけでは起訴の可否や必要性を判断できない事情があったのかどうかを、証人や証拠物がどの程度あるのかや犯行の複雑性等から検討します。	やむを得ない事由ってキーワードを言ったほうがよかったかな。 ◆おおむねこの回答で正しい。
はい、では検察官が10日間の延長が必要だと言っている一方で、裁判官としては3日だけの延長で足りると考えた場合、裁判官はどうしますか？	3日間のみの延長をします。	◆この回答で正しい。実務的にも10日間よりも日数を削った勾留延長がされることもしばしばある。
（副査頷く）では3日間の延長がされましたが、それでも必要な捜査が終了しませんでした。このとき裁判官は最長何日間延長できますか？	7日間です。	算数の問題かな。 ◆この回答で正しい。
では、この勾留が延長されたときに、Aの弁護士が早くAを解放してあげたいと考えたとき、弁護士はどうしますか？	まずは準抗告が考えられます。	いくつかあるよな、どれを言おうか。とりあえず準抗告から。 ◆この回答で正しい。
はい、それは何に対する準抗告ですか？	裁判官の、延長決定に対してです。	（「延長」だったか「更新」だったかどちらか一瞬わからなくなるが、被疑者勾留は「延長」だと思い出す） ◆この回答で正しい。
では、Aは窃盗罪の被疑事実で起訴されました。Aは被疑事実を認めています。検察官が、Aの被害状況や感情をまとめた供述調書について証拠調べ請求をしました。その後の手続はどうなりますか？	えー、弁護士が証拠意見を述べます。	あ、準抗告以外の身体解放手段は聞かれないのね。 なんだっけ。そうか、弁護士の意見か。 ◆この回答で正しい。裁判所が弁護人に対して証拠意見を求めることになる。
その後、裁判所はどうしますか？	証拠調べの採用か却下を決めます。	◆この回答で正しい。弁護人の証拠意見をふまえ、裁判所

		が証拠の採否を判断する。
弁護士は、この供述調書に同意をしました。裁判所はどうしますか？	伝聞例外にあたりますので、採用します。	◆この回答でおおむね正しい。ただし、正確には伝聞不適用である。
弁護人の同意があればすべて証拠として採用されることになりますか？	えーっと、採用すると公益に反するような強度の違法性等が証拠にあれば、同意にかかわらず却下します。	え、なんだこの質問。◆違法性を問うているわけではなく、証拠の厳選（必要性）を問う趣旨である。
本件ではそのような違法性はなかったとしましょう、どうしますか？	えー……。	わからない。
そのような場合はいつでも採用できますか？	（自信なさそうに）採用……できると思い……ます。	採用しない場合があると言わせたいっぽいけど、わからないものはわからないので採用できないと言ってみて違ったらヒントをもらおう。◆控えめな感じで態度を示すことは、試験官に誘導してもらうためにも大事である。
うーんと、証拠が多すぎるときとかどうしますか？という話なんだけど。	あっ、証拠の厳選をしなければならないので、他の証拠で立証できるなどの事情で不要な証拠があれば却下します。	なるほど！◆誘導が入った。証拠を厳選する必要があるので（刑訴規189条の2）、不必要な証拠を採用しないという回答を求めていた。
つまり証拠採用の必要性がないってことですよね。関連性がないともいいですが、まぁ必要性でもいいです。	はい。	証拠の厳選も直接的に求められている回答ではなかったんだな。
では、AとVの間で示談が成立し、Aの弁護人が示談書の証拠調べ請求をしました。検察はこれに同意をした場合、裁判所はこの示談書を採否の判断において、何を考えますか？	えーっと、情状に関する証拠なので取調べを最後に回そうと考えます。	んん、何を聞かれているんだ？よくわからない。◆取調べの順番を問うているのではなく、関連性の有無を問うていた。
はい、情状に関するものとしての関連性があるので採用するということですよね。	はい。	関連性の話、まだ続いていたのか……。

では、Aが過去に何度も常習として同様の窃盗を行っていたとします。検察官は、前科調書を証拠調べ請求しました。このとき、裁判所は証拠採用できますか？	はい、情状に関連するものなので、できます。	常習なんとか罪の話か？罪名すら言えないぞ？いや、前科調書の話か？なんだこの質問、とりあえず情状に関連するからできると言っておこう。 ◆この回答で正しい。
はい、具体的にどういった情状ですかね？	Aに反省の様子がないとか、そういったことです。	なんか正解筋だったっぽいな。 ◆間違いではないが、規範意識の欠如といった趣旨の回答ができるとよかった。
（副査頷く）話を変えます。あなたはAの国選弁護人です。Aが弁護のお礼として、金銭を支払いたいと言ってきました。あなたは受け取れますか？	いいえ、受け取れません。	よし、倫理だ、もう終わるな。 ◆この回答で正しい。
なぜですか？	弁護士職務基本規程45条において、国選弁護人は報酬を受け取ってはならないと書いてあるからです。	よし、国選弁護はマーク済み。報酬その他の、なんだっけ、報酬とだけ言っておこう。 ◆条文が45条ではなく49条である点を除けば、回答としてはおおむね正しい。
はい、ではAから弁護の腕を買われたあなたは、後日、Aから債務整理の依頼を受けました。あなたは報酬を受け取ってこれを受任できますか？	規程上直接的には問題にならないのでできると思います……が、その受け取る報酬が実質的には国選弁護の報酬であるとみなされないように注意する必要があると思います。	◆この回答で正しい。
規程は直接適用されないが、ということですね。実務上はこのような依頼は受任すべきではないということになっていますので、今後覚えていってください。	はい。	あなただったら受任しますか？と聞いてくれたらしません、と言えたのになあ。
それではこれで終わりです。	はい、ありがとうございました。	

2　2023年1日目出題テーマ

- ★詐欺罪と窃盗罪の区別
- ★承継的共同正犯
- ★不能犯
- ★逮捕状の緊急執行
- ★逮捕に伴う捜索・差押え
- ★差押えにおける被疑事実との関連性
- ★包括的差押え
- ★捜索差押えの際の写真撮影

質　問 （主査・副査の動向）	回　答	内心の動き （思ったことや感じたこと） ◆解説とアドバイス
（室内からベルが鳴る）	失礼します。刑事○室○番です。よろしくお願いいたします。	いよいよ始まる！ 想像以上に部屋が狭い！
はい、では、ご着席ください。	失礼します。	お２人とも優しそう。
今からお手元のパネルにも記載のある事案（事例①）を読みあげますので、一緒に聞いてください。	はい。	刑事でも事案パネルあるんだ。
甲は、乙と共謀し、乙が高齢者であるVに孫を装って電話を架け、「事故を起こしてしまったから50万円が必要になった。友人を向かわせるから、50万円を封筒に入れたうえで用意してほしい。」と伝えました。その後、甲がV宅を訪れ、Vから50万円を受け取りました。この事案において、甲にどのような犯罪が成立しますか？	詐欺罪の共同正犯が成立します。	詐欺だ。とりあえず、成立する犯罪を間違えないことに集中。 ◆この回答で正しい。詐欺罪が成立することは明らかなので、何ら迷いなく回答する必要がある。
はい、では、詐欺罪の成立要件を教えてください。	欺罔行為、欺罔行為による錯誤、錯誤に基づく交付行為、財物の移転です。	これは大丈夫。
はい、では、続いて事例②に移ります。	はい。	えっ、事案①はこれだけ？
先ほどの事案と同様に、乙がVに電話を架け甲がV宅を訪れましたが、Vは「孫に確認するため電話を架けてくる。ちょっと待っててくれ。」と甲に告げて、50万円の入っ	窃盗罪が成立します。	これは交付行為がなく窃盗。基本刑法Ⅱにあったやつ。 ◆この回答で正しい。なお、同種の事案において詐欺罪が成立するとした判例があるものの（最判昭和26年12月14

た封筒を玄関に置いてその場を離れました。そして、甲はその隙に封筒を持ち去りました。この事案において、甲にどのような犯罪が成立しますか？		日）、窃盗罪が成立するとして批判的な学説が有力である。
はい。今、窃盗罪とおっしゃいましたが、窃盗罪の成立要件を教えてください。	「他人の財物を窃取」することです。	条文の文言どおり。 ◆この回答で正しい。
はい、では、窃取の意義について詳しく教えてください。	他人の財物を相手方の意思に反して、自己または第三者の占有に移すことです。	手堅く。 ◆この回答で正しい。
はい、では、この事案において窃盗罪が成立すると考えた理由を教えてください。	本事案において、Vは甲の目の前に封筒を置いてその場を離れていますが、これだけでは詐欺罪における交付行為にはあたりません。一方で、Vは自宅内でその場を離れただけで、Vの封筒に対する占有は弛緩したにすぎず、Vの占有は失われていません。その状態で、甲が封筒を持ち去るのは、Vの意思に反して自己に占有を移したといえるからです。	窃取の定義まで聞かれたから、「占有の弛緩にすぎない」は言っておこう。 ◆この回答で正しい。しっかり答えられている。
はい、では、次の事例③に移ります。第1の事案と同様に、乙が孫を装ってVに電話を架け、乙と甲が共同管理している銀行口座に振り込むようVに伝え、Vはその口座に50万円を振り込みました。この事案において、甲にどのような犯罪が成立しますか？	詐欺罪が成立します。預金の246条1項の「財物」該当性が問題となりますが、振り込まれた預金は銀行に対する預金債権となります。しかし、口座を管理し預金を自由に引き出せる立場にある者にとっては、振込みは現金の交付と同視できますので、同項の財物にあたります。	預金だ。伊関先生が論文で注意せよとおっしゃっていたやつ。 ◆この回答で正しい。ただし、回答としては、「1項詐欺罪」と回答しておき、次に「なぜ2項ではないのか？」と理由を問われた際に理由を説明するのが望ましい。

ということは、1項詐欺は成立するということですか？	はい。	先にこれを答えるべきだった。 ◆そのとおり。結論を端的に答えていくことが重要。
わかりました。では、パネルを裏に向けてください。	はい。（パネルをめくる）	
続いて事例④ですが、乙が1人で同様の計画を練って、孫を装ってVに電話をし、その後、甲に対して、この計画を話したうえで、現金の受取りを依頼し、甲がV宅を訪れてVから50万円入りの封筒を受領しました。この事案において、甲にどのような犯罪が成立しますか？	詐欺罪の共同正犯が成立します。	典型的な承継的共同正犯。 ◆この回答で正しい。このような詐欺の事例では、承継的共同正犯を肯定する立場が一般的である。
はい、その理由を教えてください。	甲は、先行者である乙がVに対して欺罔行為を行い、その行為に基づく錯誤という効果を利用し、100万円の財物の移転という結果発生に因果性を及ぼしているからです。	規範にあてはめたかたちで答えよう。 ◆この回答で正しい。結果共同惹起説からの回答である。
はい、わかりました。いわゆる承継的共同正犯というやつですね。	はい。	ほぼ1ラリーだけど、これだけでよかったのか……。 ◆しっかり回答できているため、嫌なツッコミも入らない様子。
では、最後に事例⑤です。事例④で、Vは乙からの電話を受けた後、だまされたことに気づいて警察に相談したうえで、だまされたふりを続けることにしました。そのことを知らない甲は、V宅に赴いたところ、V宅近くの路上で甲は警察に逮捕されました。この事案において、甲にどのような犯罪が成立しますか？	詐欺未遂罪の共同正犯が成立します。	だまされたふり作戦だ。とりあえず、罪責は判例に乗っておこう。 ◆この回答で正しい。だまされたふり作戦に関する最決平成29年12月11日を知っていれば容易に回答できた。
はい。でも、この事案で甲が	はい、本件のような、	判例のポイントってなんだっ

乙と共謀した時点で、Vは嘘だと見破りだまされていないため、詐欺の危険性がなくなったとも考えられますが、それでも詐欺未遂になりますか？	一連の欺罔行為に基づく詐欺罪において、一度欺罔行為が開始された場合、その後に相手方が錯誤に陥らなかったとしても、その実行行為自体の危険性がさかのぼって除去されるわけではありませんので、そのような状況下で、犯罪に加わる場合は、なお未遂になると考えました。	け……。「一連の欺罔行為」みたいな点と未遂を認める以上、実行行為と法益侵害の危険性があった点は最低限触れよう。 ◆この回答で十分である。最決平成29年12月11日は、不能犯の検討をすることなく詐欺未遂を成立させているが、不能犯が関係するという指摘をする学説も存在する。
わかりました。では、話は変わって、刑事訴訟法に移ります。事案を読みあげますので、よく聞いておいてください。（ここからはパネルなし）	はい。	刑法終わった！
この詐欺罪の被疑事実で、甲に逮捕状が発付されたとします。ある日、とあるマンションの入り口で、警察官は甲を発見しましたが、その際、逮捕状を所持していませんでした。その場合でも、甲を逮捕することはできますか？	はい。できます。	緊急執行か。これホンマに口述でよう聞かれるな。 ◆この回答で正しい。逮捕状の緊急執行の場面である。
その理由を教えてください。	刑訴法201条2項が準用する73条3項に定める逮捕状の緊急執行により逮捕が認められるからです。	ついでに条文も言っておこう。 ◆条文番号まで回答できたのは素晴らしい。
はい、では、緊急執行の要件を教えてください。	被疑事実の要旨の告知、逮捕状が発付されている旨の告知、逮捕後にできるだけすみやかに逮捕状を示すことです。	鉄板の3要件。 ◆この回答で正しい。
はい、では、逮捕状の緊急執行によって、警察官は甲をその場で逮捕しました。その際に、甲の身体や所持品を捜索	はい。できます。	逮捕に伴う捜索か。 ◆この回答で正しい。逮捕に伴う捜索（220条1項2号）が可能である。

することはできますか？		
その根拠を教えてください。	刑訴法 220 条 1 項に定める逮捕に伴う無令状捜索に基づくものです。	2 号まで言っておけばよかった……。 ◆そのとおり、2 号まで回答しておきたかった。
はい、では、甲の身体と所持品の捜索をその場で行ったところ、甲の持っていたバッグから、甲が出てきたマンションの 501 号室の部屋の鍵が発見されました。その場合、この逮捕によって、その 501 号室の捜索もできますか？	いいえ、それはできないと思います。	これはアカン。 ◆この回答で正しい。
その理由を教えてください。	甲の所持品から 501 号室の鍵が発見されたからといって、必ずしも甲の管理権が及ぶとはかぎらないため、「逮捕の現場」にあたらないからです。	こんな感じ？ ◆やや不正確である。合理説（相当説）からは、「逮捕の現場」とは、逮捕した地点を起点として同一管理権の範囲内をさす。甲の管理権を基準とするのではない。
はい、では、甲の逮捕に伴う捜索はできないとして、501 号室を捜索したい場合、警察官はどうしますか？	先ほど甲の所持品から発見された 501 号室の鍵を疎明資料として、捜索差押許可状の発付を請求します。	領置もあるけど、捜索ならひとまず令状発付でいこう。 ◆この回答で正しい。承諾捜索を行う余地もあるが、正攻法は令状に基づく捜索である。
はい、では、被疑事実を詐欺罪とし、501 号室を捜索場所とする捜索差押許可状が発付され、差押対象物として、「名簿、USB メモリ、その他本件に関係すると思料されるいっさいの物件」と記載されていました。また、この 501 号室は、甲を含む特殊詐欺グループのアジトとして使用されていることも判明しました。そして、501 号室を捜索したところ、V の名前が入った高齢者の名前や連絡先が多数記載された顧客名簿が発見されま	はい、できます。	事例が長い……。 ◆この回答で正しい。

した。警察官はこの顧客名簿を差し押さえることはできますか？		
その理由を教えてください。	今回のVを被害者とする詐欺の被疑事実に関連すると認められるからです。	関連性でいこう。 ◆この回答でおおむね正しい。被疑事実との関連性が要求される。ただ、令状記載の「名簿」に該当する旨も回答しておきたかった。
はい、では、Vの名前が入っていないものの、他の高齢者の名前や連絡先が多数記載された「顧客名簿」が発見されました。これを差し押さえることはできますか？	はい。できます。	
その理由を教えてください。	そのような名簿が発見されたことは、甲ら特殊詐欺グループが高齢者を狙った詐欺を繰り返し行っているなど、犯罪の手口や態様、情状を推認させるなど、本件に関連性を有するからです。	Vは含まれていないけどこんな感じ？その意味ではVが含まれている名簿は犯人性の推認とか言ったほうがよかった？ ◆この回答で十分である。かりにVの名前がなかったとしても、常習的な特殊詐欺の計画を示すものとして間接証拠となる。
はい、では、次に、「顧客リスト」との記載があるUSBメモリが発見されました。これを差し押さえることはできますか？	はい、できます。	
その理由を教えてください。	令状の差押対象物の例示として、USBメモリは明示されており、また、名簿は詐欺のターゲットになりうる者の情報が含まれる可能性があり、先ほどの名簿と同様本件に関連性を有するからです。	対象物と関連性。 ◆この回答で正しい。令状に記載されている物件に文面上該当することに加え、被疑事実との関連性が要求される。
はい、では、何も記載やシールのないUSBメモリが出て	それはさすがにできないと思います。	これは無理かな。

きましたが、これを差し押さえることはできますか？		
その理由を教えてください。	先ほどの「顧客リスト」の記載がある USB メモリと異なり、一見して本件に関係するか否かを断定することができないからです。	こんな感じ？ ◆この回答でおおむね正しい。原則として、関連性の有無を確認せずに差し押さえることはできない。
原則は差し押さえられないということなんでしょうね。しかし、先ほどのこの 501 号室の性質などと絡めて考えてみるといかがでしょうか？ここってどんな部屋でしたっけ？	あっ、甲ら特殊詐欺グループのアジトとなっている部屋から発見されていますので、そのような客観的な事情も加味すれば、シールなどの記載がなくても本件に関連性を有するとして差し押さえることができると考えます。	部屋の性質……？さっきの長い事案の中にアジトってあったから、それを使おう。 ◆うまく誘導に乗れている。関連性を確認する際にデータの消去など証拠隠滅のおそれがある場合には例外的に関連性の確認を省略できる。
そうですね。原則・例外の関係にあるということだと思います。	承知しました。	勉強になります。
では、大きな茶封筒の中に、USB メモリが 20 個入っていて、4 つには先ほどのような「顧客リスト」のシールがあり、残りの 16 個はそのようなシールや記載がないものでした。この場合、シールや記載のない USB メモリを差し押さえることはできますか？	そうですね、できると考えます。	同じ封筒の中に入ってるんか……さっきの何も書いてないやつが例外的に差し押えられるのであれば、こっちのほうが関連性は認められやすそう。 ◆悩ましい事案を問うている。この回答でよい。
その理由を教えてください。	「顧客リスト」と書かれた USB と同じ茶封筒の中で発見されたという対象物の保存状態から、関連性を有すると認めうるからです。また、そのような保存状態を捜索の現場で写真撮影することも考えられます。	事案の事情と対象物の保存状態から攻めよう。 ◆この回答で正しい。16 個についても中身が顧客名簿である蓋然性はそれなりに高く、関連性を肯定することも可能だろう。
わかりました。応用問題です	はい、承知しました。	包括的差押え……関連性を

から難しいですよね。この点は包括的差押えに関する判例もありますので、また見ておいてください。		確認せずにできるやつ。
ちなみに、今写真撮影とおっしゃいましたが、そのような撮影が認められる根拠はどのようなものですか？	捜索・差押えに伴う「必要な処分」として認められます。	とりあえずこれだろう。 ◆この回答で正しい。
必要な処分ですね。わかりました。	はい。	すんなり。 ◆写真撮影を行う必要性として、証拠価値保存の点を指摘できるとよかった。
では、捜索・差押えの実施にあたり、この捜索差押許可状を甲に呈示しているところを写真撮影することは許されますか。	はい。許されます。	これはOK。 ◆この回答で正しい。
その理由を教えてください。	そのような撮影は、捜索・差押えの執行状況の公正を担保するうえで相当と認められるからです。	「執行状況の公正の担保」はキーワードかな。 ◆この回答で正しい。執行手続の適法性を担保するという必要性が認められる場面である。
わかりました。 （副査のほうを見る）何かありますか。 （副査だまって首を振る） では、以上になります。寒いなか長時間お待たせしてすみませんでした。	（席を立ちあがりパネルを表に戻す） ありがとうございました。失礼いたします。	終わった！体感としては早くて助かった。最後まで試験官の方は優しかった！

【表面】

事例①

甲は、乙と共謀し、乙がV（85歳男性）に対して、Vの孫を装って電話を架け、「事故を起こしてしまったから50万円が必要になった。友人を向かわせるから、50万円を封筒に入れたうえで用意してほしい。」と伝えた。その後、甲がV宅を訪れ、Vから50万円を受け取った。

事例②

事例①の事案において、甲がV宅を訪れた後、Vは「孫に確認するため電話を架けてくる。ちょっと待っててくれ。」と甲に告げて、50万円の入った封筒を玄関に置いてその場を離れた。甲はその隙に本件封筒を持ち去った。

事例③

　事例①の事案において、乙がVに孫を装って電話を架け、乙と甲が共同管理している銀行預金口座に振り込むようVに伝え、Vはその口座に50万円を振り込んだ。

【裏面】
事例④

　事例①と異なり、乙が1人で同様の計画を練って、孫を装ってVに電話を架けた。その後、乙は甲に対して、この計画を話したうえで、現金の受取りを依頼し、甲はV宅を訪れてVから50万円入りの封筒を受領した。

事例⑤

　事例④の事案において、Vは乙からの電話を受けた後、だまされたことに気づいて警察に相談したうえで、だまされたふりを続けることにした。そのことを知らない甲は、V宅に赴いたところ、V宅近くの路上で警察に逮捕された。

要点 CHECK

1　犯人性を基礎づける間接事実の類型　A

　犯人性を基礎づける間接事実としては、次のような着眼点から抽出していくのが有益である。
①事件に関係するもの（犯行供用物件、被害金品等）、現場等における遺留物その他犯人に関係するもの（指掌紋、足跡、血痕、体液等）と被告人との結びつきを示す事実
②犯人の特徴（容姿、体格、年齢、服装、所持品その他の特徴）が犯行当日の被告人の特徴に合致ないし酷似する事実
③被告人に事件の動機・目的となりうる事情があった事実
④被告人が事件を実現することが可能であった事実（犯行遂行能力、技能、土地鑑、金品等の管理の立場、被害者と被告人との結びつき等）
⑤被告人に事件を実現する機会があった事実（被疑者が犯行時に犯行現場にいた事実、犯行前・後に犯行現場またはその付近にいた事実。いわゆる「前足・後足」）
⑥犯行前の被告人の事件に関する言動（犯行準備、犯行計画、犯行隠蔽のための布石、逃亡準備、犯行の事前打ち明け等）
⑦犯行後の被告人の事件に関する行動（犯行による利益の享受（犯行以外の原資が不明な現金所持、借金返済等を含む）、犯行隠蔽、アリバイ工作、逃亡、犯行打ち明け等）

2　供述証拠の信用性判断の考慮要素　A

　供述証拠の信用性については、以下の考慮要素を総合して判断する。
①供述者の利害関係
②知覚や記憶の条件等
③他の証拠の裏づけ、動かしがたい事実との符合
④供述内容（合理性、具体性、迫真性）
⑤供述経過（変遷の有無、一貫性）
⑥供述態度

3　殺意を推認させる間接事実　A

　殺意の有無については、以下の考慮要素を総合して判断する。
①創傷の部位
②創傷の程度
③凶器の種類とその認識
④凶器の用法
⑤動機の有無

⑥犯行前後の言動

4　共謀を推認させる間接事実　A

> 　共謀が認められるためには、実行行為時において犯罪の共同遂行の合意が認められることが必要である。
> 　具体的には、下記の①から③までが認められる場合には、共謀が認められる。
> ①犯意の相互認識（被疑者らの関係、謀議など）
> ②正犯意思
> ③共同実行の意思の合致

5　薬物使用の故意　B⁺

> 　被告人の身体内から覚醒剤成分が検出されている場合、偶然の事情により身体内に覚醒剤が摂取されてしまうことは通常ありえないから、特段の事情のないかぎり、被告人みずからがなんらかの方法により覚醒剤を摂取したものと認められる。
> 　そこで、特段の事情、すなわち被告人の弁解に合理性が認められるかどうかについて、①客観的な事実や証拠との整合性、②供述内容の合理性、具体性、迫真性、③供述経過などの観点から検討する。

6　急迫性（刑36条1項）　A

> 　「急迫」とは、法益侵害が現在し、またはその危険が切迫していることをいう。
> 　そして、予期された侵害を避けるべき義務を課すことは、行動の自由を制限し不当であるから、侵害が当然またはほとんど確実に予期されたとしても、急迫性は否定されない。
> 　もっとも、侵害を確実に予期したうえで、侵害の機会を利用して積極的加害意思で侵害にのぞんだときなど、刑法36条の趣旨に照らし許容されるものとはいえない場合には、急迫性が否定されると考える。
>
> ＊反撃行為に及ぶ以前の時点における積極的加害意思は、急迫性の要件のなかで検討する。他方、現に反撃行為に及ぶ時点における積極的加害意思は、防衛の意思の要件のなかで検討する。

7　防衛行為の必要性、相当性（刑36条1項）　A

「やむを得ずにした行為」とは、防衛行為の必要性、相当性をさす。
　そして、防衛行為の必要性とは、防衛行為がなんらかの意味で役立つことをいい、防衛行為の相当性とは、防衛手段として必要最小限度であることを意味する。
　防衛行為が相当であるかどうかについては、①武器対等の原則、②補充性（代替手段）、③法益の権衡等を総合的に考慮して判断する。

8　盗品性の知情　B⁺

盗品性の認識があったかどうかについては、以下の考慮要素のうち①および②を中心に総合して判断する。
①物品の性質、種類、数量、形状
②取引の時刻、場所および態様
③取引の価格
④取引の際の当事者の言動
⑤取引の前後の事情
⑥相手方や被告人の身分、職業、関係性
⑦被告人の弁解内容

9　被害者の占有の有無　B⁺

被害者に財物に対する占有が認められるためには、①占有の事実および②占有の意思が認められることが必要である。
　そして、①占有の事実については、(a)財物の大小、形状などの財物自体の特性、(b)財物の置かれた場所的状況、(c)財物と被害者の時間的・場所的接着性や支配の態様などを総合して判断する。
　また、②占有の意思については、①占有の事実を補完するものであって、占有の事実が弱い場合であっても、被害者が財物を意識的に置いていたなど占有の意思が強い場合には占有を肯定しうる。

10　強盗罪と恐喝罪の区別　A

強盗罪と恐喝罪は、その手段としての暴行、脅迫が、相手方の反抗を抑圧するに足りる程度のものであるかどうかによって区別される。
　そして、暴行、脅迫が反抗抑圧程度のものであったかどうかについては、下記の

考慮要素のうち①を中心に総合して判断する。
①暴行、脅迫の方法・態様、強度
②犯行場所、犯行時刻、周囲の状況
③被害者の対応、負傷の程度
④相手方の性別、年齢、体格、体力などの被害者側の事情
⑤行為者の性別、年齢、体格、体力、容貌・服装、人数などの行為者側の事情

11　勾留理由における罪証隠滅のおそれ　B⁺

　刑事訴訟法 207 条 1 項本文が準用する 60 条 1 項 2 号の罪証隠滅のおそれが認められるためには、抽象的・一般的な可能性では足りず、具体的事実に裏づけられた蓋然性があることが必要であると考える。
　そして、その判断においては、罪証隠滅の①対象、②態様、③客観的可能性および実効性ならびに④主観的可能性の観点から判断される。

12　勾留理由における逃亡のおそれ　B⁺

　刑事訴訟法 207 条 1 項本文が準用する 60 条 1 項 3 号の逃亡のおそれは、刑事訴追を免れる目的で所在不明となるおそれがあるかどうかが審査され、具体的には下記の考慮要素を総合して判断される。
①生活状態の安定・不安定
②処罰を免れるために所在不明になる可能性
③被疑者の供述態度

事項索引

判例索引

山本　悠揮（やまもと　ゆうき）

伊藤塾専任講師・弁護士。

京都大学法学部卒。立命館大学法科大学院在学中、2008年度旧司法試験の論文式試験において1位合格の成績を修める。2010年弁護士登録。京都弁護士会所属。2016年より立命館大学法学部において授業担当講師として法政特殊講義を担当。

現在、伊藤塾大阪梅田校・京都校で基礎マスター講義などを担当。緻密に論理をつむぐ指導を得意とする。また、担当した予備試験ゼミや予備試験コンプリート答練では、工夫を凝らしたオリジナル答案を作成し、みずから手本を見せる指導が好評。

また、2013年に開業し、実務家としても、民事事件・刑事事件ともに第一線で活躍している。

伊藤塾

〒150-0031　東京都渋谷区桜丘町17-5　03（3780）1717
https://www.itojuku.co.jp

刑事実務基礎の定石〔第2版〕
【伊藤塾予備試験論文・口述対策シリーズ】

2016（平成28）年12月30日　初　版1刷発行
2024（令和6）年6月15日　第2版1刷発行

監修者　伊　藤　塾
著　者　山　本　悠　揮
発行者　鯉　渕　友　南
発行所　株式会社　弘　文　堂　　101-0062　東京都千代田区神田駿河台1の7
　　　　　　　　　　　　　　　TEL 03（3294）4801　　振替 00120-6-53909
　　　　　　　　　　　　　　　https://www.koubundou.co.jp

装　丁　笠井亞子
印　刷　三報社印刷
製　本　井上製本所

ISBN978-4-335-30552-8

伊藤塾予備試験論文・口述対策シリーズ

予備試験科目を短期間で効率よく学ぶための定石を伝えるシリーズ。重要度を示すランク付けでメリハリを効かせ、受験生が苦手とする部分はより丁寧に説明。図表と具体例を多用するとともに、判例の立場にそったわかりやすい解説で、短期合格をめざす。実際の試験問題をもとに、思考の筋道と答案例も掲載。直前期必携の「要点CHECK」シート・「口述試験再現」答案も便利。

- 予備試験科目のインプット教材。
- 重要度がわかるランク付けでメリハリの効いた内容。
- 判例の立場を軸に据えたわかりやすい解説。
- 実際の試験問題を素材に、思考の筋道と答案例を掲載。
- 受験生の再現答案をもとにした「口述試験 再現」。
- 答案を書くうえで落としてはいけない重要ポイントをシート化した「要点CHECK」。
- フローチャート・図表や例示の多用。
- 実務がイメージできる書類・書式のサンプル、「コラム」。

刑事実務基礎の定石[第2版]　　　2600円

民事実務基礎の定石

（以下、続刊あり）

弘文堂

＊価格(税別)は2024年6月現在